浙江省普通本科高校"十四五"重点立项建设教材

财 务 分 析

CAIWU FENXI

程 颖　蒋 巍　编著

西安电子科技大学出版社

内 容 简 介

我国经济已开始由高速增长阶段转入高质量发展阶段，财务分析对于企业实现高质量发展具有极其重要的意义。本书深入探讨了财务分析在企业高质量发展中的积极作用与具体策略，旨在为企业管理者和财务专业人士提供系统实用的决策支持。

全书共分五篇二十章。基础篇包括第一章和第二章，主要介绍财务分析的基础知识、框架、基本方法与信息特点；报表篇包括第三章到第八章，基于主要财务报表及其他重要信息，从会计核算特点出发，论述具体项目的分析原则、思路和特别关注点；能力篇包括第九章到第十三章，运用不同财务比率，对企业进行偿债能力、营运能力、盈利能力、发展能力以及综合能力等不同角度的分析；综合篇包括第十四章到第十八章，搭建了战略视角下的财务分析框架，明确合并报表分析的特殊性，并详细论述了财务分析的外部应用和内部应用的不同重点；大数据篇包括第十九章和第二十章，主要介绍大数据和商务智能的基础知识，明确大数据财务分析的概念及特点，并基于 Python 和 Power BI 介绍财务数据的采集、处理及可视化展示。

本书适用于高等学校经管专业本科生、研究生及 MBA 教学，还可用于与财务分析相关的职业培训，也可供证券分析师(行业研究员)及业余投资者学习、参考。

图书在版编目（CIP）数据

财务分析 / 程颖，蒋巍编著. -- 西安 ：西安电子科技大学出版社, 2025. 5. -- ISBN 978-7-5606-7510-7

Ⅰ. F713.365.2

中国国家版本馆 CIP 数据核字第 2025TA6960 号

策　　划　陈　婷
责任编辑　于文平
出版发行　西安电子科技大学出版社（西安市太白南路 2 号）
电　　话　（029）88202421　88201467　　　邮　　编　710071
网　　址　www.xduph.com　　　　　　　　电子邮箱　xdupfxb001@163.com
经　　销　新华书店
印刷单位　陕西天意印务有限责任公司
版　　次　2025 年 5 月第 1 版　　　　　　2025 年 5 月第 1 次印刷
开　　本　787 毫米×1092 毫米　1/16　　　印　　张　18
字　　数　426 千字
定　　价　47.00 元
ISBN 978-7-5606-7510-7
XDUP 7811001-1

*** 如有印装问题可调换 ***

前 言

PREFACE

当今世界正处于百年未有之大变局，大数据、人工智能、移动互联网、云计算、物联网技术及区块链正以前所未有的速度改变着整个社会的商业环境。无论是为投资者、债权人、供应商等外部利益相关者服务，还是出于内部经营管理的需要，财务分析对于企业实现高质量发展都具有极其重要的意义。外部环境出现的新情况、新问题、新任务，既是对传统财务分析工作的新挑战，也是财务分析工作发展、升级的重大机遇。财务分析教学应全面贯彻新发展理念，运用新技术、融入新时代、实现新突破，体现财务分析理论和实践的不断发展与完善。

基于这个契机，我们面向"大智移云"的时代特征编写了本书。本书具有以下主要特点：

第一，落实立德树人根本任务。每章的"红色链接"介绍习近平新时代中国特色社会主义思想中与经济、金融及财务分析有关的理论知识，学习目标中包含"育人目标"，并在具体知识点中体现企业高质量发展的理念。

第二，打破"就财务论财务"的狭隘视野，搭建战略视角下的企业财务报表分析框架，将对财报不同部分间关系的解读落地到具体分析，为认识中国企业提供有效的财务报表项目分析工具和路径，从而有助于正确评价企业战略的实施效果及历史业绩，并合理预测未来。

第三，体现中国特色。选取多家有"数字经济""智能制造"等鲜明行业经济特征的国内企业，或可以从财务分析角度总结决策经验、管理得失的国内企业，适用本土财务分析情境，展示具有中国特色的企业财务分析理论与方法的综合运用；同时，在每章末的"相关经典文献"部分给出与本章知识点相关的国内学者的高质量研究成果，展现习近平总书记提出的"坚持中国特色社会主义道路自信、理论自信、制度自信、文化自信"。

第四，与时俱进。书中包括对最新出现的数据资产的分析，每章设有"智能财务专栏"，此外还以"大数据篇"完整反映国内外财务分析理论与实务发展的前沿动态。

第五，数字资源立体丰富。本书含有知识点导图、小课堂微课视频、引例、案例、案例讨论与分析、相关经典文献等多种形式的教学资源，附录还提供了"Tushare数据接口的使用介绍"等资料。

本书由杭州电子科技大学会计学院财务管理系程颖副教授和信息工程学院蒋巍副教授编著，具体分工是：基础篇、报表篇、综合篇和大数据篇由程颖执笔，能力篇由蒋巍执笔。全书最后由程颖定稿。本书是2023年度浙江省产学合作协同育人项目"智能财务背景下的财务分析'课堂—案例—实训'一体化教学改革实践"的成果之一。

本书的编写得到了杭州电子科技大学肖作平教授、徐兵书记、贾勇副教授、易颜新教授的关心、支持和指导，杭州每刻科技有限公司董事长兼 CEO 魏美钟、研发中心副总经理叶正卿及杨轩一、陈伊婷的大力支持，以及研究生王珏、吴恩惠和孙翔宇的帮助，在此向他们一并表示感谢。

在编写本书的过程中，我们参阅了大量国内外教材和文献资料，在此向原作者表示诚挚的谢意。

限于作者水平，书中不当之处敬请读者批评指正。

作　者
2024 年 9 月

目 录

CONTENTS

基 础 篇

报 表 篇

能　力　篇

综 合 篇

大 数 据 篇

基 础 篇

第一章 概 论

红色链接： 习近平总书记在省部级主要领导干部推动金融高质量发展专题研讨班开班式上发表重要讲话指出，推动金融高质量发展、建设金融强国，要坚持法治和德治相结合，积极培育中国特色金融文化，做到：诚实守信，不逾越底线；以义取利，不唯利是图；稳健审慎，不急功近利；守正创新，不脱实向虚；依法合规，不胡作非为。

(资料来源：人民网)

引例：Rokid 完成近五亿元 C+轮融资

学 习 目 标

知识目标

掌握财务分析的内涵及特点；理解财务分析的作用；掌握财务分析的框架；明确各类财务分析方法的原理与作用。

能力目标

能运用不同财务分析方法解决实际问题，实现财务分析的目的。

育人目标

了解我国财务分析工作发展趋势，培育创新能力，以应对经济全球化和知识经济的挑战；塑造系统思维，建立社会主义核心价值观下财务分析的正确思路和框架。

知识点导图

第一节　财务分析概述

一、财务分析的内涵

财务分析的内涵极其丰富，不仅至今未有统一的定义，而且不同书本中的名称也不尽相同，有财务分析、财务报表分析及财务报告分析等。顾名思义，不同名称下的分析对象相应不同，财务分析的对象是财务活动，财务报表分析的对象是财务报表，财务报告分析的对象是财务报告。

小课堂 1-1　从相亲说起

虽然财务活动、财务报表和财务报告这三者间存在着区别：组织的财务活动及其结果通常通过财务报表、财务报告及其他财务信息来体现；财务报表由于受到会计准则及制度等的限制，不能反映组织财务活动的全貌；财务报告包含的信息量比财务报表有所增多，但仍不能完全反映组织的财务活动及状况。而在实践中，不同名称下分析工作的本质依然相同或相近。即使在财务报表分析的名称下，也并不意味着分析对象仅局限于财务报表，而不考虑其他会计核算、报告等相关资料。

因此，本书将理解的重点放在财务分析的内涵上，认为财务分析的内涵有狭义、广义之分。狭义的财务分析是指以企业的会计核算、报告资料及其他相关资料为依据，采用一系列专门的分析技术和方法，评价和剖析企业的财务活动、财务状况，反映企业在运营过程中的利弊得失及发展趋势，为报表使用者的经济决策提供重要的信息支持。广义的财务分析，在上述基础上还包括企业的战略分析、会计分析、管理质量分析、优势分析、投资价值分析、前景分析等。

二、财务分析的作用

财务分析的作用受分析主体和服务对象的制约。财务分析的主体和服务对象通常为投资者、债权人、管理者等企业的利益相关者。对于不同的利益相关者，财务分析具有不同的作用。不同的财务分析主体在共同要求下也具有不同的分析侧重点。

小课堂 1-2　财务分析的内涵及作用

(一) 为投资者进行投资决策、债权人进行信贷决策提供有用的信息

企业现有和潜在的投资者、债权人是企业外部重要的财务报表使用者。投资者和债权人为衡量投资和信贷风险，正确评价、选择投资和信贷对象，需了解企业偿债能力方面的信息，还需了解盈利能力和成长能力方面的信息，以及企业所处行业、竞争地位、战略目标等方面的非财务信息，才能做出合理的投资和信贷决策。

（二）为管理者进行经营决策提供有用的信息

在企业的经营活动中，投资者和管理者之间存在着委托-代理关系。管理者接受企业所有者的委托，管理与控制企业的各项运营活动。财务分析对企业的筹资活动、投资活动、营运活动、分配活动进行分析，一方面有助于管理者了解企业各方面的财务状况，及时发现生产经营中存在的问题，寻找不良资产及其形成原因；另一方面也能帮助管理者充分认识、利用现有资源，挖掘扩大财务成果的内部潜力，发现进一步提高资产效率的可能性，从而促进企业按照财务目标实现良性运行，增加股东财富，提高企业价值。在企业发展过程中，财务分析还有助于管理者分析被并购与重组企业的财务状况，科学确定对方的企业价值，协调各方的经济利益关系。

（三）为投资者评价企业管理者受托责任的履行情况提供有用的信息

管理者应按照投资者预定的发展目标和要求，安排经营管理活动，实现经济效益，但管理者可能为了自身的利益而背离投资者的利益。财务分析可以通过分析企业的财务状况、发展潜力，判断企业的财务绩效、业绩改善程度以及行业内竞争能力，从而为投资者评价企业管理者受托责任的履行情况提供重要的信息，也有助于企业设计、实施科学合理的薪酬管理与激励机制。

（四）为其他利益相关者进行决策提供有用的信息

企业的其他利益相关者包括商品和劳务供应商、顾客、员工、政府部门等。财务分析有助于供应商分析企业的偿债能力，判断企业能否按时支付所购商品或劳务的价款；有助于顾客分析企业的盈利能力、发展能力等，评价企业是否能持续提供商品或劳务；有助于政府部门考核企业经营理财状况，检查企业是否存在违法违纪的问题，考察企业的成长能力以及政策影响；等等。

案例 1-1　五芳斋的粽子

三、财务分析的特点

财务分析作为一门独立的经济应用学科，具有以下特点：

第一，综合性。在企业经济活动分析、会计学和财务管理等的基础上，财务分析依据经济理论和决策实践的要求，综合了相关学科知识，产生了独到的理论体系和方法论体系，而不是对原有学科中关于财务分析问题的简单重复或拼凑。

第二，理论体系的完整性。随着财务分析的产生与发展，财务分析的理论体系，从财务分析的内涵、目的、框架、内容，到财务分析的原则、形式及组织等均不断发展、完善。

第三，分析目的的差异性。财务分析目的受分析主体和服务对象的制约。不同主体进行财务分析的目的不同，不同的财务分析服务对象所关注的重点也不同。因此，从不同分析主体或服务对象的角度看，财务分析具有不同的作用，不仅对企业外部投资决策、筹资决策、赊销决策等有重要作用，而且对企业内部生产经营管理也有重要作用。

第四，分析依据的客观性。财务分析的依据包括财务信息和非财务信息。财务信息以货币形式的数据资料为主，结合其他资料，通过综合和提炼企业的各种经济活动，表明企业资金运动的状况及其特征，即经营成果、财务状况与现金流量。其中，狭义的财务信息主要指财务会计提供的信息，广义的财务信息包括财务会计提供的信息和运用财务管理方法生成的各种信息，核心资料是会计报表，会计报表体系在结构、内容上均具备系统性、客观性的特点。非财务信息是指以非数字方式反映企业组织结构、内部治理、战略目标等方面情况的信息，是对财务信息必要和有益的补充。

第五，分析方法的多样性。财务分析有水平分析法、垂直分析法、趋势分析法、比率分析法、因素分析法等专门的分析方法及技术。伴随着技术环境的发展，大数据及人工智能等方面的新技术已经应用于财务分析实践中。

第二节　财务分析的产生与发展

财务分析始于银行家对贷款者的信用分析，逐步广泛应用于投资领域与企业内部管理，还扩展到了资本市场、企业重组及价值评估等领域。财务分析的理论与实践活动，一直在外部市场环境与报表使用者需求的影响下不断发展与完善，并与会计技术的发展相适应。

小课堂 1-3　财务分析的发展

一、信用分析

企业的财务分析起源于 19 世纪末美国银行家对企业进行的信用分析。银行作为债权人，最关心的是企业的偿债能力，故会要求企业提供资产负债表等资料，从企业资产对债务的保障角度出发，分析所发放的贷款是否能安全回收。因此，信用分析最开始也被称为资产负债表分析，且主要关注企业的流动资产状况、负债状况和资产周转状况。但在实践中，银行逐渐发现，企业良好的偿债能力(特别是长期偿债能力)需要以良好的财务状况和盈利能力为基础。对于中小企业，银行往往重点分析企业的资产负债表；对于大型企业，银行则会更关注企业的盈利能力及其可持续状况。因此，现代企业的财务分析不再像最开始的信用分析那样单纯地分析资产负债表，而是朝着以利润表为中心的方向转变。

二、投资分析

出于对企业的投资活动获得预期或超额收益的目的，投资者也会利用银行对企业信用分析的资料及成果，关注企业的盈利能力，为自身的投资决策服务。

财务分析从信用分析阶段进入投资分析阶段，其主要任务也从稳定性分析转变为收益性分析。由于盈利能力的稳定性是企业经营稳定性的重要组成部分，伴随着稳定性分析的深化，收益性分析也成为稳定性分析的重要组成部分。因此，财务分析主要任务的转变，并不意味着收益性分析对稳定性分析的否定，而是财务分析进一步朝着以收益性为中心的稳定性分析的方向发展。

三、内部分析

企业财务分析最开始只为银行、投资者等外部利益相关者服务，即主要是外部分析。但伴随着外部市场环境的日益激烈、企业规模的扩大、经营活动及财务活动的日益复杂，企业逐步意识到了财务分析对自身生存、发展的重要性，由被动地接受分析逐步转变为主动地自我分析，即财务分析由外部分析向内部分析拓展，并表现出两个重要特点：一是内部分析领域不断扩大、深化；二是分析所需、所用的资料更为丰富，分析技术不断发展，分析效果不断改善。

四、智能财务分析

随着互联网、大数据、云计算、人工智能等新一代网络信息技术的飞速发展，智能财务分析应运而生。智能财务分析是在传统财务分析技术和方法的基础之上发展起来的，其利用新技术、新方法和新模型，更精准地评价和剖析企业的财务活动、财务状况，更好地适应问题决策与环境变化，从而更好地服务于财务分析人员，帮助报表使用者做出正确决策。

"互联网+"是知识社会创新推动下的互联网形态演进及其催生的经济社会发展新形态，可以帮助企业解决"信息孤岛"问题。因此，在"互联网+"时代，企业无须花费高昂的价钱专门建立数据计算部门，可直接通过各种各样的云平台对有关数据进行统计分析，降低财务分析的成本，也使得决策信息更加完整。

人工智能包含了学习人类的思考过程，并通过机器来描述并复制这个过程(详见本书大数据篇)。它能帮助企业和员工提高工作效率，还能减少大数据搜索的负担。在其帮助下，财务分析人员可采集用户以及知识系统所产生的信息，通过模式识别、机器学习、智能算法等方法对海量历史数据进行统计分析，建立精准的预测模型，形成数据"闭环"，更正确、快速地得出相应的财务分析结论。

大数据技术不仅能够实现对数据的快速收集和分析，满足财务分析主体对数据的需求，为分析活动提供更为准确和高效的数据支持；还能够帮助财务分析人员对数据进行分析和挖掘，提高分析活动的效率(详见本书大数据篇)。

云计算是指一种处于大规模数据中心，可以汇集分布在不同角落的海量数据，并通过动态地提供各种服务器资源来共同处理数据的超强计算方法，它能有效地将大规模网络资源以可靠服务的形式提供给用户，是资源共享、数据高效处理和大规模计算的发展趋势。云计算为财务分析提供了开放性的分析环境、虚拟化的分析资源和决策问题的协同求解，能够有效地解决非结构化的决策问题。

区块链的本质是一个去中心化数据库，其主要优势是无需中介参与、过程高效、透明且成本很低，数据高度安全。在区块链安全时间戳的支持下，信息失真、不对称等可能存在的问题可以被很好地解决，提高了财务分析结论的真实性和有效性。区块链去中心化和去信任的特性能够保证决策信息的安全性和隐私性，提高决策的工作效率，对企业管理层及时做出正确决策具有实际性意义。

目前，国内大多数企业尚处于互联网和移动互联的时代，与真正意义上的智能财务分析还有差距。但从未来发展趋势来判断，财务分析必将更多地与大数据、云计算、人工智能、区块链等技术进行协调、融合，智能化、个性化及场景化的特征将更为明显。

第三节　财务分析的框架与方法

一、财务分析的框架

作为一门独立学科，财务分析在实践中形成了不同的分析框架，主体通常由会计分析、财务分析(狭义)组成,但对战略分析、价值评估分析及预测分析在财务分析中的地位存在争议。

企业开展各项经营活动要基于特定的经营环境和经营战略。经营环境是对企业经营活动具有直接或间接影响的外部因素的总和,包括宏观环境、企业所处的行业环境、市场因素等。经营战略是指企业为适应经营环境的变化,对其经营活动做出的长远、全局的整体规划,以使企业获得或保持其竞争优势,实现其

小课堂 1-4　财务分析的框架

战略目标。只有了解企业所处的经营环境及其采取的经营战略,并做出深入分析,才能全面、透彻地解释、分析企业的财务报表,正确地评价企业的历史业绩,并合理地预测未来经营情况。因此,本书将背景分析作为财务分析框架的起点,分析企业所处的经营环境、企业历史及当前采取的经营战略(详见本书综合篇)。

财务报表是经过一套复杂的会计程序加工后得到的财务信息,其质量会受到会计原则的制定和执行、会计政策的选择、审计、信息披露等诸多因素的影响。部分报表项目也有其会计确认、计量的特点。因此,会计分析是财务分析(狭义)的立足点,本书将会计分析作为财务分析框架的第二部分(详见本书报表篇),首先通过分析资产负债表、利润表、现金流量表等主要会计报表,了解企业所处行业的财务活动及会计处理特征,理解企业会计处理的原则与方法,理解会计政策的灵活性,一方面评价企业会计处理反映的财务状况与经济业务的真实程度,另一方面修正会计数据,从而为提高财务分析结论的可靠性和合理性奠定基础。

然后,在会计分析的基础上进行财务分析(狭义)。即基于对主要报表项目的解读,根据分析的目的和要求,选择合适的财务指标,分析企业的偿债能力、盈利能力、周转能力、发展能力,并解释影响企业各方面财务能力的各种因素,确定各因素的影响方向和程度(详见本书能力篇)。

最后,将前面的分析结果结合起来,评价企业的管理活动和治理活动的质量、企业的整体质量,对企业的发展前景做出假设与预测,评估企业的整体价值,并出具分析报告,将财务分析的基本问题、分析的结论及针对问题提出的措施建议以书面形式提交,为财务分析主体或服务对象提供决策依据(详见本书综合篇)。

案例 1-2　小粽子　大文章

在内容编排上,考虑到读者的学习习惯和对知识点的理解顺序,本书的章节安排并未完全按照上述财务分析框架所列的顺序。读者可根据自身需求调整阅读和学习不同章节的先后顺序。

二、财务分析的方法

在财务分析的实践活动中,既会使用一般的分析方法,也会使用财务分析的专门技术方法,如比率分析法、综合分析法、因素分析法等。伴随着外部市场环境发展与报表使用者需求的变化,财务分析的方法也在不断地发展与完善。

小课堂 1-5　财务分析的方法

(一) 水平分析法

水平分析法，即横向分析法，是将不同期间的财务报表的同项数据进行对比，确定其增减变动的方向、数额和幅度，以说明企业财务状况和经营成果的变动趋势的一种方法。在比较时，基期有两种形式：固定基期和移动基期。固定基期是指各个时期的数据都是以某一固定时期为基期来比较的。移动基期是指各个时期的数据都是以前一期为基期来比较的，也称为环比。不同期间同项数据的比较方式主要有绝对值增减变动、增减变动率及变动比率值几种(详见本书的能力篇)。

水平分析法除了可用于比较同一企业不同时期的同项财务数据，还可用于可比性较高的同类企业之间的对比分析，以找出彼此的不同，但需注意其可比性问题。

(二) 垂直分析法

垂直分析法，也称纵向分析法、结构分析法或共同比分析法。它以财务报表中的某个总体指标作为100%，再计算出其各组成项目占该总体指标的百分比，分析各项目的比重变动情况，以及比较本企业报告期某项目比重与同类企业的可比项目比重，以揭示各项目的相对地位和总体结构关系，判断有关财务活动的变化趋势。通常项目比重越大，说明其重要性越高，对总体的影响也越大。经过垂直分析法处理后的财务报表称为同比报表、百分比报表、共同比报表、同度量报表或总体结构报表等。

(三) 比较分析法

比较分析法是通过比较不同的数据，发现规律并找出比较对象差别的一种分析方法。该方法可以揭示数据间客观存在的差距，并为进一步分析指出方向。用于比较的可以是绝对数，也可以是相对数。比较对象可以是经验标准、历史标准、预算标准、竞争者标准及行业标准等。各类标准的特点会在第二章第一节标准信息部分进行详细说明。有观点认为水平分析法的实质就是采用历史标准或同业标准的比较分析法，垂直分析法就是采用百分比形式的比较分析法。

(四) 比率分析法、杜邦分析法、因素分析法

比率分析法是把某些彼此存在关联的项目加以对比，计算出财务比率，以评价企业财务状况和经营成果的分析方法。由于财务比率能够揭示财务报告内各有关项目间的相关性，并且大部分比率为相对数，能够把某些条件下的不可比指标转变为可比指标，将复杂的财务信息加以简化，便于分析，因此在财务分析实践中被广泛采用。在比率分析法的基础上，又产生了杜邦分析法和因素分析法(详见本书能力篇)。

(五) 数据挖掘技术

数据挖掘作为一种数据处理技术，至今尚无一个精确且统一的定义，但许多学者认为数据挖掘是指从巨量随机混杂的数据中发现内含的此前并未被人们发现但又具有价值的隐含规律的过程。在实践中，数据挖掘的对象既可能是结构化数据，也可能是半结构化甚至是其他结构的数据。

1987年，美国注册会计师协会(AICPA)将包括数据挖掘技术在内的人工智能技术引入财务领域，也由此展开了学术界对数据挖掘与财务分析结合应用的探索，应用较多的是财务状况分析和危机预警。

数据挖掘技术在财务分析上的应用，改变了数据搜集存储和处理分析的技术和方法，也转变了财务分析主体原有的思维方式，其主要表现在以下两个方面：

第一，转变对数据精确性的要求。传统思维模式下，财务分析工作通常要求财务数据具有准确性以及可比性等特点。伴随大数据时代的到来，财务分析主体能够从更广泛的渠道获取数据，也发明了更多筛选、清洗数据的技术手段，因此对数据精确性的要求有所降低。

第二，数据关系分析目的不同。对于影响企业财务状况和经营成果的各种因素，传统财务分析模式关注各因素之间的亲疏程度和因果关系的有无。在大数据时代，数据挖掘的目的就是寻找变量或现象之间的相关关系，然后根据变量或现象之间的相关关系进行由此及彼、由表及里的关联预测。

智能财务专栏

杭州每刻科技有限公司(下文简称"每刻科技")成立于 2015 年，是一家国内领先的群智云财务产品及解决方案服务商，为企业提供了新一代业财税数据一体化和智能财务共享平台。每刻科技旗下有每刻报销、每刻生态、每刻档案、每刻应收、每刻应付、每刻云票、每刻 BI 及财务共享解决方案等服务。每刻科技的使命——释放财务创造力；愿景——3 至 5 年帮助 10 万家企业完成财务数字化转型；价值观——专业、进取、可信赖。目前，该公司已服务超 4000 家企事业单位，上市公司超 350 家，用户规模超过 270 万，覆盖全球 180 多个国家及地区。

本章关键术语

财务分析、财务分析的主要作用、财务分析与相关学科的关系、财务分析的主要应用领域、智能财务分析、企业背景分析、会计分析、前景分析、水平分析法、垂直分析法、比较分析法、比率分析法、杜邦分析法、因素分析法

思考练习题

案例讨论与分析：零跑科技的产品矩阵

相关经典文献

第二章　财务分析信息

引例：励贝推动中国液压装备产业转型升级

学 习 目 标

● **知识目标**

了解财务分析信息的不同类别与特点；理解不同财务报表的联系与区别。

● **能力目标**

熟悉各类财务分析信息的取得渠道与方法；能运用不同的财务分析标准进行财务分析。

● **育人目标**

树立对于财务分析信息的系统观及辩证观；树立对于主要财务报表的系统观及辩证观，具有精益求精的专业素养。

知识点导图

第一节　　财务分析信息的类别

财务分析的依据是各种各样的信息。按照不同的划分标准，可以将财务分析信息划分为不同的类别。[①]

一、财务信息与非财务信息

按照反映形式与侧重点的不同，财务分析信息可划分为财务信息与非财务信息。财务信息是以数字形式直接反映企业的经营成果、财务状况及现金流量的信息。狭义的财务信息主要指财务会计提供的信息，包括资产负债表信息、利润表信息、所有者权益变动表信息、现金流量表信息及报表附注信息等。广义的财务信息除狭义外，还包括运用财务管理方法生成的各种信息，如预计的财务报表等。财务信息是财务分析的主要依据与信息来源，但必须强调的是仅以财务信息为基础得出的结论不足以作为决策的全部依据。这是因为，企业的财务状况及发展前景等方面的问题，有些是难以用货币来计量的。有些非会计信息对财务分析人员而言比会计信息更重要。例如，两个财务状况相同(从报表信息看)的同类企业，一个处于上升期，另一个则处于下滑期。它们只是在上升与下滑的过程中的某一时点表现为相同的财务状况。这种上升与下滑的趋势就不一定能从报表中反映出来，特别是无法在一个会计年度的报表信息中充分体现。另外，由于企业的经营战略不同，采用的生产、销售、研发策略不同，从而影响费用、成本因素，可能出现财务数据在短期内相近，但从长期来看会产生较大差距的情况。

随着"互联网+"时代的到来，人类协作的方式、商业活动的规律、商业活动开展的逻辑、管理的思路等诸多方面均发生了巨大的改变。互联网时代的平台经济使企业的边界越来越模糊，哪些业务应该核算，利益应该如何分配越来越难以判断；中国中小型企业平均寿命不到 3 年，将"持续经营"作为假设来进行资本性支出的分摊并以此作为业绩衡量的依据，就会对企业非常不公平，也非常不利于投资者利益的保全；会计分期假设要求定期出财务报告，在移动互联网时代，这种频率和速度明显过慢；比特币的出现，打破了货币供给逻辑和货币发行中政府的中心地位，也将给货币计量假设在一定程度上带来冲击。可以说，目前这套成熟的会计要素和会计报告模式设计，是基于工业时代的生产经营特点，但随着信息经济、知识经济的到来，越来越不能客观全面地反映企业的资源状况和运营效率。如果单纯依靠会计信息，很可能会得到非常不科学的结论。

非财务信息是以非数字形式反映企业组织结构、内部治理、战略目标和未来发展计划等方面情况的信息，包括企业董事会构成信息、股权结构信息、内部控制信息、战略目标信息等。因此，在进行系统的财务分析时，将越来越需要动态的报告、价值链报告、整合式报告、各因素贡献报告等信息，非财务信息是对财务信息不可缺少的补充。在财务分析过程中，需要结合运用财务信息与非财务信息，并且非财务信息在财务分析中所占的地位和所起的作用必定会越来越重要。

二、内部信息与外部信息

按照信息来源不同，财务分析信息可划分为内部信息与外部信息。内部信息指从企业内部可取得的信息，可大致分为三类：第一类，会计信息，包括财务会计信息和管理会计信息，后者主要指责任会计核算信息、决策会计信息和企业成本报表信息等；第二类，统

---

① 具体信息的获取途径可参考附录八。

计与业务信息，包括统计信息和业务信息，前者主要指各种反映企业实际财务状况或经营状况的内部统计报表及统计信息，后者主要指与企业各部门业务及技术状况有关的核算与报表信息；第三类，计划及预算信息，包括企业的战略地图、生产计划、财务预算及材料消耗定额等。

外部信息指从企业外部取得的信息，包括国家经济政策与法规信息、权威部门发布的综合信息、中介机构信息、媒体信息及企业间交换的信息等。

三、定期信息与不定期信息

按照取得时间的确定性程度不同，财务分析信息可划分为定期信息与不定期信息。定期信息指企业可定期取得的信息，包括会计信息、统计信息、权威部门定期发布的综合信息等，这为财务分析主体定期进行财务分析提供了基础。

案例 2-1 节日、产品及收入

不定期信息指财务分析主体根据临时需要收集的信息。这种取得时间的不确定性，部分是因信息无法定期提供，部分是因不定期财务分析的需要。如上市公司发布的不定期公告、宏观经济政策信息、企业间不定期交换的信息等。

四、实际信息与标准信息

按照是否实际发生，财务分析信息可划分为实际信息和标准信息。实际信息指反映企业各项经济指标实际完成情况的信息。标准信息指被用于评价或比较标准的信息，未必实际发生。如上一章中所述，常用的财务分析标准有经验标准、历史标准、预算标准、行业标准、竞争者标准等形式。经验标准是依据大量实践经验得到的标准，如流动比率的经验标准为 2，速动比率的经验标准为 1，现金比率的经验标准为 20%。但经验标准只是在一定经济环境下的产物，或只适用于某些行业、某一发展阶段的企业，而绝非适用一切领域或一切环境。历史标准指将企业过去某一时点或时期的实际业绩作为标准，其优点是作为企业曾实现的业绩，有较高的可靠性与可比性，缺点是在外部环境与企业自身情况有所变化的时候，可比性会下降，并且也较为保守。预算标准是企业根据自身经营状况及所处环境而制定的计划标准，能将企业历史标准与外部行业、市场情况相结合。企业内部财务分析时，可采用预算标准考核、评价企业各部门及员工的业绩完成情况，但该标准的主观性较强。行业标准是按行业制定的，反映行业财务状况及经营情况的平均水平。财务分析时可将企业数据与行业标准比较，反映企业在行业中的地位及实力。但在使用行业标准时，要注意即使是同处一个行业的企业，也可能由于会计政策、会计方法的不同，经营模式及战略的不同，而未必可比。此外，对于许多跨行业经营或多元化经营的企业，使用某一行业的标准作为财务分析的标准，也并不合适。竞争者标准是将企业主要竞争对手的业绩作为比较标准，也可采用行业内某一优秀企业的数据。

第二节 财务报告信息

财务报告是企业对外提供的反映企业某一特定日期的财务状况和某一会计期间的经营

成果、现金流量等会计信息的文件，包括财务报表和其他应在财务报告中披露的相关信息。其中，财务报表由基本财务报表及其附注组成，各国的基本财务报表一般包括资产负债表、利润表、现金流量表和所有者(股东)权益变动表；其他相关信息的组成可根据有关法律法规和外部使用者的信息需求决定。

一、资产负债表

　　资产负债表是基本财务报表之一，它反映了企业在某一特定日期(资产负债表日)的财务状况(见附录一)。

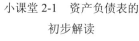

小课堂 2-1　资产负债表的
初步解读

　　资产负债表在财务分析中具有以下重要作用：

　　第一，反映了企业拥有或控制的能用货币表现的经济资源(即资产)的总体规模及具体的分布形态。由于不同形态的资产对企业的经营活动具有不同的效用和意义，因此这有助于反映企业的经营状况和资源配置、使用的合理性程度，也有助于反映企业资产管理水平，进而帮助财务分析人员透视企业战略的制定与实施情况。

　　第二，反映了企业的变现能力。由于不同形态的资产在变现能力上差异较大，将变现能力较强的资产与流动负债进行联系，可评价企业的短期偿债能力，对于债权人(尤其是短期债权人)、经营者、投资者均有重要意义。

　　第三，反映了企业的总体债务水平及债务结构。企业债务规模大小反映了企业的财务风险状况，关系到企业的经营战略、经营状况和效果。由于不同负债项目在偿还期限和强制性方面均有差异，因此通过对债务结构的分析，及与所有者权益的对比，可判断企业的偿债能力。

　　第四，反映了企业所有者权益内部结构及收益分配情况。所有者权益内部结构反映了企业自有资金的来源构成，对于企业投资者、债权人均具有重要意义。而收益分配情况不仅是投资者所关心的，对于监管部门及市场也具有意义。

　　第五，不应局限于企业某一特定时点的资产负债表，通过比较同一企业不同时点的资产负债表，可判断企业财务状况的发展趋势；比较不同企业同一时点的资产负债表，可评价不同企业的相对财务状况。

　　第六，通过比较资产负债表与利润表的有关项目，可评价企业各种资源的利用情况及盈利能力，反映企业资产管理水平。

　　第七，通过联系资产负债表、利润表与现金流量表，对企业的经营成果和财务状况做出整体评价。

二、利润表

　　与资产负债表不同，利润表是一种动态的时期报表，可以提供企业在月度、季度或年度内净利润或亏损的形成情况(见附录一)。

小课堂 2-2　利润表的
初步解读

　　利润表在财务分析中具有以下重要作用：

　　第一，反映了企业的经营成果和盈利能力。经营成果指一定时期内企业生产经营活动所创造的有效劳动成果的总和,通常以净利润和综合收益的形式反映。盈利能力指企业在一定时期内运用一定经济资源获取经营成果的能力。财务分析人员可以通过比较企业不同业务的利润情况，或与同类企业的同类业务比较，解释、评价和预测企业的经营成果和盈利能力，据此做出相关决策。

第二，反映了企业的经营业绩结构。在我国，企业利润表通常采用多步式结构，按照利润形成的主要环节列示中间性利润指标，分步计算当期净损益，通过营业利润、利润总额、净利润和综合收益四个层次来分步披露企业的收益。通过比较不同业绩的差异，分析营业收入状况、费用状况，可以发现企业在经营活动中的问题，评价企业经营业绩的质量和持续性，规划企业未来。

第三，有助于解释、评价和预测企业的偿债能力。利润表虽然不直接提供偿债能力的信息，但企业的偿债能力本质上也会受盈利能力的影响。如果企业长期丧失盈利能力，会使资产的流动性由好转坏，从而对偿债能力有不利影响。

三、现金流量表

现金流量表是反映企业某一会计期间现金流入与流出情况的报表。现金流量表中的现金包括货币资金和现金等价物(见附录一)。

小课堂 2-3 现金流量
表的初步解读

现金流量表在财务分析中具有以下重要作用：

第一，反映了企业资金的来源与运用情况。通过分析企业资金增减变动的具体原因，可了解现金流入、流出的构成，分析当期现金增减的合理性，判断企业的营运状况，评价资金管理的业绩，评价和预测现金流量和现金获取能力。

第二，提供资产负债分析、利润表分析所需的信息。在分析资产负债表、利润表时，从这两张报表中并无法获取资产分析、利润分析等所需的全部信息。现金流量表以收付实现制为基础，消除了会计核算中因会计估计等因素对盈利能力、偿债能力和支付能力所造成的影响，可以将资产负债表与利润表联系起来，说明利润形成、资产价值与资金来源、运用的关系。

第三，有助于管理者提高经营决策的质量。相比起只能提供静态财务信息的资产负债表，只反映利润构成的利润表，现金流量表能够提供一定时期现金流入和流出的动态财务信息，补充资料(附注)中还提供了不涉及现金的投资和筹资活动方面的重要信息，有助于企业管理者更全面地了解和分析企业的投资活动、筹资活动对经营成果和财务状况产生的影响，透视企业战略实施的现金支撑能力，做出更科学的经营决策。

四、所有者权益变动表

所有者权益变动表是反映企业在一定期间内，所有者权益的各组成部分当期增减变动情况的报表。

所有者权益变动表在财务分析中具有以下作用：

第一，反映企业所有者权益变动的原因。在所有者权益变动表中，导致所有者权益变动的原因按照"当期损益"、"直接计入所有者权益的利得和损失"及"与所有者的资本交易"等不同类别分别列示，可以提供不同活动对所有者权益变动产生的影响，反映引发所有者权益变动的原因。

第二，反映所有者权益内部结构的变动。所有者权益变动表分别列示了资本公积或盈余公积转增资本、盈余公积弥补亏损等造成所有者权益内部结构变动的因素，有助于财务分析主体了解所有者权益的内部结构变动。

第三，提供资产负债表分析、利润表分析所需的信息。所有者权益变动表中的"直接计入所有者权益的利得和损失"及"利润分配"与利润表存在较强的关联性。其中"直接计入所有者权益的利得和损失"和利润表中的"其他综合收益"共同反映了公允价值变动对企业的影响。所有者权益变动表中提供的所有者结构变动信息与资产负债表中所有者权益部分相辅相成。

第四，反映企业的全面收益情况。如不考虑增资、发放股利以及内部结转，影响所有者权益变动的主要因素是经营活动的收益和直接计入股东权益的利得与损失，两者之和为企业的全面收益。全面收益反映了企业的经营情况，还反映了公允价值变动对企业所有者拥有企业财富情况的影响，有助于投资者做出决策。

智能财务专栏

每刻科技于 2018 年发布"智能识票"，在业内首家推出"全票种发票 OCR"；2019 年发布"每刻档案"，在业内首家推出会计档案数字化，实现会计数字化档案全生命周期管理；2020 年发布"每刻生态平台"，助企业低成本、高效率地实现业财数据互联；同年发布"每刻应付"，在业内首家推出"采购应付结算协同平台"；2021 年发布"每刻云票"，在业内首家推出"ERP＋费控＋应收＋应付＋云票＋档案＋BI＝数字财务"，帮助客户实现业财税档一体化；2022 年发布"每刻 BI"，发布业内首个"商旅月结财务对账方案"，财务端对账提效 90%；2023 年每刻产品矩阵升级，全面匹配"数电票"。

每刻智能识票，可一次拍照、批量识别多张多种类发票，完成信息提取，自动对比发票库国税验真，自动填写报销单并入账。

一次 45 张发票入账   数电票开具

本章关键术语

财务报告、资产负债表、利润表、现金流量表、所有者权益变动表、经验标准、历史标准、行业标准、预算标准

思考练习题   案例讨论与分析：海康威视股价闪崩疑云   相关经典文献

报 表 篇

第三章 资产项目分析

> **红色链接：** 习近平总书记在中共中央政治局第十一次集体学习时强调，要围绕发展新质生产力布局产业链，提升产业链供应链韧性和安全水平，保证产业体系自主可控、安全可靠。要围绕推进新型工业化和加快建设制造强国、质量强国、网络强国、数字中国和农业强国等战略任务，科学布局科技创新、产业创新。要大力发展数字经济，促进数字经济和实体经济深度融合，打造具有国际竞争力的数字产业集群。
>
> (资料来源：人民网)

引例：邻汇吧的数智化拓店及决策赋能

学 习 目 标

● **知识目标**

理解资产价值的内涵，了解资产分类特征；了解与资产项目相关的会计政策。

● **能力目标**

掌握各类资产项目规模与结构分析方法；掌握各类资产项目会计政策分析的思路与方法；掌握各类资产项目的特别关注点。

● **育人目标**

实事求是，立足中国企业实践及相关准则、制度；树立创新理念，体会资产项目分析思路的创新与发展。

在第二章的学习中，我们了解了资产负债表是反映企业在某一特定日期资产、负债、所有者权益及其相互关系的报表。现行财务分析工作的变化趋势之一就是强化资产负债表观念，淡化利润表观念，体现全面收益观念。因为即使企业的收入和利润持续稳定增长，但如果伴随着大量不良资产的产生，真实资产、负债条件下的净资产却未相应增加，有可能导致企业真实财务状况的不断恶化。因此，资产项目分析不仅有重要的理论研究价值，更有重要的现实意义。

知识点导图

按照资产变现能力的强弱顺序排列，也称流动性，资产负债表的资产分为流动资产与非流动资产，但这一分类方式并不能很好地满足财务分析的需要。因此，本书根据企业的持有目的及资产的利润贡献方式，将资产分为经营性资产和投资性资产两大类。经营性资产是指企业在自身经营活动中所动用的各项资产，也可以理解为企业因常规性的产品经营与劳务提供而形成的资产，本书认为其主要包括货币资金、商业债权、存货、固定资产和无形资产等。投资性资产主要指未参与企业自身的经营活动而用于对外投资的资产，也可以理解成为企业以增值为目的而持有的股权和债权，还反映在以提供经营性资金方式对子公司投资的其他应收款、预付款等项目上。

对于资产项目，我们大都可以从一般分析、会计政策分析、特别关注点这几个角度出发。其中，一般分析指对该资产项目不同时期的规模变动情况、结构变动情况的分析与比较，从中发现资产的规模与结构是否合理，是否存在异常变动；会计政策分析指判断各资产项目相关会计政策与会计估计变更的影响，解读企业资产项目的信息披露与实际状况是否存在偏差，以提高分析结论的可靠性。

第一节　经营性流动资产项目分析

流动资产通常指企业可以或准备在一年内或者超过一年的一个营业周期内转化为货币，或被销售或被耗用的资产。在本节里，我们主要学习如何分析经营性流动资产项目。

一、货币资金项目分析

货币资金是指企业生产经营过程中停留于货币形态的那部分资金，具有可立即作为支付手段、被普遍接受等特性。

（一）一般分析

小课堂 3-1　货币资金项目分析

1. 货币资金的规模分析

为维持企业经营活动的正常运转，企业必须保有一定的货币资金余额，过低的货币资金保有量可能影响企业的支付能力，加大企业的财务风险，并可能严重影响企业正常的经营活动，制约企业发展，这在经济不景气时期或外部融资环境比较严峻时，会尤为明显。过多的货币资金存量则会增加企业资金的机会成本，浪费投资机会，还会增加企业的筹资成本。但货币资金的最佳规模并无一个标准尺度，因此，需要基于下列因素，判断企业日常货币资金规模是否恰当：

（1）企业的资产规模和业务收支规模。一般而言，企业资产总额越大，相应的货币资金规模也会越大；业务收支频繁，且绝对额大的企业，处于货币资金形态的资产也会较多。

(2) 企业的行业特点。在相同的资产规模条件下，与各种类型的工业企业相比，银行、保险公司、百货零售业都属于货币资金规模较大的行业。

(3) 企业对货币资金的运用能力。如果企业经营者善于利用货币资金从事其他经营或投资活动，则企业的获利水平就有可能提高，货币资金规模也会随之有所降低。相反，如果货币资金仅停留在货币形态，可能表明企业尚未找到合适的投资项目，或丧失潜在的投资机会，对企业资产增值的直接贡献很小。

(4) 企业的外部筹资能力。如果企业具有良好的信誉和融洽的外部融资关系，能保证企业的融资渠道畅通，一般没有必要持有大量的货币资金。

需要考虑的因素还有：企业近期偿债的资金需求；企业的盈利状况和自身创造现金的能力；宏观经济环境变化对企业融资环境的影响；等等。

2. 货币资金的结构分析

货币资金由于其形态的特殊性，在会计上一般不存在估价问题。但可以从币种结构和自由运用能力结构的视角出发，分析其实际支付能力。当企业的经济业务涉及多种货币，企业的货币资金有多种货币时，不同货币币值会有不同的未来走向。此时可从企业保有的货币资金的不同币种出发，进行汇率趋势分析，分析其未来支付能力的变化。

货币资金中的其他货币资金部分，如保证金存款、已质押的定期存款、确定具体用途的上市公司募集资金等，它们大都由于某些原因被指定了特殊用途，不能随意支用，因此可借助计算这些使用受限("不自由")的部分占货币资金总额的比例，揭示企业实际的支付能力。

(二) 会计政策分析

现实中某些企业为修饰其资产负债表，会在本会计期末提前收款，以提高货币资金期末余额，改善流动比率、速动比率、现金比率等从资产角度考察企业债务保障情况的财务指标。

(三) 特别关注点

1. 持续性分析

企业货币资金规模的持续性非常重要，可从以下几个方面分析企业货币资金规模变化的原因：

(1) 企业经营活动引起。企业的经营活动主要会在两个方面影响企业的货币资金规模。第一，销售规模的变化。随着宏观经济环境、企业所处行业发展以及企业在行业中竞争优势的变化，企业的销售规模也会相应变化，而销售回款是企业自身创造现金的最主要来源。第二，面对上下游议价能力的变化。面对下游经销商及客户，信用政策的变化会影响企业销售所收到的货币资金存量；企业面对上游供应商的议价能力，又会在一定程度上影响当期货币资金支付的相对水平。企业在经营活动中创造货币资金的能力通常被视为企业自身的造血功能。在经营战略和经营规模没有明显调整的情况下，一个自身造血功能正常的企业，货币资金规模通常会呈现出不断上升的趋势。如果企业货币资金规模的增加主要来自经营活动，通常认为企业货币资金的生成质量比较高。

(2) 企业投资活动引起。企业不管是出于扩大再生产的战略需要而大量购入固定资产等长期资产，还是出于对外扩张的战略需要而大举对外投资，都需要动用大量的货币资金，从而引起企业货币资金规模不同程度的下降。相反，如果企业处置固定资产等长期资产或者收回投资，往往会引起货币资金规模的上升。但这种货币资金规模的变化往往是"一次性"的，主要受各年度企业战略规划与实施情况的影响，通常会呈现出一定的波动性。

（3）企业筹资活动引起。如企业近期有重大投资安排、准备大量派发现金股利、偿还即将到期的银行贷款、改善自身的资本结构、引进战略投资者等各种原因而产生巨大资金需求，但经营活动产生的货币资金又无法满足这些需求，此时会通过举债或者增发股票等方式筹资。这些筹集到的资金在使用前会引起企业货币资金规模上升，但其规模随后会因资金的使用而下降，因此，这种货币资金规模的变化通常不具有持续性。

在具体分析货币项目的持续性时，不应局限在资产负债表，还需联系现金流量表展开相应分析。

2．收付款过程分析

企业资产负债表中的货币资金项目数，实质是企业货币资金收支过程的结果。因此，货币资金在收支过程中的内部控制制度的完善程度以及实际执行情况，同样是货币资金分析的重要组成。在货币资金的收入方面，主要涉及销售过程和具体的收款过程，包括对客户的选择、对特定客户销售特定商品种类的确定、对特定客户销售特定商品数量的确定、销售数量与折扣等级的确定、收款条件的确定、商品或产品出库数量和质量的确定、债权催收部门的确定、具体收款环节及会计处理等。在货币资金的支出方面，主要涉及采购过程和具体的付款过程，包括对采购的需求、对采购时机的确定、对供货商的选择、从特定供货商采购特定商品种类的确定、对特定供货商采购特定商品数量的确定、采购数量与折扣等级的谈判与确定、付款条件的确定、采购商品或产品入库数量和质量的确定、具体付款环节及会计处理等。

收付款过程中的不同环节，应尽可能地由具有不同权限的人员或部门完成，以保证企业内部各部门或人员在业务上互相牵制的态势。

案例 3-1　同花顺的货币资金

二、应收票据及应收账款项目分析

应收票据是指企业因赊销产品、提供劳务等在采用商业汇票结算方式下收到的商业汇票而形成的债权；应收账款是指企业因赊销产品、提供劳务等业务而形成的商业债权，该债权应向购货单位或接受劳务单位收取。

小课堂 3-2　应收票据及应收
账款项目分析

（一）一般分析

1．应收票据及应收账款的规模分析

企业持有应收票据和应收账款的目的均为企业向购买方提供商业信用以推动自身销售活动，因此可以将两者的合计值与企业资产规模、营业收入规模进行比较，并计算出相应比例，再与同行业对标企业、行业平均水平及自身历史数据进行比较，以判断应收票据及应收账款规模的合理性。

企业应收票据及应收账款的增加可能出于以下原因：

第一，企业的信用政策发生变化，由于行业竞争加剧或者企业自身在行业中的竞争地位下降，企业希望借助宽松的信用政策来增加营业收入；

第二，企业营业收入规模增长导致应收账款增加；

第三，收账政策不当或收账工作执行不力；

第四，应收账款质量不好，存在长期挂账但实质上已难以收回的账款，或者客户陷入财务困境，暂时难以偿还所欠货款；

第五，企业会计政策变更；

第六，虚假交易，需注意企业会计期末是否存在突发产生的与应收票据或应收账款对应的营业收入，或者应收账款的相对规模水平出现急剧上升(即应收账款增长率大大高于企业资产增长率或者营业收入增长率)，这种情况很多时候会有虚假交易、利润操纵的嫌疑，企业通过将虚假的销售收入在应收账款中挂账，以粉饰当期业绩，但这些虚构交易往往会在后续年度通过销售退回或核销坏账等方式进行消化，导致日后业绩大幅下降。

2．应收票据及应收账款的结构分析

对企业持有的应收票据和应收账款，可从以下角度进行结构分析：

(1) 企业应收票据和应收账款的相对规模分析。由于我国企业普遍采用银行承兑汇票，因此应收票据的到期收回可能性比应收账款高，但采用商业汇票结算不可避免地会引起债务企业财务费用的增加，货币资金的周转压力增大。如果应收账款相对于应收票据的规模不断增大，从债权企业的角度来看，这种增长可能意味着债权企业与债务企业在结算方式上的谈判优势逐渐丧失，不得不采用应收账款结算方式，也可能说明企业对债务企业的偿债能力有信心，对到期收回商业债权有信心。这可以在一定程度上透视整个行业所面临的生存环境变化，甚至有可能反映企业的经营管理质量和相对竞争优势。

(2) 账龄分析。一般而言，未过信用期或已过信用期但拖欠期较短的债权出现坏账的可能性比已过信用期较长时间的债权发生坏账的可能性小。通过分析应收票据及应收账款债权的形成时间，进而对不同账龄的债权分别判断质量，有益于确定企业的坏账情况、制定或调整企业的信用政策。但也不可完全相信应收账款账龄本身。实务中，很多企业会想尽各种办法(如设法向债务企业提供资金，使其偿还欠款后再对其进行赊账)以缩短应收账款的账龄，从而在整体上提高应收账款的质量。

(3) 债务企业的构成分析。很多情况下，企业债权的质量不仅与债权的账龄有关，更与债务企业的构成有关。因此，在有条件的情况下可通过分析债务企业的构成来分析债权的质量。

第一，分析债务企业的行业构成。由于不同行业的成长性差异可能很大，处于同一行业的企业往往在经营状况及财务质量方面有较大的相似性。

第二，分析债务企业的区域构成。不同地区的债务企业由于经济发展水平、法制建设条件以及特定的经济环境等方面的差异，在企业自身债务的偿还心态以及偿还能力方面有相当大的差异：经济发展水平较高、法制建设条件较好以及特定的经济环境较好地区的债务企业，一般具有较好的债务清偿心理，因而企业对这些地区的债权的可收回性较强；经济发展水平较落后、法制建设条件较弱以及特定的经济环境较差(如面临战争)地区的债务企业，还款能力较差。

第三，分析债务企业的所有权性质。实践证明不同所有制的企业在自身债务的偿还心态以及偿还能力方面有较大的差异。

第四，分析债权企业与债务企业的关联状况。按照债权企业与债务企业的关联状况，可把债务企业分为关联方债务企业与非关联方债务企业。由于关联方彼此之间在债权债务

方面的操纵色彩较强，现实中有些上市公司利用与关联企业的关系，大量进行"对倒"交易，形成大量应收账款，从而提升交易量，以增加营业收入，实际上却未真正实现交易，因此需重视关联方债务企业的偿还状况。

第五，分析债务企业的稳定程度。稳定的债务企业的偿债能力一般较好把握，同时也要关注其近期是否出现了财务困难。但稳定的债务企业过多，通常意味着企业的经营没有太大起色。而临时性或者不稳定的债务企业，虽然有可能是企业扩展经营的结果，但其偿债能力一般较难把握。

(4) 形成债权的内部经手人构成分析。大量实践表明，形成应收票据及应收账款债权的内部经手人对企业债权的质量有重大影响。外部分析者由于受信息的限制，无法进行此项分析。但企业管理者在内部分析时完全可通过分析经手人的业务素质和道德素质，为合理调配企业内部的工作安排提供重要的参考信息，也可引导管理者较早关注债权质量较差的区域，以采取措施。

(二) 会计政策分析

由于资产负债表上列示的是应收账款净额，因此，需要分析应收票据及应收账款的坏账准备计提情况以及计提政策的恰当性。现行准则强调，应收票据及应收账款作为一项金融资产，应当统一按预期信用损失法，在资产负债表日进行减值检查，将其账面价值与预计未来现金流量现值之间的差额确认为减值损失、计入当期损益。因此，企业的应收账款是否发生减值以及减值程度的大小取决于该项目预计未来现金流量的现值。

实务中，由于预期未来现金流量的现值估计难以避免人为主观因素的影响，因此部分企业会少提或不提坏账准备，以虚增应收账款净额和利润，也有部分企业为避免出现连续两年亏损、被特别处理的情况，会在发生亏损的年度多提坏账准备，以防下一年度再发生亏损。因此需要阅读会计报表的相关附注，结合当年的实际业绩及行业惯例，以判断其变更的合理性。

(三) 特别关注点

1. 应收票据的贴现情况分析

应收票据在确认时，由于依据的是赊销业务中债权人或债务人签发的表明债务人在约定时日应偿付约定金额的书面文件，并具有法律效力，因而受到法律的保护，具有较强的变现性。在到期之前，企业如果需要资金，可将持有的商业汇票背书后向银行或其他金融机构办理贴现，取得现金，因而也从另一个方面保证其具有较强的变现性。

但也须关注其可能给企业的财务状况造成的负面影响。我国票据法规定，票据贴现具有追索权，即如果票据承兑人到期不能兑付，背书人负有连带付款责任。这样，对企业而言已贴现的商业汇票就是一种"或有负债"，若已贴现的应收票据金额过大，也可能对企业的财务状况带来较大影响。因此，在分析该项目时，应结合会计报表附注中的相关披露，了解企业是否存在已贴现的商业汇票，据以判断其是否会影响企业未来的偿债能力。

对于到期的应收票据，如果付款人无力支付或其他原因而发生拒付，企业要按应收票据的账面余额将其转入"应收账款"账户，从而将企业的商业债权由"有期"转为"无期"加以核算，如此会在一定程度上影响该项目的变现性和周转性。

2. 应收票据及应收账款的周转情况分析

应收票据及应收账款的周转情况可借助应收票据及应收账款周转率、应收票据及应收账款平均收账期等指标进行分析(具体指标的计算可参见能力篇相关章节)。理论上在一定的赊账政策条件下，企业应收票据及应收账款周转率越低，平均收账期越长，债权周转速度越慢，债权的周转性也就越差。

在实务中，应收票据及应收账款周转率与存货周转率之间往往存在此消彼长的关系，需要在保证存货顺畅周转的前提下来考察应收账款的质量。应收票据及应收账款周转率并非越高越好，过严的赊销政策虽然会保证应收账款的快速回收，但同时可能会制约存货的周转，导致企业市场占有率下降、存货周转率降低。

此外，应收票据及应收账款周转率和存货周转率之间的关系会受到企业所处的市场环境和所采取的营销策略的影响。如应收票据及应收账款周转率与存货周转率同步上升，一般表明企业的市场环境日渐明朗，前景看好；如应收票据及应收账款周转率上升，而存货周转率下降，则可能表明企业因看好预期市场而扩大产销规模或收紧信用政策，或两者兼而有之；如存货周转率上升，而应收票据及应收账款周转率下降，则可能表明企业放宽了信用政策，扩大了赊销规模，这种情况可能隐含着企业对市场前景的预期不容乐观，应予以警觉。

3. 应收票据及应收款项融资的关系

现行会计准则将金融资产的分类由原来的四分类改为三分类，应收款项融资即属于该准则下的第二类金融资产，反映的是资产负债表日以公允价值计量且其变动计入其他综合收益的应收票据和应收账款等。根据准则中的第十七条和第十八条规定，应收票据和应收款项融资的区分主要取决于企业管理该项资产的业务模式，即持有目的：是持有至到期(收取合同现金流量)，还是既以持有至到期为目标又以到期前背书转让或者贴现(出售)为目标。如果持有目的是持有至到期，则应记录为应收票据；如果持有目的是兼顾持有至到期和背书转让或贴现，则应记录为应收款项融资。

需特别注意的是，对于这种区分，不是取决于某一张票据最终的持有状态：是持有至到期了还是出售了，而是取决于企业自身收到票据时就有的明确管理意图，对所有票据或者某几类票据所采取特定的管理业务模式。

实务中，可以根据全年背书转让和贴现的票据占到全年应收票据的比例进行经验判断。如果占比较高，可以认为管理层的业务模式很可能是同时以持有和出售为目的；相反，如果占比很低，则背书转让和贴现可能只是个别现象，不影响业务模式是持有至到期的性质。

此外，以持有和出售为目的的票据也不一定就是应收款项融资。如果商业票据承兑人的信用级别一般或较低，说明款项的收回存在一定的风险，此时即使管理模式是持有并出售，即使背书/贴现/保理，也不能终止确认，因为在这里"出售"的本质是以票据为质押获取相应的借款或者延伸了供应商的信用期，并不能将其认定为"出售"。

案例 3-2　同花顺的应收账款及票据

所以实务中，只有管理层意图是持有到期和出售并行，并且收到的票据是承兑人信用级别较高的银行承兑汇票[①]，才会将其划

---

① 信用等级较高的银行在实务中通常称为"6+9银行"，主要包括中国工商银行、中国农业银行、中国银行、中国建设银行、中国邮政储蓄银行、中国交通银行等6家国有大型商业银行和招商银行、浦发银行、中信银行、兴业银行、平安银行、光大银行、华夏银行、民生银行、浙商银行等9家上市股份制银行承兑的票据，该类票据到期无法兑付的风险很小。

分为应收款项融资；如果不是该业务模式，或者是虽然是此业务模式，但票据的承兑人信用级别低(包括商业承兑和信用级别一般银行承兑的汇票)，则只能划分为应收票据。

三、存货项目分析

存货是企业(尤其是工商业企业)盈利的主要物质媒介，是企业一项重要的流动资产。企业通过持有和使用存货，希望起到安全、缓冲和储备的作用，以保障正常的生产经营周转，顺利实现销售获取盈利，降低宏观环境变化带来的波动风险。但它也会占用企业大量资金，给企业带来持有成本和持有风险。

小课堂 3-3　存货项目分析

(一) 一般分析

1. 存货的规模分析

存货是企业一大类具有相同或相似特征的流动资产的总称，其构成繁简不一，各种存货在规模上的变化可以相互抵消，只考察存货总规模很可能会掩盖诸多具体情况和问题，因此在进行存货的规模分析时，不能仅依据资产负债表上的存货余额，更不能简单地使用存货周转率这一指标，而是要基于报表附注中有关存货的披露内容，与结构分析相结合，才能深入分析其规模的恰当性、规模变动的合理性以及对企业未来盈利能力所产生的影响。

此外，还需注意到不同行业的企业间存货规模差异较大；采取不同生产模式的企业间存货规模差异较大，例如采取以销定产模式的企业，其存货规模通常就会低于以产定销模式的企业。

2. 存货的结构分析

在分析时应从不同角度关注存货的具体构成情况，及其规模变动背后潜藏的管理信息。应特别对变动较大的组成项目进行重点分析。

(1) 存货的状态。存货的状态构成在不同企业中差别明显。在工业企业中，存货包括库存、加工中和在途的各种原材料、包装物、低值易耗品、在产品、外购商品、自制半成品、产成品以及分期收款发出商品等。商品流通企业的存货则包括在途商品、库存商品、加工商品、出租商品、分期收款发出商品以及包装物、低值易耗品以及企业委托代销的商品等。需要指出的是，为建造固定资产等各项工程而储备的各种材料，由于建造固定资产等各项工程，其价值分次转移，最终目的并非出售，因此不能作为企业的存货进行核算。企业的特种储备以及按照国家指令专项储备的资产也不符合存货的定义，因此也不属于存货。

对于工业企业而言，如果原材料和产成品项目之间的相对比例大体保持不变，总体规模随着企业营业规模的增减适量放缩，这往往是企业以销定产的具体体现；如果原材料的相对规模所有增大，很有可能是企业预见到原材料市场价格的上涨趋势而做出的一种管理安排，囤积适量原材料以降低未来的产品成本；但如果原材料的相对规模有所减小，产成品的相对规模却有所增大，就有产品因滞销而减产的嫌疑，当然也有可能是企业通过"低转成本"而人为粉饰当期业绩，或是其他原因。

(2) 存货的品种。在企业生产和销售多种产品的情况下，不同品种产品的盈利能力、技术状态、市场发展前景以及产品的抗变能力等方面都可能存在较大差异。过分依赖一种或几种产品的企业，极有可能因产品出现问题而使企业全局受到重创。但过度的多品种策略也可能让企业失去战略重点，迷失方向而陷入发展困境。因此，应当对企业存货中产成品的品种构成进一步分析，并关注不同品种产品的市场规模、盈利能力、技术状态、市场潜力以及产品的抗变能力等。

(3) 存货的时效状况。按照时效性的依据，可将企业存货分为与保质期相联系的存货、与内容相联系的存货、与技术相联系的存货。对于与保质期相联系的存货，保质期限较长的，时效性相对较弱；保质期限较短以及即将过期的，时效性相对较强。对于与内容相联系的存货，例如出版物，内容较为稳定、可利用期限较长的(如数学书籍等)，时效性相对较弱；内容变化较快、可利用期限较短的(如报纸、杂志等)，时效性相对较强。技术除了我们熟悉的科学技术以外，还包括配方、诀窍等无形资产。对于与技术相联系的存货，有的存货的支持技术进步较快(如电子计算机技术)，时效性较强；有的存货的支持技术进步较慢(如传统中药配方、药品配方、食品配方等)，时效性则相对较弱。

(二) 会计政策分析

由于存货的价值受到存货的计价方法、数量、跌价准备的计提等因素的影响，因此可从以下方面进行关于存货的会计政策分析。

1. 分析存货计价方法的选择或变更是否合理

我国现行会计准则规定，企业可采用先进先出法、加权平均法或个别计价法确定发出存货的实际成本。在不同计价方法下，存货的计价结果不同，也会对企业的财务状况和经营成果产生不同影响。实际中一些企业会通过利用不同的存货计价方法实现其操纵利润的目的。

2. 分析存货的盘存制度对存货所确认的数量和价值的影响

存货盘存可以采用永续盘存制和定期盘存制。如果企业采用定期盘存制，资产负债表上存货项目反映的是存货的实际数量。如果企业采用永续盘存制，除非在编制资产负债表时对存货进行盘存，否则资产负债表上存货项目所反映的只是存货的账面数量。因此，两种不同的存货盘存制度会造成资产负债表上存货项目的差异，该差异并非存货数量本身变动引起的。

3. 分析存货跌价准备的提取及转回

我国现行会计准则规定，存货的期末计价采用成本与可变现净值孰低法。可变现净值指企业在正常经营过程中，以预计售价减去预计完工成本以及销售所必需的预计费用后的价值。这涉及对预计售价、预计完工成本以及销售所必需的预计费用等因素的估计。对于可变现净值低于成本的部分，应计提存货跌价准备。它反映了企业对其存货贬值程度的认识水平和企业可接受的贬值水平。

在很多情况下，可变现净值影响因素的估计难以避免人为主观因素的影响。因此，应首先判别计提的合理性。一方面，要特别关注企业是否存在利用存货项目进行潜亏挂账的问题。一些企业利用存货项目的种类繁杂、金额庞大、重置频繁、计价方法多样、审计难度大等特点，采用各种非法手段，将冷背呆滞商品、积压产品、残品等已经失去保值性的存货及违规开支在存货项目中长期挂账，即高估存货的账面价值，虚增当期利润，以隐蔽潜在的亏损局面。另一方面，还要注意考察企业是否通过计提巨额存货跌价准备，为来年的"扭亏为盈"提供机会。

此外，还要关注报表附注有关存货担保、抵押方面的说明。

（三）特别关注点

1．存货盈利情况

毛利率会在很大程度上反映传统行业的企业在日常经营活动中的初始获利空间，也可以体现存货项目在完成正常周转后所实现的盈利情况。在充分竞争的行业，企业毛利率水平往往趋于平均化。企业毛利率与行业平均值相比的相对高低情况体现了该企业在行业中的竞争地位。正常情况下，如果企业在同行业中的相对毛利率水平不断下降，可能因为企业的产品在市场上的竞争力下降，可能因为企业的产品生命周期出现了转折，也可能是外部环境的竞争激烈程度提高。

但如果企业的毛利率大大偏离行业平均值，尤其是在年度间(企业的产品结构没有显著调整的情况下)出现巨幅波动，其中一个可能的原因就是企业通过人为调整存货余额和低转(或高转)成本、改变存货计价和盘存方式等手段实现的。因此在分析存货项目时，需尽可能排除主观人为操纵因素的影响。

2．存货周转情况

财务分析人员经常会借助存货周转率评价存货的周转情况。它是营业成本和平均存货水平的比值，反映一定时期的存货流转速度；它还是一个动态的内部管理指标，反映了企业的运营状况。因为营业成本取决于公司的采购成本、转换成本、其他成本和成本计算方法等，而平均的存货水平也是企业持续运营管理的综合结果。企业关注焦点在于减少存货和加速流转。减少存货可有效减少资金占用、降低经营风险、改善公司的财务状况和提高抵御风险的能力。加速流转可有效提高公司的盈利能力，从而创造更多价值。在周转一次产生的毛利水平相对不变且其他条件相同时，企业存货周转速度越快，一定时期的盈利水平也就越高。

但实务中企业的存货周转率并非越高越好，相对于同行业平均水平而言，过高的存货周转率可能是企业执行了过于宽松的信用政策的结果，可能后续会导致企业出现大量坏账。企业商业债权(应收账款与应收票据)的回收速度与存货周转率之间往往存在此消彼长的关系。因此，企业需要在保证商业债权回款的前提下考察存货的周转情况。

实务中企业存货周转情况与盈利情况往往存在此消彼长的关系。这与企业的经营战略直接相关。差异化战略下，企业通过保持产品的领先性、优质性和独特性，在市场中拥有一定的定价自主权，实现较高的毛利率来保证企业的盈利能力，但可能存货周转情况并不出色。成本领先战略下，企业则利用各种管理手段控制成本、压低售价，用产品较高的周转率来保证企业的盈利能力。在某些特殊情况下，也会出现毛利率越高、存货周转速度越快的情况。不管采取何种战略，保持存货在盈利性或周转性方面的高质量是企业在竞争中取胜的关键因素之一。

四、其他流动资产项目分析

（一）其他应收款项目分析

根据财政部关于企业财务报表格式的最新通知，资产负债表中列示的"应收利息"及"应收股利"项目归并至"其他应收款"项目，即根据现行金融工具准则核算的利息和股利与资金往来等其

小课堂 3-4　其他应收款
项目分析

他各种应收及暂付款项归并至其他应收款，并统一按预期信用损失法计提坏账准备。由于应收股利、应收利息的可回收性强，且能够在短期内回收，因此本书对其他应收款项目的分析重点放在原"其他应收款"这个范围，即企业除应收票据、应收账款、应收股利、应收利息和预付款项以外的各种应收、暂付款项，后文不再特殊说明。

1. 其他应收款的规模分析

其他应收款是企业由于非商品交易形成的债权，包括设置"备用金"科目的企业拨出的备用金、应收的各种赔款、罚款、存出保证金、应收出租包装物的租金、应向职工个人收取的各种垫付款项等。其他应收款既为"其他"，就应该不属于企业主要的债权项目，数额及所占比例不应过大。如果数额过高，即为不正常现象，容易产生不明原因的占用。为此，要借助报表附注仔细分析其具体构成项目的内容和发生时间，特别是金额较大、时间较长、来自关联方的其他应收款。

2. 其他应收款的结构分析

可以按照其他应收款的不同成因，对其进行结构分析。

第一类，正常部分。该部分不属于企业的主要债权项目，有学者认为这部分应该不超过资产总额的1%。且由于这部分将转化为费用，不可能用于变现或实际支付，所以从这一角度看属于企业的不良资产。

第二类，被子公司占用的部分。集团资金"集权式"管理模式是指集团中的母公司统一对外融资后，再根据需要将资金提供给各子公司使用。该模式通常具有资金使用效率高、成本低、便于内控等优势。在分析时，比较母公司报表与合并报表中"其他应收款"的项目金额，如果合并报表数字远远小于母公司报表数字，则其差额基本上代表了母公司向各子公司提供的资金规模，即这部分其他应收款实质上属于投资性资产，其质量将取决于各子公司的盈利能力和资产质量。

第三类，被母公司、兄弟公司、大股东占用的部分。在排除了第一类、第二类情况外，如果合并报表中的其他应收款金额依然相对较大，远远超过了其占总资产的正常比例，则很有可能意味着超出部分的资金流向了控股股东或兄弟公司等关联方。这部分其他应收款通常是无直接效益的资源占用，盈利情况和最终收回可能性均不太理想。早在2001年，中国上市公司就开始大规模清理欠款，大部分欠款都是大股东挪用资金的结果，其中的大部分又以"其他应收款"的名义进入会计账目。这是因为在应收销货款以外形成的其他应收款，查证时因户数多但金额小需要花费较多时间，除非专业人士进行详细调查，否则很难抓到确凿证据。

(二) 预付款项项目分析

预付款项是企业按照购货合同的规定，预先支付给供货单位的货款而形成的债权。在会计上，预付款项按实际支付的金额入账。企业在计算坏账准备时，在债权中不包括预付款项。

1. 预付款项的规模分析

一般情况下，企业的预付款项债权不会构成流动资产的主体部分，在供货商较为稳定的条件下，预付款项应该按照合同约定转化为存货，因此，正常的预付款项质量较高。如果预付款项的规模变化随着企业业务量或者信用程度的变化呈现出一定的规律性和合理性，那么可以初步判定其质量基本正常。

2．预付款项的结构分析

可以按照预付款项的不同成因，对其进行结构分析。

第一类，正常部分。如果该部分的预付款项较高，可能与企业所处行业的经营特点和付款方式相关。如采购双方信誉状况不明，供应方要求采购方预先付款；供应方产品畅销；行业惯例等，但这均说明企业作为采购方的议价能力不强。该种情况下，该项目的合并报表数一般会远远大于母公司数。

第二类，向子公司提供资金。这种情况与上文讲到的其他应收款中的被子公司占用部分类似。在分析时，比较一下母公司报表与合并报表中"预付款项"的项目金额，如果合并报表数字远远小于母公司报表数字，则其差额基本上代表了母公司向各子公司提供的资金规模，即这部分预付款项实质上属于投资性资产，其质量将取决于各子公司的盈利能力和资产质量。

第三类，被关联方占用。原本我国不少企业在向控股股东和关联方输送资金时，一般是通过其他应收款项目，但由于越来越多的分析人员对其他应收款的过大规模会特别关注，因此，不少企业转而将这部分"利益输送"的资金反映在预付款项上，同样这部分日后很可能沦为不良资产。

(三) 合同资产项目分析

合同资产，是指企业已向客户转让商品而有权收取对价的权利，且该权利取决于时间流逝之外的其他因素。合同资产和应收款项都是企业拥有的有权收取对价的合同权利，二者的区别在于，应收款项代表的是无条件收取合同对价的权利，即企业仅仅随着时间的流逝即可收款，而合同资产并不是一项无条件收款权，该权利除了时间流逝之外，还取决于其他条件(例如，履行合同中的其他履约义务)才能收取相应的合同对价。因此，二者的相关风险不同，应收款项仅承担信用风险，而合同资产除信用风险之外，还可能承担其他风险，如履约风险等。

第二节　　经营性非流动资产项目分析

非流动资产通常指企业资产中变现时间在一年以下或长于一年的一个营业周期以上的那部分资产，其预期效用主要是满足企业正常的生产经营需要，保持企业适当的规模和竞争力，获取充分的盈利。在本节里，我们主要学习如何分析与经营活动有关的主要非流动资产项目。

一、固定资产与在建工程项目分析

固定资产是指为生产产品、提供劳务或经营管理而持有的、使用寿命超过一个会计年度的有形资产。其中，使用寿命是指企业使用固定资产的预计期间，或者该固定资产所能生产产品或提供劳务的数量。

小课堂 3-5　固定资产与
在建工程项目分析

在建工程是企业进行的与固定资产有关的各项工程，包括固定资产新建工程、改扩建工程、大修理工程等，它本质是正在形成中的固定资产，是固定资产的一种特殊表现形式。因此，本书将对固定资产的分析与对在建工程的分析合并讲述。

(一) 一般分析

1. 固定资产的规模分析

固定资产是企业获取盈利的主要物质基础,在企业的生产经营过程中发挥着重要作用,特别是对于实体经济中的传统行业而言。固定资产作为一项非流动资产,会在多个会计期间参与企业的生产经营活动。因此需要在会计处理上,将固定资产原值(即实际取得成本)在使用寿命期内分期摊销为费用,与其所产生的各期收益进行配比,即折旧。固定资产净值是指固定资产原值减去累计折旧以后的净值。因此,企业的固定资产的规模可分为原值规模和净值规模。一般来说,无论是原值规模还是净值规模,均可反映企业的投资数额与经营风险水平,企业生产工艺的特点和技术装备水平,该企业在行业中相对的竞争实力和竞争地位等等。净值规模还可反映企业固定资产的新旧程度与更新情况。

此外,还需注意到以下几点:

第一,不同行业间固定资产在资产总额中所占比重差异较大,在实务中,通常据此将行业分为重资产行业和轻资产行业。企业固定资产技术装备的先进程度要与企业的行业选择和行业定位相适应。

第二,固定资产规模必须与企业整体的生产经营水平、发展战略以及流动资产规模保持一定的比例关系。固定资产的生产能力要与企业存货的市场份额所需要的生产能力相匹配,也要达到能够使产品满足市场需求的相应程度。如果企业盲目购置新设备,进而盲目扩大生产规模,就有可能造成资源的低效利用甚至是浪费;而过小的固定资产规模或过于陈旧的设备又难以保证企业生产的产品满足市场需求,也会影响企业整体的获利水平。

第三,就某项具体的固定资产项目来说,其利用效率和效果的大小,会受到企业所处的不同历史时期、不同发展阶段以及不同的客观经济环境的直接影响。

第四,固定资产净值减去固定资产减值准备即为在资产负债表中披露的固定资产账面价值,因此固定资产原值的变化情况只能进一步借助报表附注中所披露的信息来加以分析。固定资产原值规模在报告期内的变化可以在一定程度上折射出企业固定资产整体质量发生变化的情况。也能反映出企业战略实施与调整方面的信息,进一步上升到管理质量层面。因此,企业应根据战略发展的需要,适时地制定生产经营计划,准确地把握对固定资产的需求,科学地进行固定资产的采购与处置决策,把固定资产规模控制在最恰当的水平。

2. 固定资产的结构分析

固定资产按其经济用途可分为经营用固定资产和非经营用固定资产,其中经营用固定资产同企业生产经营直接相关,如厂房、机器设备和运输设备等;非经营用固定资产指不直接服务于生产经营过程的各种固定资产,如用于职工住宿、公共福利设施、文化娱乐等方面的房屋、建筑物等。按使用情况,可分为使用中固定资产、未使用固定资产、出租固定资产和不需用固定资产。按增值情况,可分为具有增值潜力的固定资产和无增值潜力(贬值)的固定资产两类。在结构分析时,也可基于分析目的,将不同标准结合,如将固定资产分为经营用固定资产、非经营用固定资产、未使用固定资产、不需用固定资产等。这将有助于透视企业的生产工艺特点、商业模式、资源配置战略实施情况、管理质量等方面的信息。

固定资产结构合理与否,会很大程度上决定其利用效率和效益。由于企业生产经营状况的特点、技术水平和发展战略等因素不同,企业对各类固定资产的结构有不同要求,应根据报表相关附注的说明来综合分析，通常需关注以下几点：

第一，经营用固定资产和非经营用固定资产的比例。经营用固定资产是否全部投入使用，能满负荷运转，并能完全满足生产经营的需要；非经营用固定资产是否确实担负起服务的职责，还是仅为了满足部分管理人员的不合理需求。一般非经营用固定资产的增速不应超过经营用固定资产的增速，前者比重的降低通常被视作正常现象。

第二，经营用固定资产的使用分布情况及其合理性。通过分析企业年度内经营用固定资产结构的变化与企业生产经营特点之间的吻合程度，使用中固定资产应占经营用固定资产的较大比重，应控制未使用和不需用固定资产的比重。如果未使用和不需用固定资产的比重较高，应进一步分析背后的原因，是安装或检修时间过长？是对外并购后未及时消化吸收新增的生产能力这一暂时现象？还是企业的产能已超过了市场需求？

第三，固定资产的增值情况。具有增值潜力的固定资产，其增值原因是由特定资产的稀缺性(如西方国家的土地)引起的？还是由特定资产的市场特征表现出较强的增值特性(如房屋、建筑物等)引起的？还是由于会计处理导致账面上虽无净值但对企业而言仍可进一步利用(如已经提足折旧、企业仍可在一定时间内使用的固定资产)？无增值潜力(贬值)的固定资产，其不能增值状况的出现，是由于与特定资产相联系的技术进步较快，原有资产因技术落后而相对贬值(如电子计算机等)？还是由于特定资产本身价值状况较好，但在特定企业不可能得到充分利用(如不需要用到的固定资产)引起？

(二) 会计政策分析

由于固定资产的价值受到初始入账、折旧以及减值等一系列环节上所选择的会计政策的影响，因此可从以下方面进行固定资产的会计政策分析：

1. 分析借款费用资本化处理对固定资产原值的影响

固定资产原值(即取得成本)应遵循历史成本原则，其取得成本包括取得该项固定资产并使其达到预计可使用状态之前所付出的全部必要的、合理的开支。按照会计准则的规定，在取得固定资产并使其达到预计可使用状态之前所发生的利息费用可以资本化，即将其计入固定资产原值；而在该项固定资产投入使用后所发生的利息费用不得再资本化，而是计入当期费用。但其判断标准在一定程度上存在主观性。某些企业可能以固定资产还处于试生产阶段或安装调试阶段为借口，将理应计入当期费用的利息费用资本化为该项固定资产的成本，从而达到虚增资产和当期利润的目的。识别时，可以分析在建工程占总资产的比例，一般利息支出资本化的比例应基本与该比例相当。如资本化的利息支出大于在建工程项目的平均余额与规定利息率之积，则可能存在操纵利润的行为。

类似地，某些企业也可能以固定资产尚处于试生产阶段或安装调试阶段为借口，推迟固定资产的完工入账时间，最终达到推迟计提折旧、虚增利润的目的。

2. 分析折旧政策对固定资产净值的影响

固定资产每期的折旧金额会受到诸多因素的影响，如原始价值、预计使用寿命长短、预计净残值大小以及所选择的折旧方法等。原则上企业选择折旧方法应基于自身的实际情况和行业惯例，且一经确定不得随意变更。管理层对固定资产的预计使用寿命、预计净残值及折旧期限等因素的估计会影响到企业的当期利润。如管理层的估计较为乐观，高估资产寿命、残值和折旧期限，则会高估企业的收益和固定资产的账面价值。相反，如管理层的估计较为悲观，低估资产寿命、残值和折旧期限，则会低估企业的收益和固定资产的账面价值。因此实务中，常有企业利用折旧方法的可选择性和使用寿命估计的主观性，找出各种理由进行变更，直接影响固定资产的净值水平，操纵利润。

固定资产的折旧政策对不同行业、不同规模的企业的影响也存在明显差异。对于电力、通信、石油化工等行业资产密集型企业而言，由于固定资产规模较大，折旧政策的微小变化就会对当期利润产生明显影响。相反，对于文化影视、广告、公关等轻资产行业而言，由于固定资产规模较小，折旧政策的变化对企业利润的影响就相对有限。因此，需要特别关注固定资产规模较大的企业的折旧政策。在分析时，可将被分析企业的折旧政策与同行业内资产规模相似、战略类似的竞争者比较。

3. 分析减值政策对固定资产账面价值的影响

当固定资产的可收回金额低于其账面价值时，企业可以按照可收回金额低于其账面价值的差额计提资产减值准备，因此，可以根据企业固定资产减值准备的计提情况，对企业固定资产整体的保值性做出初步判断。但由于固定资产的可收回金额是建立在一定的估计和判断的基础上的，因此在何时计提减值、计提多少等问题上存在一定的主观性。在实务中，一些企业往往利用固定资产减值政策选择的弹性，对因技术进步而陈旧过时不能使用的固定资产，不提或少提减值准备，从而虚夸固定资产、虚增利润。

(三) 特别关注点

1. 固定资产的取得方式

固定资产的取得，既可采用外购方式，又可采用自建方式，还可直接接受所有者入资、采用融资租赁等方式。对于外购或自建方式，企业的资金来源主要渠道有：自身留存收益、企业发行股票所获得的股东入资、企业借款。由企业留存收益支持的固定资产建设没有利息支出，资金使用也较为严格，通常形成的固定资产的单位产能成本相对其他渠道而言最低。由企业发行股票所获得的股东入资的固定资产建设，由于上市周期长，融资成本较高且融资后专款专用的管理方式，形成的固定资产的单位产能成本通常会显著高于由企业留存收益支持这一渠道下的固定资产单位产能成本。企业贷款形成的固定资产，由于存在利息支出，往往要求企业强化资产管理、提高资产利用效率、改善销售结构，让盈利能力保持在较高水平，否则会因其构建成本过高、后续折旧金额偏大而可能导致企业未来财务业绩下滑。

融资租入的固定资产类似于分期付款购入的固定资产，这会减少承租企业的流动资产或增加其流动负债和长期负债，降低企业进一步举债的能力。同时这部分固定资产视同自己的固定资产管理，计提折旧，并按税法要求抵减所得税。经营性租入固定资产时，承租企业仅支付租金，并将租金计入当期费用，经营租赁条件下的租金一般高于同类资产的折旧，因此，利润表中的租金费用将表现为较高的金额，具有更好的抵税效应。虽然租入的固定资产并不作为承租方的固定资产列示，但是对租赁资产的使用可以给企业带来更多收益，对承租人的资产负债率、各种收益率指标都能够起到一定的优化作用，因此，经营租赁常被作为表外融资的一种有效方式。

2. 固定资产与其他资产的协同效应

固定资产通过与其他资产适当组合，在使用中能够产生协同效应，产生增值。比如对于传统的工商企业而言，由于固定资产是企业用于生产、加工(或存储)存货的"劳动工具"，而存货又是固定资产为企业创造价值、获取盈利的媒介，因此，固定资产的盈利性与存货的盈利性以及企业整体的盈利性密切联系。

3. 固定资产的周转及盈利情况

固定资产是企业生存发展的物质基础，固定资产产出存货，存货销售获取营业收入，因此，财务分析人员可以借助固定资产对营业收入、营业成本的推动情况评价固定资产的周转及盈利状况。营业收入对应产品价值的外部实现，在一定程度上反映出固定资产规模与市场需求之间的吻合程度；营业成本对应产品生产的内部耗用，反映出固定资产的规模、结构所决定的生产费用开支水平；两者之差即企业赚取的毛利，反映了企业的市场竞争实力，进而决定企业整体的盈利水平。

具体分析时，可以基于存货的生产规模和销售规模，分析固定资产的生产能力(即产能利用情况)；基于营业成本和存货规模的比较(即存货周转率)，分析该固定资产生产的对应产品的市场开拓能力；基于营业成本和营业收入的比较(即毛利率)，分析产品的初始获利能力；基于营业收入与核心利润的比较，分析产品的最终获利能力；基于核心利润与经营活动产生的现金净流量的比较(即核心利润的含金量)，分析产品当期对企业的实际贡献，如果不考虑行业结算差异，也可以在一定程度上反映出产品的市场开拓能力。

(四) 在建工程

一般来说，上市公司需在其年报附注中披露在建工程中所包括的项目的名称、预计投资金额、已投入金额以及完工进度等信息。

1. 在建工程的建设情况

如果在建工程的建设期过长，会占用大量流动资金，可能造成企业流动资金周转困难，不断消耗企业的各项投入，但并无产出，从这个角度看，在建工程属于不良资产。而在建工程在未完工、转为固定资产前，无需计提折旧。因此，实务中有很多企业的在建工程虽已投入使用，却迟迟不办理竣工决算，以将借款费用继续资本化计入工程的建造成本，推迟对工程项目计提折旧，有机会将本该属于当期费用的一些项目计入在建工程的成本，从而虚增当期利润。所以，在分析该项目时，应深入了解工程的工期长短，有无长期挂账、项目搁浅现象，以便及时发现潜在的不良资产区域。如果建设期限过长，要寻找是否有合理可靠的解释，否则财务分析人员就需考虑企业是否故意延迟工程竣工办理决算的时间。

2. 在建工程的未来盈利能力

一般来说，如果在建工程能够顺利完工并投入运营，通常都会给企业带来增量收入和增量利润。因此，分析人员可基于在建工程中的预计投资金额、已投入金额以及完工进度等信息，结合投资项目的行业特点和市场前景，初步判断在建工程的未来盈利潜力，洞察企业在资源配置战略方面所采取的举措和做出的调整，并和固定资产项目分析相联系。实践中有些上市公司会在募集资金到位后变更资金用途，如转变为委托理财进行短期投资炒作，因此，在分析在建工程时还需关注是否按照募集资金之初设定的用途来安排使用。

案例 3-3　零跑科技的固定资产

二、投资性房地产项目分析

投资性房地产在用途、状态、目的等方面与企业自用的厂房、办公楼等作为生产经营活动场所的房地产，以及房地产开发企业用于销售的房地产有较大的差异。企业持有该项目主要有两个目的：一是通过出租建筑物和土地使用权，让渡资产的使用权，以取得房地产租金等使用费收入；二是通过持有待未来增值后转让，以赚取增值收益。与投资性房地产的出租和转让相关的活动亦属于企业为完成其经营目标所从事的经营性活动。对该项目进行分析时，首先应注意企业对投资性房地产的分类是否恰当，即企业是否对投资性房地产与固定资产、无形资产的界限做了正确的区分。

小课堂 3-6　投资性房地产项目分析

(一) 会计政策分析

现行准则规定，投资性房地产的计量模式有成本模式和公允价值计量模式。在对投资性房地产进行后续计量时，通常应当采用成本模式。企业只有存在确凿的证据表明其公允价值能够持续可靠取得，才允许采用公允价值计量模式。同一企业只能采用一种模式对所有投资性房地产进行后续计量，不得同时采用两种计量模式。企业对投资性房地产的计量模式一经确定，不得随意变更。成本模式转为公允价值模式的，应当作为会计政策变更处理。已采用公允价值模式计量的投资性房地产，不得从公允价值模式转为成本模式。

(二) 特别关注点

在成本模式下，投资性房地产的账面价值会随着折旧的提取而减少。相反，在公允价值计量模式下，其账面价值的变化会具有更大的不确定性。在转化时：成本模式转公允价值模式视同会计政策变更，需要调整期初留存收益，如果公允价值大于原账面价值，会增加期初留存收益，增加净资产，改善公司偿债能力指标。在后续计量时：如果选择只在年末进行公允价值变动评估，那么平时账面价值不变，不影响损益，在不计提折旧入成本的情况下，会改善平时的利润指标；但是年末进行公允价值评估后，变动金额入损益会影响净利润，影响大小取决于公允价值变动方向与金额。由于我国现阶段房地产市场的总体发展情况，投资性房地产的公允价值很多时候高于成本模式下的账面价值，但投资性房地产的实际盈利能力并不会随着资产价值重估或入账模式改变而有所变动，这只是投资性房地产这一资产的价值何时入账的问题，对于公司的成长并无实质性的改变。

由于账务处理中不再计提折旧，在计算所得税中相关折旧费用将无法扣除，而且税法不认可公允价值变动损益，公允价值变动亏损也无法税前扣除，导致缴纳所得税要多于转换前，公司税负增加。同时，房地产公允价值确定需要考虑多方面因素，需要聘请专业评估机构进行公允价值评估，这笔评估费也会增加公司成本。此外，房地产公允价值受政策或市场环境变动幅度较大时，会导致公司账面利润及净资产出现波动，增加了公司经营风险。

三、无形资产项目分析

无形资产是指企业拥有或者控制的没有实物形态的可辨认非货币性资产，包括专利权、非专利技术、商标权、著作权、土地使用权、特许经营权等。无形资产在创造经

小课堂 3-7　无形资产项目分析

济利益方面存在较大不确定性，因此，财务分析人员对无形资产进行分析时应持更谨慎的态度。

(一) 会计政策分析

无形资产是现代企业资产特别是知识经济条件下企业资产的重要组成部分，从取得途径来看，主要有自创和外购两种。自创无形资产是企业自行研制创造而获得的，如自创专利权、商标权、专有技术等。由于自创无形资产在企业自行研制创造的过程中往往要经过长期的探索、积累和试验，能够实现的未来收益存在很大的不确定性，因此，在会计上通常将期间发生的支出全部予以费用化处理。而在通过自创方式成功形成无形资产后，许多企业并未将其余支出进行资本化，这样就导致了自创无形资产很多时候并未包含在资产负债表中的资产项目里。因此，在报表上作为"无形资产"列示的项目基本都是通过外购的方式取得的，入账价值包括在取得无形资产过程中所发生的包括买价在内的实际开支。即使是一些得以在资产负债表上列示的无形资产，其内在价值也已远远高于账面价值。

1. 分析摊销政策对无形资产净值的影响

对于未来收益期、未来收益金额以及未来价值等确定性较高的无形资产，需要按期对取得成本进行摊销。实务中，虽然许多企业对于无形资产采取预计净残值为零，在法律规定有效年限和合同约定受益年限内直线法平均摊销的政策，但我国会计准则规定有使用寿命的无形资产在寿命截止时残值可不为零，可按照反映该无形资产有关的经济利益的方式摊销其价值，摊销期限应当是"可供使用时起，至不再作为无形资产确认时止的有限使用寿命内"。无形资产的摊销政策会影响到资产负债表中的无形资产期末余额和利润表中的当期损益。分析时应注意企业是否有利用无形资产摊销进行利润操纵的行为。

2. 分析减值政策对无形资产净值的影响

对于大多数无法预见未来收益期长短的无形资产，不需要按期对取得成本进行摊销，而是按照谨慎性原则，定期检查无形资产的价值，至少于每年年末进行一次减值测试。无形资产在资产负债表中所反映的价值基本上是以其取得成本为基础，在计提减值准备后，仅是其最低可收回金额而非其实际价值。如果企业应该计提无形资产减值准备而未计提或少提，则会导致无形资产账面价值虚增，也会虚增企业当期利润总额。

(二) 特别关注点

1. 无形资产与其他资产的协同效应

由于无形资产不具有实物形态，自身无法直接为企业创造财富，必须依附于直接的或间接的物质载体才能表现出它的内在价值，因此，它的这种独有的胶合功能与催化激活功能只有在与固定资产或存货等有形资产进行适当组合时，才能正常发挥，为企业盈利做出贡献。企业可利用名牌效应、技术优势、管理优势等无形资产盘活有形资产，通过联合、参股、控股、兼并等形式实现企业扩张，达到资源的最佳配置。可以说，无形资产与其他资产的协同效应，在组合过程中所释放的增值潜力的大小，直接决定了无形资产的盈利性。

2. 无形资产价值的不确定性

由于无形资产是一种技术含量很高或垄断性很强的特殊资源，并且往往具有独一无二的排他性，因此，它的公允价值存在较大的不确定性和主观性。不同项目的无形资产的属性相差很大，其价值的不确定性和盈利能力也差异较大。如专利权、商标权、著作权、土地使用权、特许经营权等无形资产有明确的法律保护的时间，其盈利性相对较容易判断；而像专有技术等不受法律保护的项目，其盈利性就不太好确定，同时也易产生资产泡沫。在分析企业的盈利能力、偿债能力时，如出于谨慎考虑，从资产角度分析对债务的保障情况时，需要剔除无形资产。此外，还需结合企业无形资产减值准备的计提情况。实务中，银行在选择抵押贷款中的抵押物时，一般情况下只接受无形资产中的土地使用权这一项。

四、商誉项目分析

商誉是指能在未来期间为企业经营带来超额利润的潜在经济价值，或一家企业预期的获利能力超过可辨认资产正常获利能力(如行业平均投资回报率)的资本化价值。

小课堂 3-8　商誉及长期待摊费用项目分析

(一) 一般分析

由于商誉无法与企业自身分离，不具有可辨认性，因此不属于无形资产准则所规范的无形资产范畴。从取得途径来看，商誉通常有自创和外购两种。因为自创商誉的形成是一个缓慢的过程。在企业经营过程中，很难确定哪些活动会引发商誉的形成，使得人们很难按照历史成本原则为其计价，因此自创商誉一般不入账。在资产负债表中列示的通常为外购商誉，一般是在企业合并时，购买企业根据投资成本超过被合并企业净资产公允价值的差额来确认入账。因此，如果企业的商誉规模增长较快，大都由于企业频繁开展对外并购活动所致。

如果收购企业对收购标的的前景展望较为美好，对业务整合效果较乐观，再加上对赌协议和业绩承诺，收购过程中易高估收购标的价值，推高收购溢价程度。最近几年来，我国外部并购市场的活跃以及资本市场的繁荣，也使得被收购企业估值高企，不少被并购资产的估值明显超过其账面价值。这均导致我国 A 股市场上市公司的商誉占净资产的比例增速较快，同时也加大了后续的商誉减值风险。

(二) 会计政策分析

商誉减值是指商誉的可收回金额低于其账面价值所形成的价值的减少。商誉减值意味着被收购企业预计带来的经济利益比原来收购时所预计的要低。只要已存在未来会造成商誉价值减少的迹象，商誉价值的减损能够可靠地计量，与决策具有相关性，就应当确认该项商誉价值的减少。我国现行会计准则规定，商誉至少应当在每年年度终了时进行减值测试，对已发生减值的商誉要计提减值准备。实务中企业对商誉减值准备的计提都会带有或多或少的主观估计因素。

(三) 特别关注点

商誉是企业整体价值的组成部分，与企业整体不可分离，反映了企业的一种综合优势。自创商誉，是企业各种未入账的不可单独确认的无形资产的混合，可以因企业拥有杰出的管理人才、良好的地理位置、科学的管理制度、融洽的公共关系和优秀的资信级别等多方面因素而形成；但随着生产技术的发展，科学的管理制度可能会过时，优秀的管理人才可能随时离开企业另谋高就，良好的地理位置也可能由于城市建设规划或经济布局的改变而不再具有优越性。外购商誉作为一种典型的虚拟资产，仅意味着在过去的并购行为中发生了溢价，其价值主要取决于被并购企业未来的盈利能力。因此，无论是自创还是外购商誉，所能带来的未来收益均具有极大的不确定性。

此外，拥有商誉项目本身并不会直接给企业带来未来收益，商誉的价值和任何发生的与其有关的成本没有可靠的或预期的关系，难以对构成商誉的各无形因素计价，这会导致商誉价值的不确定性较大，难以对其做出相对客观的评价。

虽然企业拥有商誉可能会降低自身的资产负债率，但由于商誉是一项无法作为债务偿还保障的虚拟资产，因此偿债能力实质是被美化了。而收购企业频繁开展并购活动，虽能令业绩短期内上涨。但如果被并购企业的盈利能力未能达到预期水平，长期来看反而会破坏原有的正常的资产结构，并降低资产报酬率、权益报酬率等一系列盈利指标。有观点认为，在分析总资产周转率时，需要在资产中剔除商誉。因为商誉虽因并购产生，但并购往往是企业战略决策的结果，所以商誉大小会影响企业资产周转情况，即影响企业管理效率，但这更多源自于战略而非公司管理水平。

五、递延所得税资产与其他长期资产项目分析

利润表中的"所得税费用"与资产负债表中的"应交税费"会存在一定的差异。在资产负债表中主要通过"递延所得税资产"(以及"递延所得税负债")来反映它们之间的纳税差异。关于该项目的分析，我们将在递延所得税负债项目处一并详细讲述。

其他长期资产是指企业正常使用的固定资产、流动资产等以外的，由于某种特殊原因企业不得随意支配的资产。这种资产一经确定，未经许可，企业无权支配和使用，但仍应加强管理，并单独存放和核算。其内容主要包括特准储备物资、冻结存款和冻结物资、诉讼中的财产等。其他长期资产通常属于质量不高的资产，在企业资产的总价值构成中不应占比过大；如所占比重过大，将严重影响企业的正常生产经营活动。

六、数据资产项目分析

数据资产是经济社会数字化转型进程中的新兴资产类型，其地位被明确为"正日益成为推动数字中国建设和加快数字经济发展的重要战略资源"。中共中央、国务院2020年发布的《关于构建更加完善的要素市场化配置体制机制的意见》，将数据与土地、劳动力、资本、技术并称为五大生产要素。财政部2023年12月31日发布了《关于加强数据资产管理的指导意见》，明确提出构建"市场主导、政府引导、多方共建"的数据资产治理模式，逐步建立完善数据资产管理制度，推进数据资产全过程管理以及合规化、标准化、增值化。

从会计角度来看，可将数据资产定义为"企业拥有或控制，预期会给企业带来经济利益的以数据为主要内容和服务的可辨认非货币性资产"。数据资产具有场景依附性、非消耗性、时效性、共享性和非竞争性等特点。

从数据资产的形成过程来看，数据资产化是围绕数据的价值创造活动，包括数据采集、加工、治理、开发以及交易等诸多环节和流程，最终目的是推动数据向数据资产转化，激发和释放数据价值潜能。结合数据形态变化与价值实现的具体过程，数据资产化过程可以概括为四个阶段：业务数据化、数据资源化、数据产品化、数据资产化。从狭义角度理解，数据资产化指的就是数据资源完成入表并被确认为会计学意义上的资产。

数据资源化是指了解不同数据的利用方式，并对数据进行探明和标识的过程。数据资本化是指通过数据交易、流通等实现数据要素社会化配置的过程。比如数据可以直接通过

变成等量资本入股，这是数据作为新型生产要素，融入我国资本市场和经济价值创造体系的直观体现。资产化是资源化的结果，也是资本化的起点，要求在生产过程中承认数据的价值创造贡献，并提供价值的变现渠道。

(一) 会计政策分析

财政部发布的《企业数据资源相关会计处理暂行规定》(下文简称《暂行规定》)中首次明确数据资源的适用范围、会计处理标准以及披露要求等内容。按照数据资源有关的经济利益的预期消耗方式，根据企业持有对客户提供服务、日常持有以备出售等不同业务模式，将数据资源分类为无形资产和存货科目进行确认、计量和报告。不符合资产确认条件的数据资源应该按照收入准则等规定确认相关收入。

(二) 特别关注点

《暂行规定》首次从政策角度将数据资产明确确认入表，使得原先只能费用化处理的数据资源开发成本在满足一定条件后得以确认为资产。这会增加数据要素型企业(即数商)的资产规模，改善其利润状况，有助于其吸引外部融资、优化财务结构、提升公司价值。

按照上海市数商协会的分类，数商主要有以下四类。

(1) 资源供给型数商。以提供数据资源作为主要业务形态，通过收集自身业务活动产生数据或集成外部数据等方式持有数据资源，形成数据产品并对外提供。

(2) 技术赋能型数商。以提供技术工具或技术服务为主要业务形态，具备数据存储计算、加工处理、分析挖掘、治理、安全等领域的成熟技术能力，并对外提供相应技术类支持与服务。

(3) 生态服务型数商。以提供除数据资源、技术能力外的其他服务为主要业务形态，能够提供数据合规、安全、质量等评估服务，或者交易撮合、交易代理、专业咨询、数据经纪、数据交付等中介服务。

(4) 数据消费型数商。以整合、采购数据资源并进行应用为主要业务形态，具备根据业务需求形成相应数据消费品，并在企业实际经营过程中实施应用的能力。

同样的数据资产，如果被应用于不同企业，会创造不同的价值。不同行业的企业由于其自身的经营场景和管理模式不同，对数据的需求和定价也不同。

第三节 投资性资产项目分析

投资性资产主要指未参与企业自身的经营活动而用于对外投资的资产，也可以理解为企业以增值为目的而持有的股权和债权，还反映在以提供经营性资金方式对子公司投资的其他应收款、预付款项等项目上。

虽然许多企业的投资性活动与金融资产或金融负债有关，但需要注意的是投资性资产和金融资产的概念并不相同。投资性资产与金融资产的界限主要表现在企业持有资产的目的以及成因上。如企业因销售活动形成的应收账款属于以摊余成本计量的金融资产，但并非投资性资产。

在本节里，我们主要学习如何分析代表性的投资性资产项目。虽然其他应收款、预付款项中的部分资金属于投资性资产的性质，由于已在前文讲述，此处不再重复。

一、金融资产概述

金融资产的形成是企业运用金融工具的结果，形成一个企业的资产，同时形成另一个企业的负债或权益。近年来，随着投资者和筹资者的需求不断变化，金融产品的种类日益增多，其交易日趋多样化和复杂化，会计核算方面的难度也不断增大。金融资产的主要特征包括期限性、收益性、流通性和风险性。与传统资产相比，公允价值计量在金融资产的会计核算中得到广泛应用。

根据我国现行会计准则，金融资产一般划分为三类：以摊余成本计量的金融资产、以公允价值计量且其变动计入其他综合收益的金融资产、以公允价值计量且其变动计入当期损益的金融资产。企业改变其管理金融资产的业务模式时，应按照规定对所有受影响的相关金融资产进行重新分类。实务中，企业管理金融资产业务模式的变更是一种比较少见的情况。

案例 3-4   杭萧钢构的
非交易性权益工具

二、交易性金融资产项目分析

交易性金融资产项目核算的是以公允价值计量且其变动计入当期损益的金融资产，主要指企业以赚取差价为目的从二级市场购入的各种有价证券，包括股票、债券、基金等。企业进行以公允价值计量且其变动计入当期损益的金融资产投资，就是为了将一部分闲置的货币资金转换为有价证券，获取高于同期银行存款利率的超额收益；

小课堂 3-9   交易性金融
资产项目分析

同时，又可以保持高度的流动性，在企业急需货币资金时将其及时出售变现。一般而言，以公允价值计量且其变动计入当期损益的金融资产具有金额波动、盈亏不定、交易频繁等特点。

(一) 会计分析

以公允价值计量且其变动计入当期损益的金融资产，无论是在其取得时的初始计量还是在资产负债表日的后续计量，均以公允价值为基本计量属性。企业在持有以公允价值计量且其变动计入当期损益的金融资产期间，其公允价值变动在利润表上均以"公允价值变动损益"计入当期损益；出售以公允价值计量且其变动计入当期损益的金融资产时，不仅要确认出售损益，还要将原计入"公允价值变动损益"的金额转入"投资收益"。

(二) 特别关注点

由于企业持有交易性金融资产的目的之一就是通过将一部分闲置的货币资金转换为有价证券以获取高于同期银行存款利率的超额收益，因此应着重分析该项目的盈利性，并关注其公允价值计量属性这一特点。

该项目的盈利状况，可以从持有损益、处置损益两方面进行分析。

对于交易性金融资产的持有损益，应分析同期利润表中的"公允价值变动损益"及会计报表附注中对该项目的详细说明，根据其金额的大小及正负情况来判断该项资产的盈利能力。对于交易性金融资产的处置损益，应分析同期利润表中的"投资收益"及会计报表附注中对该项目的详细说明，根据其金额的大小及正负情况来判断该项资产的盈利能力。

但公允价值变动损益通常具有以下特点：

其一，极强的波动性和不可持续性，交易性金融资产的公允价值变动会受金融市场、宏观经济状况等诸多外部因素影响，对企业而言并不可控。

其二，未实现性，企业因持有交易性金融资产而形成的"公允价值变动损益"项目，只是交易性金融资产自身的数据变化，是在报表中显示出来的"浮盈"或者"浮亏"，并未真正引起任何资源流入。因此，如果这部分损益金额过大，或者在企业利润总额中所占比例过大，比较谨慎的做法是在分析该企业真实的盈利能力时将该项目剔除，从而得到更加客观的评价。

三、债权投资项目分析

债权投资项目反映的是以摊余成本计量的金融资产，该类金融资产在特定日期产生的合同现金流量仅为对本金和未偿付本金金额为基础计算的利息的支付，其交易目的仅是收取合同现金流量。

(一) 会计分析

债权投资的相关交易费用应计入初始确认金额。债权投资的摊余成本应当以其初始确认金额经下列调整后的结果确定：扣除已偿还的本金；加上或减去采用实际利率法将该初始确认金额与到期日金额之间的差额进行摊销形成的累计摊销额；扣除累计计提的损失准备。

(二) 特别关注点

1. 债权投资盈利情况

企业持有债权投资的主要目的是通过定期收取利息来获得长期稳定的收益，同时到期收回本金，从而在很大程度上降低投资风险。通常到期日固定、回收金额固定或可确定，因此对其盈利情况分析，相对长期股权投资而言要简单一些。

一方面，应当根据当时宏观金融市场环境，判断债权投资收益的相对水平。债权投资的收益率通常应高于同期银行存款利率，具体收益水平要视债权种类以及投资企业所承受的风险大小而定。另一方面，需要注意到债权投资的投资收益是按照权责发生制原则确定的，与现金流入量并不对应，即无论投资企业是否收到利息，都要按应收利息计算出当期的投资收益。因此大多数情况下，投资收益的确认都会先于利息的收取，由此会在一定程度上导致当期所确认的投资收益规模与现金收入金额不一致。

2. 债权投资保值情况

在评价债权投资项目的保值情况时，需要对其项目构成及债务人构成进行分析。因为理论上投资者按照约定将定期收取利息、到期收回本金，但是债务人能否定期支付利息、到期偿还本金，取决于债务人在需要偿还的时点是否有足够的现金。因此分析时，可参阅会计报表附注中关于债权投资的明细情况，并结合市场信心等因素，以对债务人的偿债能力做出进一步的判断。

另外，债权投资发生减值时，应将其账面价值减至预计未来现金流量的现值，因此，通过分析该项目减值准备的计提情况，也可直接判断债权投资的保值性。

四、长期股权投资项目分析

小课堂 3-10 长期股权投资项目分析

长期股权投资是指投资方对被投资单位实施控制、重大影响的权益性投资，以及对其合营企业的权益性投资，而不涉及不具有控制、共同控制和重大影响，且在活跃市场中没有报价、公允价值不能可靠计量的权益性投资。长期股权投资通常包括三种权益性投资：对子公司的投资(单独控制或实质性控制)、对合营企业的投资(共同控制)以及对联营企业的投资(重大影响)。

特别需要注意的是，是否属于会计意义上的长期股权投资，是根据投资方在获取投资以后，能够对被投资单位施加影响的程度来划分的，而不是一定要求持有投资的期限长短。

(一) 一般分析

长期股权投资对企业的财务状况有着非常大的影响。这是因为：其一，长期股权投资意味着企业相应数额的资金在相当长的时间之内无法自行支配使用。如果企业自身的营运资金并不充裕，或者缺乏足够的融资和调度资金的能力，那么长期股权投资将可能使企业长期处于资金紧张状态，甚至最终陷入财务困境。其二，由于长期股权投资通常数额大、期限长，持有期间的不确定因素较多，因此投资风险相对于其他投资性资产而言更大，一旦投资失败，会给企业带来重大的、长期的损失。其三，假如长期股权投资的方向正确，能够带来很高的收益，也会成为企业收益与现金流量的重要源泉。

(二) 会计政策分析

1. 分析长期股权投资收益的确认方法

长期股权投资收益的确认方法具有一定的特殊性，根据投资方对被投资企业实施控制的程度不同，采用不同的投资收益确认方法。

如果长期股权投资属于投资方能够对被投资单位实施控制的情况，即对子公司的长期股权投资，应采用成本法核算。成本法下的投资收益确认与货币资金的流入有对应关系，即成本法下确认投资收益时，现金股利同时流入。

如果长期股权投资属于投资方对联营企业和合营企业的长期股权投资的情况，应采用权益法核算。一般情况下，被投资方不可能将其实现的净利润全部作为现金股利分配掉。因此，权益法确认投资收益会不可避免地出现投资收益和长期股权投资的"泡沫"成分。泡沫程度的高低，取决于被投资方分派现金股利的程度。如果被投资方的股利支付率越低，则投资方的投资收益和长期股权投资的泡沫程度就越高。

2. 分析长期股权投资减值准备计提情况

在长期股权投资持有期间，需要在期末时按账面价值与可收回金额孰低的原则来计量其价值。如果可收回金额低于账面价值，则需对两者差额计提长期股权投资减值准备。而可收回金额一般是依据核算日前后的相关信息确定的。一方面，长期股权投资减值的估算是事后的，不同时间计提的减值准备金额客观上具有不确定性；另一方面，减值准备的计提时间、计提规模等均存在主观人为因素，因此，长期股权投资减值准备的计提为企业利润操纵提供了很大空间。

无论是何种计提减值准备的情况，都意味着投资方的长期股权投资要么无法按照预期收益水平带来收益，要么无法按照账面价值收回投资成本。总之，如果长期股权投资项目计提了减值准备，则意味着需要关注它的保值情况，需要对被投资企业的持续经营能力和盈利能力做进一步的分析与判断。

(三) 特别关注点

1. 长期股权投资盈利情况

长期股权投资项目的盈利性往往呈现出较大的波动性，具体要依据其投资目的和方向、年内所发生的重大变化、投资所运用的资产种类、投资收益确认方法等诸多因素来分析判断。

(1) 长期股权投资目的和方向分析。企业会出于多种目的进行长期股权投资：有的是为了建立和维持与被投资企业之间稳定的业务关系，理顺上下游供销渠道；有的是为了实现横向联合，提高市场占有率和行业内竞争力；有的是为了增强企业多元化经营的能力，从而提高企业抗风险的能力或创造新的利润源泉；有的则单纯是为了进行资本运作，获取高额收益。对于大部分企业来说，进行长期股权投资的最终目的都是将其作为自身经营活动的有力补充，从而提升企业业绩的总体水平。

当投资方在某个行业有核心竞争力时，如果对外投资与自身核心竞争力一致，则除了对被投资方有财务贡献以外，投资方会在技术、管理、市场等方面对被投资方有实质性贡献。投资方与被投资方所在行业的业绩极有可能一致，因此，双方的业绩会经常呈现出同方向变化。反之，如果不一致，则可能是投资方在努力通过对外投资实现其多元化战略，寻求行业外的新发展契机。此时，投资方和被投资方在某些时期的业绩上极有可能出现互补的情况。

(2) 长期股权投资年度内的重大变化分析。长期股权投资年度内的重大变化有三种情况：第一，收回或转让某些长期股权投资而导致长期股权投资减少。第二，增加新的长期股权投资而导致长期股权投资增加。第三，因权益法确认投资收益而导致长期股权投资增加。

第一种情况可能是企业试图优化自身的投资结构而进行的投资结构调整，可能是企业为了变现而进行的股权投资的出售活动，还有可能是为了按照某些约定收回投资。第二种情况可能是企业继续其对外扩张的态势而进行的扩张努力，可能是为了实现业绩的增长而进行的投资组合调整，也可能是为了利用表内表外的非货币资源而进行的资产重组活动。第三种情况一般认为是一种"泡沫"资产的增加，对企业难以产生实质性正面贡献。

(3) 长期股权投资所运用的资产种类分析。长期股权投资所运用的资产种类可以是货币资金、表内的非货币资源，还可以是表外的无形资产。如果企业以货币资金对外投资，由于货币资金具有投资方向不受限制的特点，企业的对外投资在方向上具有选择性强的特点，因而此类投资可以对投资方向的多元化形成直接贡献。如果企业以表内的非货币资源对外投资，企业可能在实施资产重组等战略，但其投资方向受原有资产结构和质量的影响较大，投资结构上可能与企业的原有经营活动联系较为紧密。如果企业以表外的无形资产对外投资，这种安排被认为是企业表外资源价值实现的一种方式。

2. 长期股权投资保值情况

对长期股权投资而言，如果被投资企业为有限责任公司，投资方的股权投资一般不能从被投资方撤出。投资方如果期望将手中持有的股权投资收回，就只能转让其股权。而转让投资不仅取决于转出方的意志，还取决于转入方(购买转出方的投资的企业)的意愿与双方的讨价还价。因此，企业的长期股权投资要么不能收回，要么以不确定的价格转让。这会使投资方在股权转让中的损益难以预测和确定。因此，该项目的账面金额与其可收回的金额之间可能出现一定的差距，即长期股权投资的保值性也有可能出现一定程度的不确定性。反之，如果被投资企业为上市公司，那么股权投资的流动性则会高得多。

智能财务专栏

每刻科技的"每刻应收管理平台"打造应收对账开票的智能化应用模式(见图 3-1)，支持票款同步、先票后付、先付后票、预付退回等多种支付场景。

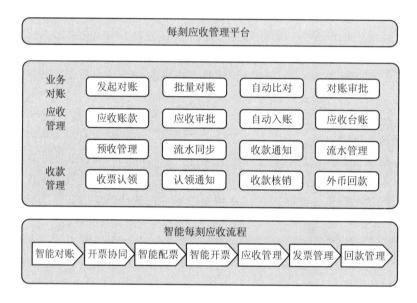

图 3-1　"每刻应收管理平台"示意

本章关键术语

资产、经营性流动资产、货币资金、应收票据、应收账款、应收款项融资、存货、其他应收款、预付款项、合同资产、经营性非流动资产、固定资产、在建工程、投资性房地产、无形资产、商誉、长期待摊费用、递延所得税资产、数据资产、金融资产、投资性资产、交易性金融资产、债权投资、长期股权投资

思考练习题　　　　　案例讨论与分析：顾家家居投资路漫漫　　　　相关经典文献

第四章　负债项目分析

红色链接： 习近平总书记在省部级主要领导干部推动金融高质量发展专题研讨班开班式上发表重要讲话指出，要着力防范化解金融风险特别是系统性风险。金融监管要"长牙带刺"、有棱有角，关键在于金融监管部门和行业主管部门要明确责任，加强协作配合。在市场准入、审慎监管、行为监管等各个环节，都要严格执法，实现金融监管横向到边、纵向到底。

(资料来源：人民网)

引例：红狮集团成功发行浙江首单民企"央地合作"增信公司债

学 习 目 标

● 知识目标

理解负债项目在偿还期限和强制性上的差异；了解与负债项目相关的会计政策。

● 能力目标

掌握经营性负债项目的分析思路；掌握短期借款、长期借款项目的分析思路；掌握长期应付款项项目的特别关注点；掌握递延所得税负债项目的特别关注点；掌握预计负债与或有负债项目的特别关注点。

● 育人目标

实事求是，立足中国企业实践及相关准则、制度；树立创新理念，体会负债项目分析思路的创新与发展。

资本是企业生存与发展的原动力。企业的筹资规模决定了企业的经营规模，资本成本影响企业的经营效益；资本结构不仅会影响资产结构，还体现企业战略，决定企业的发展方向和发展前景。负债是与所有者权益相对的一类非常重要的资金来源。资产负债表的负债方按

知识点导图

照偿还期的长短，将负债排列为流动负债与非流动负债。

第一节　流动负债项目分析

流动负债通常指企业在一年内或者超过一年的一个营业周期内偿还的债务。具体项目在偿还期限和强制性上会存在差异。有些项目的强制性较大，如短期借款等；有些项目的强制性较小，如一些与关联企业往来结算而形成的其他应付款项；有些项目带有一定的"沉淀"色彩，如与上游供应商因长期采购材料、劳务所发生的应付账款，伴随着原有账款的偿还，又不断发生新增的欠款；甚至有些项目不必当期偿付，或者不必用现金偿付，如预收账款等。因此此在进行流动负债项目分析时，应重点关注偿付强制性较大的项目，如当期必须支付的应付票据、应付账款、短期借款、应付股利及契约性负债等。

一、短期借款项目分析

短期借款项目通常由企业从金融机构获得的短期贷款构成，用于满足企业的短期资金需求。正常逻辑下，企业的短期贷款与货币资金之间应呈现反向变动的数量关系，即货币资金余额较高，短期借款规模较小，或反之。但在实践中，企业也可能出现短期借款与货币资金的规模均较高的情况，这可能由以下原因造成：

小课堂 4-1　短期借款
项目分析

第一，货币资金的自由度不高，即存在较多的使用受限的货币资金。这既可能和企业的经营活动特点有关，如货币资金中有较多由银行承兑汇票引起的保证金；也可能和企业的财务管理模式有关，如企业采用"分权制"模式，分公司(或子公司)的货币资金由各个分公司(或子公司)自行支配，最终在母公司报表(或合并报表)上显示的规模并不能代表母公司(或集团)实际可自由支配的货币资金规模。

第二，融资环境和融资行为等因素。在外部融资环境较为不利时，企业有可能因难以通过长期筹资形式筹集到资金，而不得不融入短期借款，如银行为规避信贷风险，不愿意投放长期贷款。这不仅会加大企业的偿还压力，还容易导致"短贷长投"等资本结构与资产结构不匹配的现象，致使企业资金链断裂。

第三，企业管理人员对资金的管理能力和运用能力不强。

二、经营性负债项目分析

经营性负债又称商业债务，是指企业通过经营活动所产生的各项债务，主要指在采购和销售等经营活动中形成的对上游供应商和下游经销商的应付票据、应付账款和预收款项等。经营性负债的规模在一定程度上反映了企业对上下游的议价能力，即企业利用商业信用推动其经营活动的能力。

(一) 应付票据及应付账款分析

1. 应付票据及应付账款的结构分析

应付票据和应付账款虽然都是因企业向上游供应商赊购而产生的，但两者的财务成本并不相同，由于我国企业普遍采用银行承兑汇

小课堂 4-2　应付票据及
应付账款项目分析

票，应付票据会存在财务成本。因此，企业应付票据及应付账款的结构变化在一定程度上反映了企业对上游企业的议价能力、经营管理质量和相对竞争优势，以及所处行业面临的生存环境变化。

在企业普遍采用赊购方式的情况下，如果应付账款相对于应付票据的相对规模不断增大，很大程度上代表了债务企业在与供应商就结算方式谈判时议价能力的增强；既能成功利用商业信用支持自身的经营活动，又避免了采用商业汇票结算可能引起的财务费用。从供应商的角度来看，之所以接受这种结算方式而不采用商业汇票结算方式，或因为自身议价能力弱，或因为对债务企业的偿债能力有信心。

但如果应付票据相对于应付账款的相对规模不断增大，就可能意味着债务企业因多种原因逐渐丧失了与供应商在结算方式上的谈判优势，并会导致债务企业财务费用的增加、货币资金的周转压力增大。从供应商的角度来看，之所以只接受商业汇票结算方式，除了商业汇票具有更强的流动性外，还可能是因为自身议价能力的提高，或对债务企业的偿债能力缺乏信心。

2. 应付票据及应付账款的规模变化与企业存货规模变化之间的关系分析

在赊购情况下，应付票据与应付账款构成了存货的财务来源。在企业存货规模增长不大，但企业应付票据与应付账款的规模增长较快，尤其是账龄较长的情况下，这种规模增长很大程度上代表了企业占用供应商资金为自己经营活动服务的能力，可以缓解短期资本的压力，但也意味着供应商的债权风险。

如果该项目出现异动，应通过分析报表附注来判断其异动的理由是否充分。实践中，有些企业会为了人为调整本期利润等目的而增加应付账款及预收账款。因此还需关注是否存在不正常的关联交易，或是否为非经营性业务而发生的款项。

(二) 预收款项项目分析

当企业尚未承担完销售商品或提供劳务的义务，但已收到下游经销商的款项时，应将该款项计入预收款项；当对应义务承担完毕后，再将该部分金额从预收款项结转入收入项目。因此预收款项规模的变化具有预测企业未来经营业绩的价值。它会受到企业的相对竞争优势变化及企业相对于下游客户的议价能力变化的影响，还会在一定程度上反映行业的景气程度变化、市场的整体需求变化。

此外，预收款项虽属于企业的流动负债，但实质并不需要企业进行全额的现金偿付，而只需要发运相应金额的货物或者提供相应规模的劳务。因此，从这一角度讲，预收款项是企业的"泡沫"负债，泡沫的程度就是企业的"毛利"。企业在拥有大规模的预收款项时真实的偿债能力往往要远远强于通过流动比率、速动比率等财务指标所显示出来的偿债能力。

案例 4-1　同花顺的应付账款及票据

(三) 应交税费项目分析

企业在经营规模和经营业绩较为稳定的情况下，应交税费的期末余额也会保持相对稳定，即形成一定的债务沉淀，减轻企业实质性的偿债压力。

如果企业应交税费规模变化较大，可能是由以下原因引起的：预缴税金规模、时间性差异、税务环境、经营情况变化等。在分析时，应注意应交所得税、递延所得税资产(或负债)与利润表中的所得税费用等项目间的规模变化关系。如果企业的盈利状况相对稳定,但应交所得税、递延所得税负债均表现为不断增加的态势,则表明企业的税务环境相对宽松,有税务局允许企业推迟交纳税款的可能。

第二节　　非流动负债项目分析

非流动负债通常指企业在超过一年或者一个营业周期后偿还的债务,包括长期借款、应付债券、长期应付款、预计负债、递延收益、递延所得税负债、其他非流动负债等项目。

一、长期借款项目分析

长期借款通常为满足企业的长期资金需求,用于形成长期资产,具有金额大、期限长的特点。

(一) 长期借款的规模分析

长期借款的偿还期限较长,可以降低企业的短期偿债风险。当企业的长期资产规模较大时,企业通常也会保持相对较大的长期借款规模。但近年金融机构出于风险控制的目的,一般不会轻易提供较长期限的贷款,这导致能获得长期借款的公司越来越少。因此如果企业的长期借款规模下降,就需要深入分析是由于企业对以长期负债形式取得资金的需求减少,还是因无法从金融机构取得长期借款造成的。如果是后者,就往往会伴随着短期借款规模的提高。

实践中,有些企业一方面增加长期借款等金融负债,另一方面在对外提供融资租赁服务。其实质是在利用自身的资金平台优势和优惠的银行贷款贴息政策进行套利。这样虽然有利于提升公司业绩,但也会提高财务风险。

(二) 长期借款的利率水平分析

通常长期借款对应的利息费用规模较大,会对企业的盈利水平造成较大影响。企业长期借款利率水平的影响因素主要有:

第一,企业的信用等级。若信用等级较高,则从金融机构获得长期借款的难度相对较低,对应的利率水平也会相对较低。

第二,担保方式。根据我国担保法的规定,担保方式有保证、抵押、质押、定金和留置五种,而贷款担保方式分保证、抵押、质押三种。保证担保是第三人介入的担保形式,而抵押担保和质押担保均是以一定的财产或物权作为担保物的担保形式。企业在信用等级较差时可以采用资产抵押、票据质押或者第三方担保等方式以提高贷款申请的成功率。担保方式会在一定程度上决定贷款利率水平。

第三,贷款用途。贷款用途越合理,使用目的越符合银行贷款的投向要求,对应的贷款利率水平可能越低。

第四,企业内部管理规范程度和经营团队具备的管理能力。这些因素会影响贷款资金的安全程度,因而也会影响贷款的利率水平。

第五,投资项目的风险和效益。投资项目可能产生的效益越高、风险越小,贷款的资金安全性就越高,银行提供的贷款利率水平就可能越低。

(三) 长期借款的担保方式分析

如前所述，贷款所采用的担保方式不同，限制和约定的内容就有所不同，对企业正常经营活动可能造成的影响也会有所差异。通常，贷款担保的限定条件越宽松，对企业正常经营活动可能造成的影响就越小。

应付债券项目的分析在许多方面与长期借款有相通之处，但由于应付债券属于直接筹资，长期借款属于间接筹资，所以长期借款的偿付弹性大于应付债券。

二、租赁负债项目分析

评估一项租赁协议是融资租赁还是经营租赁，具有较大的主观性，这主要取决于承租人是否真正承担了与所有权相关的风险与报酬。

当一项资源的所有权很难辨别时，管理层就有机会运用其判断权决定是否将一项资源的获取记作资产。因此，当企业存在因所有权不清导致一项资产难以确认和计量的问题时，财务分析人员在进行财务分析时，应当考虑以下问题：管理层是否在租赁协议条款上故意含糊资产的所有权？这种行为的动机是什么？是否基于表外融资的需要？是否会导致负债率的大幅变化，并影响企业的资产报酬率？如果租赁被用于减少关联资产和负债，对企业财务状况会有什么影响？

三、长期应付款项目分析

长期应付款项目通常包括除长期借款和应付债券以外的其他多种长期应付款。实践中，有些企业会采取各种手段达到各种目的。其中一类目的是创造套现资金的机会。如有的企业不根据合同或协议，或者根据不相关的合同或协议，虚增长期应付款项目，之后再找机会套现。另一类目的是调节企业利润。有的企业因融资租入的固定资产形成了长期应付款，但对对应的固定资产不计提折旧，或任意计提折旧，从而使得与融资租赁相关的费用不入账或进行任意人为安排；有的企业将经营租赁作为融资租赁入账，从而形成不真实的长期应付款项目，推迟或者人为安排发生租赁费的时间，以少计费用；有的企业并未将融资租入固定资产的安装费先记入"在建工程"账户，待交付使用时再转入"固定资产"账户，而是直接计入待摊费用，再摊入费用账户，造成融资租入固定资产原值核算不准确，并且虚增期间费用，虚减利润，少交所得税。因此，有必要借助报表附注及其他渠道的信息，判断该项目内容的真实性。

四、递延所得税负债项目分析

会计利润是指按照企业会计口径，在利润表中确定的税前利润，即利润总额。应纳税所得额，也称应税利润、应税收益，指企业按照当时所实施的税法在纳税申报、缴纳所得税时确定的利润额，可以通过将纳税人每一纳税年度的收入总额扣减不征税收入、免税收入、各项扣除以及允许弥补的以前年度亏损后得到。

小课堂 4-3　递延所得税负债项目分析

利润总额和应纳税所得额由于法规依据的不同，会产生数量差异，具体可分为永久性差异和暂时性差异。永久性差异指在某一会计期间，由于会计准则和税法在计算收益、费用或损失时的口径不同，所产生的利润总额与应纳税所得额之间的差异，该差异在本期发生，且不会在以后各期转回。暂时性差异指资产、负债的账面价值与其计税基础不同所产生的差额，根据暂时性差异对未来期间应税金额所造成的影响不同，可分为应纳税暂时性差异和可抵扣暂时性差异。

理论上，当利润总额和应纳税所得额不存在数量差异时，所得税费用=利润总额×所得税税率。相反，如果两者存在永久性差异，企业的所得税费用与利润总额则不存在按照企业所得税税率确定的比例关系，比例关系差距越大，永久性差异也就越大。如果两者存在暂时性差异，就会造成利润表中的所得税费用与资产负债表中的应纳所得税额(企业实际应该缴纳的税款)之间的不同，从而导致在资产负债表中出现"递延所得税资产"和"递延所得税负债"这两个项目，所以递延所得税资产或负债并不代表真正意义上的企业所拥有的经济资源或企业所承担的经济责任，代表的是有关可抵扣暂时性差异或应纳税暂时性差异于未来期间转回时，导致企业应交所得税金额的减少或者增加的情况。如果企业的递延所得税负债不断增加，既可能由于企业的税务环境相对宽松，也可能说明企业的经营者有较强的税务筹划能力。

案例 4-2　顾家家居的
税收优惠

第三节　预计负债与或有负债项目分析

预计负债是指根据《企业会计准则第 13 号——或有事项》等相关准则确认的各项预计负债。根据或有事项准则的规定，与或有事项相关的义务同时符合以下三个条件的，企业应将其确认为负债：该义务是企业承担的现时义务；该义务的履行很可能导致经济利益流出企业，这里的"很可能"指发生的可能性为"大于 50%，但小于或等于 95%"；该义务的金额能够可靠地计量。即预计负债满足以上三个条件方可确认为负债。

或有负债是指过去的交易或事项形成的潜在义务，其存在须通过未来不确定事项的发生或不发生予以证实；或者指过去的交易或事项形成的现时义务，履行该义务不是很可能导致经济利益流出企业或该义务的金额不能可靠地计量。

小课堂 4-4　预计负债与
或有负债项目分析

一、会计政策分析

一项或有事项是否被确认为负债，是确认为预计负债还是或有负债，很多时候取决于未来不确定事项的发生情况，取决于企业管理者对经济利益流出企业的可能性以及金额是否能可靠计量的专业判断，因此具有相当的主观性。

或有负债无论作为潜在义务还是现时义务，在我国均不符合负债的确认条件。如果将某或有事项确认为或有负债，即不将其确认为真正意义上的负债，对应事项也就不会出现在资产负债表中。如果或有负债符合某些条件，则应在企业的报表附注中予以披露。由于或有负债在未来的某个时点有可能会引起企业产生真实的经济利益流出，企业对或有负债的估计也可能不准确或不完整，实践中有些企业会利用对或有事项是确认为预计负债还是或有负债的主观判断，利用预计负债的初始计量及后续计量进行利润操纵，因此，需要根据财务报告中的其他资料以及企业历史资料进行深入分析。

二、特别关注点

(一) 预计负债和或有负债项目的成因分析

引起预计负债和或有负债的或有事项主要包括以下几类。

1．未决诉讼

诉讼指当事人不能通过协商解决争议，因而在人民法院起诉、应诉，请求人民法院通过审判程序解决纠纷的活动，如因产品质量、担保、专利权被侵犯等原因引起的诉讼。如果该诉讼在起诉当年经法院做出了终审裁决，原告和被告应根据裁决结果进行相应的会计处理；而如果至起诉当年年底法院尚未裁决，则该事项属于未决诉讼。对于未决诉讼和仲裁事项需要考虑的是：若企业败诉，因负有支付原告提出的赔偿金额的责任而对企业现金流量和生产经营造成的影响；若企业胜诉，根据款项收回的可能性来预测由此给企业带来的现金流入量的大小。

2．担保

对于为其他单位提供债务担保形成的或有负债，如果企业的担保金额较大，则意味着企业未来发生巨额现金流出的风险将会加大，由此需要考虑此项担保对企业现金流量、经营业绩等方面造成的影响，甚至可以由此预测企业未来面临财务危机的可能性。

3．商业承兑汇票贴现

对于已贴现商业承兑汇票形成的或有负债，如果贴现银行在汇票到期时不能从汇票的承兑方获得汇票对应的资金，则银行将从贴现企业的银行账户中将汇票上记载的资金额划走或者转为企业的短期借款。因此，企业贴现商业承兑汇票后，仍存在未来经济利益流出的可能性。因此，附追索权的贴现方式会给企业形成或有负债，会计信息使用者需要进一步结合附注资料，分析这种或有负债转化为现时义务的可能性以及对企业未来现金流量造成的影响。

(二) 预计负债和或有负债项目的不确定性分析

预计负债和或有负债的成因可以分为主观原因和客观原因。客观原因有的是外部经济环境变化引起的；有的是按照大数法则，企业从事正常的经营活动所必然会发生的，如质量保证等引起的或有负债。主观原因有的是企业自身管理不善而引起的。如果是主观原因，企业可以通过提高管理水平、更换相关人员等方式影响其不确定性。如果是客观原因，分析人员需要考虑客观环境变化的可能性，以及这种可能性对预计负债和或有负债的不确定性的影响。比如在经济繁荣时，企业会增加资金需要量，很有可能随之增加借贷行为，这又会导致担保行为的增加，最终体现为担保方的或有负债增加。而经济如果不景气，借贷者即被担保方的资金压力不断增大，不能按期还款甚至彻底丧失还款能力的可能性就会加大，担保方的或有负债转化为预计负债或负债的可能性也必将增大。

因此，不管是何类财务分析人员，都应在分析预计负债和或有负债成因的基础上，区分主观原因和客观原因，并分析不确定性，即未来变化的可能性、方向及对企业的潜在影响。

智能财务专栏

圣奥科技股份有限公司(下文简称"圣奥科技")是每刻科技首个组合使用了"每刻报销＋每刻档案＋每刻云票数智化方案"的企业客户。圣奥科技打通业财系统，塑造全面的在线生态体系(见图 4-1)，高效连接公司及供应商，数据自动同步，开放接入，业务互联，实现付款集中批量完成。公司通过"每刻云票"完成与超过 500 家供应商的对账、开票协同，大幅提升了供应商的协同效率，降低了营运成本，激发了组织活力。

应付流程演示

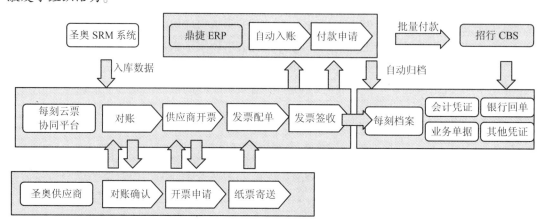

图 4-1 圣奥科技"业财融合在线生态体系"示意

本章关键术语

流动负债、短期借款、经营性负债、应付账款、应付票据、预收款项、应交税费、非流动负债、长期借款、租赁负债、长期应付款、递延所得税负债、预计负债、或有负债

思考练习题

案例讨论与分析：贝因美的债务纠纷

相关经典文献

第五章 所有者权益及混合筹资项目分析

引例：私募可转债+担保"模式为中小微民营企业直接融资探索新路径

学 习 目 标

● 知识目标

理解所有者权益项目在形成和变动上的差异；了解混合筹资项目的特性。

● 能力目标

掌握实收资本项目的分析思路；掌握资本公积项目的分析思路；掌握其他综合收益项目的特别关注点；掌握留存收益项目的分析思路；掌握可转换债券项目的特别关注点；掌握永续债项目的特别关注点。

● 育人目标

实事求是，立足中国企业实践及相关准则、制度；树立创新理念，体会所有者权益项目分析思路的创新与发展。

所有者权益也称自有资本，指所有者在企业资产中享有的经济利益。它是除负债外企业的另一项重要资本来源，是负债偿还的保障与后盾。对所有者权益项目的分析，可以基于资产负债表的所有者权益部分以及所有者权益变动表。

知识点导图

第一节 所有者权益项目分析

一、具体项目分析

(一) 实收资本(股本)项目分析

实收资本是企业接受的投资者投入企业的资本。它的构成比例表明投资者对企业的基本产权关系,是企业据以向投资者(股东)进行利润(股利)分配的主要依据。分析实收资本项目时,要关注股权结构、股权性质以及股东构成情况。

公司制企业的股权结构通常为一元制,即同股同权、一股一票,股东按照其出资比例(即股东的投资占公司注册资本的比例)来行使表决权。但随着经济活动的发展,公司制企业出现了二元制的股权结构,即同股不同权。该股权结构中包含两类或多类不同投票权的普通股架构,又称"双层股权结构"、"AB股结构"。公司股票分高、低两种投票权,高投票权的股票每股具有2至10票的投票权,主要由管理层持有,管理层普遍为始创股东及其团队;低投票权的股票每股只有1票甚至没有投票权,一般为外围股东持有,此类股东看好公司前景,因此甘愿牺牲一定的表决权作为入股筹码。作为补偿,高投票权的股票一般流通性较差,一旦流通出售,即从高投票权股票转为低投票权股票。该种股权结构有利于成长性企业直接利用股权融资,同时又能避免股权过度稀释,造成创始团队丧失企业经营管理决策权,从而保障此类成长性企业能够稳定发展。

按照股东对公司的影响程度,一般可将股东分为控股股东、重大影响股东和非重大影响股东(即小股东)三类。由于前两类股东在很大程度上决定企业未来的发展战略和方向,因此,应着重分析他们的背景、资源优势、自身的经营状况、投资目的等,以判断这些股东的利益诉求是否与全体股东的利益诉求一致,是否与企业长期发展一致,有助于正确预测企业的未来发展方向和趋势。

如果企业的股权结构变化,则需要分析该变化的成因,是由于原股东之间股权结构的调整,还是由于增加了新投资者;这种变化是否会导致企业战略以及人力资源结构与政策等方面的显著变化,是否对企业的长期发展具有重要意义。

案例 5-1 顾家家居的高管股票增持

(二) 资本公积项目分析

资本公积包括企业收到的投资者超出其在企业注册资本(或股本)中所占份额的投资,以及直接计入所有者权益的利得和损失等。前者形成资本溢价,后者形成其他资本公积。

资本公积中的资本溢价来自于企业收到的投资者超出其在企业注册资本(或股本)中所占份额的投资。股东之所以愿意向企业注入非分红性的入资,主要有两方面的原因:第一,股东预期企业的未来股价将会持续走高,股东可以通过未来的高价出售获利;第二,股东预期通过长期持有股票而分得高比例的现金股利,以获得较高的投资报酬。上述原因均表明股东对企业未

小课堂 5-1 资本公积及未分配利润项目分析

来发展有较好的预期和较大的信心。

资本公积中的其他资本公积主要来自以权益结算的股份支付、采用权益法核算的长期股权投资等直接计入所有者权益的利得和损失。以权益结算的股份支付一般用于奖励机制，员工可以用低于股票市价的价格购买股票，相当于公司以低于股票市价的价格把股票卖给了员工以此换取员工的劳务等回报。由于行权时是以股份进行结算，在确认费用时并未发生诸如现金支付等实质性的经济利益流出，所以公司股本相应增加，股票面值和股票市价的差异进入其他资本公积。

我国公司法等法律规定，资本公积主要用于转增资本，即增加实收资本(或股本)，但所留的该项公积金不得少于转增前公司组成资本的 25%。资本公积转增资本后，虽未增加所有者权益的总额，但一方面通过增加实收资本，可以更好地反映投资者的权益，提高对债权人的保障程度；另一方面，对于股份有限公司而言，可以通过增加投资者持有的股份，提高股票的流动性和交易量，激活股价。

这种所有者权益内部项目的互相结转，虽然不改变所有者权益的总规模，对资产结构和质量没有直接影响，但会直接影响企业的财务形象，影响企业未来的股权价值变化以及利润分配前景。

(三) 其他综合收益项目分析

其他综合收益指企业根据其他会计准则的规定未在当期损益中确认的各项利得和损失。该项目作为所有者权益的构成部分，采用总额列报方式，列示总额为扣除所得税影响后的金额，并应在附注中详细披露各组成项目的信息。

由资产的公允价值变动等原因引起的其他综合收益实质仅是相关资产和负债所对应的调整项目。当这些价值发生变动的资产尚未处置、尚未实施期权或套期保值过程尚未结束时，所对应的价值调整金额，"暂存"于其他综合收益项目里。因此，其他综合收益并不是以真实的交易事项为基础，是尚未实现的损益，并不代表所有者真正享有的权益。一旦这些资产进行处置、实施期权或完成套期保值，即交易事项真实发生后，"直接计入所有者权益的利得和损失"就会结转进入利润表，计入当期损益，相应的所有者权益数额也会随之核销。

(四) 未分配利润项目分析

未分配利润是企业净利润分配后的剩余部分，即净利润中尚未指定用途、归所有者享有的部分。该项目连接了资产负债表和利润表，数量上等于期初未分配利润加上本期实现的净利润、减去提取的各种盈余公积和分配利润后的余额。如果该项目数为负，表示未弥补的亏损。

企业的实收资本与资本公积中的资本溢价部分大致反映了企业所有者对企业进行的累计投资规模，而盈余公积与未分配利润部分大致反映了企业从成立以来通过自身积累实现的留在企业内部的盈余规模。如果企业的所有者权益的增加主要来自实收资本与资本公积中的资本溢价，即股东入资，往往意味着企业自身的经营活动或投资活动的盈利状况不太理想，或资产的盈利性难以确定，投资方向也难以预料。相反，如果企业的所有者权益的增加主要来自自身的盈利，则表明企业的盈利质量较高，可持续发展的前景相对较好。因此，在企业没有进行大规模转增资本的背景下，上述两大部分之间的比例关系，可以揭示企业主要的自有资金来源,评价企业的资本充足性、自身积累和自我发展能力。

案例 5-2　苏泊尔的利润分配

二、所有者权益项目的变动分析

(一) 直接计入所有者权益的利得和损失

直接计入所有者权益的利得和损失,是指不应计入当期损益、会导致所有者权益发生增减变动的、与所有者投入资本或向所有者(或股东)分配利润无关的利得和损失。

从会计要素之间的对应关系来看,与收入对应的是资产的增加或负债的减少,与费用对应的则是资产的减少或负债的增加。二者配比的结果才是应产生的所有者权益数额,代表所有者真正享有的权益变化。如前所述,部分计入所有者权益的利得和损失只是"过渡"项目。一旦这些资产进行处置、实施期权或完成套期保值,即交易事项真实发生后,"直接计入所有者权益的利得和损失"就会结转进入利润表,计入当期损益,相应的所有者权益数额也会随之核销。

(二) 会计政策变更的累积影响数

会计政策是指会计主体在会计核算过程中所采用的原则、基础和会计处理方法。企业在会计核算中所采纳的会计政策,通常应在会计报表附注中披露。我国企业会计准则规定,在满足下列条件之一的情况下:法律、行政法规或者国家统一的会计制度等要求变更,会计政策变更能够提供更可靠、更相关的会计信息,可以变更会计政策。

会计政策变更的累积影响数,是指按照变更后的会计政策,对以前各期追溯计算的列报前期最早期初留存收益应有金额与现有金额之间的差额。对此分析的主要目的是合理区分属于会计政策变更和不属于会计政策变更的业务或事项。

(三) 前期差错更正的累积影响数

前期差错是指由于没有运用或错误运用以下两种信息,而对前期财务报表造成遗漏或误报。第一,编制前期财务报表时能够合理预计取得并应当加以考虑的可靠信息;第二,前期财务报表批准报出时能够取得的可靠信息。前期差错通常包括计算错误、应用会计政策错误、疏忽或曲解事实以及舞弊产生的影响以及存货、固定资产盘盈等。前期差错更正是指企业应当在重要的前期差错发现后的财务报表中,调整前期相关数据。

对前期差错更正累积影响数的分析,主要目的在于及时发现与更正前期差错,合理判断和区分相关业务是属于会计政策变更或会计差错更正,以保证会计信息的准确性。

会计政策变更和差错更正对企业所有者权益的影响,除了数字上的变化以外,对企业的财务状况并无实质影响。如果企业年度间频繁出现前期差错更正事项,这很有可能是企业蓄意调整利润所导致的结果。

(四) 利润分配政策

利润表中的净利润与资产负债表中盈余公积和未分配利润合计数的净增加(或减少)额之间的差异是由本期的利润分配导致的。通过与同行业的可比企业、其他行业具有相似盈利能力的企业以及本企业以前年度的利润分配情况比较,可对企业利润分配政策的偏好以及持续性进行初步分析。

上市公司的现金股利分配规模及持续性，可在一定程度上反映企业利润的质量以及管理层对企业未来的信心，消除投资者收益的不确定性。如果企业的利润质量不好、现金支付能力较弱或对未来盈利能力信心不足，往往会选择分配较少的现金股利或不支付。现金股利分配较多，会减少企业的留存收益，内部融资来源减少，未来产生资金需求时进入资本市场寻求外部融资的概率提高，这样更利于企业接受资本市场的有效监督，达到减少代理成本的目的。经常通过金融市场筹集资金的企业更可能按照投资者利益进行决策，并提高自身的财务状况。近年来由于我国证监会出台规定，将上市公司再融资与现金股利分配情况联系起来。许多上市公司出现了大规模分配现金股利的现象。

股票股利的实质是股东将收益留存在企业作为对企业的再投资，即留存收益的金额减少，股本和资本公积的金额相应增加，因此只影响了所有者权益的内部结构，不会影响企业资产、负债和所有者权益各自的总额。

只要企业预期具有较好的发展前景，股票股利通常被市场认为是一种对股东有利的股利分配方式，也有利于企业保持财务实力，改善财务状况。但如果企业派发股票股利的比例过高，会引起企业股本规模的过快增长。一旦企业的盈利水平不能以相应速度增长，就会引起企业每股收益的大幅下滑，进而影响其股价、市场形象和市场表现。

第二节　混合筹资项目分析

混合筹资方式是指那些兼有股权性筹资方式特点和债务性筹资方式特点的筹资方式，如优先股、可转换债券、永续债、附认股权证债券等。本书主要分析其中的可转换债券和永续债。

一、可转换债券项目分析

可转换债券是指在一定期间内依据约定条件可转换成普通股的债券。这一转换只是报表项目间的变化，并不增加额外的资本。对该项目的分析，主要关注转换成功的可能性与筹资成本这两方面。

小课堂 5-2　可转换债券及
永续债项目分析

(一) 可转换债券转换成功的可能性分析

可转换债券的持有者同时拥有一份债券和一份股票的看涨期权。除非可转换债券带有强制性转换条款，否则债券持有人可选择转换，也可选择不转换而继续持有该债券至到期日。债券持有人是否选择转换，取决于纯债券价值和转换价值两者的高低，也可以理解成为转换价格和当时股价两者的高低。纯债券价值为债券利息和本金的现值之和；转换价值为当时股价与转换比率的乘积。如果可转换债券的市价低于转换价值，投资者会购入债券并转换为股票出售后套利。

对于可转换债券的发行企业而言，主要目的是发行股票而非债券，即通常发行该债券时是预期最终能够转换成功的。但股票市价会受到多种因素的影响，存在可转换债券最终转换失败的可能性。即如果发行可转换债券后，股价并未达到转股所需要的水平，债券持有人没有如期转换普通股，则发行企业只能继续承担债务，需要筹措资金，应对到期归还债券本息的压力。在订有回售条款的情况下，公司短期内集中偿还债务的压力会更明显。

如果企业发行的可转换债券金额较大，在分析其偿债能力时，较为谨慎的做法是将可转换债券先视为负债，进行相关比率的计算；再将其视为所有者权益，按照转换成功的情况下进行分析。

（二）可转换债券的筹资成本分析

可转换债券的票面利率低于同一条件下普通债券的利率，可让发行企业以较低的利率取得资金，降低了企业前期的筹资成本。并使得企业取得了以高于当期股价出售普通股的可能性。有些公司本计划发行股票而非债券，但认为当前股价过低，为筹集同样资金需发行更多股票，为避免直接发行新股的损失，才通过发行可转换债券变相发行普通股。因此，在发行新股时机不理想时，可先发行可转换债券，再通过转换实现较高价格的股权筹资。这样一方面可以避免由于直接发行新股而进一步降低公司股票市价的后果；另一方面因为转换期较长，即使在将来转换股票时，对公司股价的影响也较温和，从而有利于稳定公司股价。

虽然可转换债券的票面利率低于普通债券，但加入转股成本后的总筹资成本要高于普通债券。即使未来转换时公司股票市价大幅上涨，公司也只能以较低的固定转换价格换出股票，降低了公司的股权筹资额。

二、永续债项目分析

永续债指没有明确到期日或期限非常长的债券，是具有一定权益属性的债务工具。与一般债券相比，永续债具有以下特点：对于发行公司而言，永续债没有明确的到期时间，可自主决定延迟付息而不算违约，发行方没有还本义务；永续债投资者并无投票权，不会影响发行人的生产经营管理，也不会稀释股权。对于投资者而言，永续债一般票面利率较高，风险小于普通股，但不能像普通股股东一样参与企业决策和股利分配；其持有者除公司破产等原因外，一般不能要求公司偿还本金，只能定期获取利息；如果发行方出现破产重组等情形，大部分永续债偿还顺序在一般债券之后、普通股之前。

我国第一只永续债发行于 2013 年，当年总发行规模为 56 亿元；2015 年扩容，发行规模上行到 3000 亿以上；截至 2023 年年中，商业银行永续债存量规模达到 2.1 万亿，其中国有大型商业银行永续债规模占比超 50%，商业银行永续债已成为债券市场的主要品种之一。目前，我国永续债涵盖了证券公司次级债、企业债、私募债、一般公司债、中期票据、定向工具等类型，其中又以在银行间交易商协会注册的"长期含权中期票据"和发改委审批的"可续期债券"居多。

由于永续债同时兼有"债性"和"股性"，需要结合其具体条款来判断到底属于所有者权益还是负债。

按照经济实质重于法律形式的原则，实务中主要依据 2018 年 1 月生效的《企业会计准则第 37 号——金融工具列报》(财会[2017]14 号)中对金融工具的分类，结合永续债的具体合同条款，确定其分类为权益工具还是金融负债。从我国目前实际发行案例来看，除少数几家将永续债确认为金融负债外，大部分发行方都是将永续债作为所有者权益来进行会计核算和表述的。

表 5-1　永续债具体条款

名称	具体条款内容
次级属性	我国永续债大都在偿还顺序上没有次级属性，"债性"较明显
期限及延期权	明确约定发行公司拥有续期选择权，到期日越长，"股性"越强； 不具备本条款，或存在投资者可要求发行公司还本付息的情况，不能确认为所有者权益
赎回权	仅发行公司拥有赎回选择权，投资者没有回售权，且发行公司行使赎回权的可能性越低，"股性"越强
利息递延支付	发行公司可无条件、无限次推迟付息；利息递延支付时间越长，且对利息支付的特定情境要求越少，"股性"越强；如果不具备此条款，则不能确认为所有者权益
强制付息条款	如强制付息事件可由发行公司控制，"股性"越强；相反，"债性"越强
利率跳升	票面利率跳升的幅度越小，"股性"越强；跳升幅度越大，发行公司赎回的可能性越大，"债性"越强
担保条款	一般不包含担保条款。如果包含，规定发行公司由于任何原因未能按期还本付息，第三方担保人应代为清偿，并于履行担保义务后有权立即向发行公司追偿，"债性"更强

智能财务专栏

　　每刻科技发布"销项数电发票管理解决方案"(见图 5-1)，产品化对接"电子税务局直连""乐企服务平台直连"、税务 Ukey 与税控设备，兼容最新的 xml 发票格式，实现销项电子发票集中开具、管理、交付、版式文件存储、调阅、归档全流程管理，适应企业新老开票模式过渡阶段及纸电数票混合阶段需求。

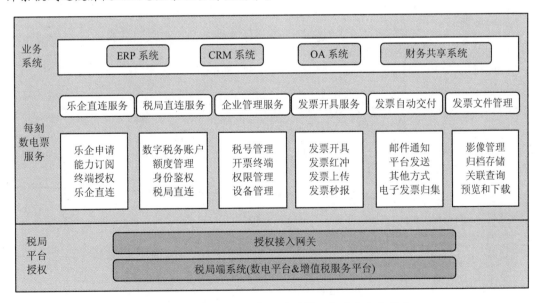

图 5-1　每刻科技"销项数电发票管理解决方案"示意

本章关键术语

实收资本、资本公积、其他综合收益、盈余公积、未分配利润、直接计入所有者权益的利得和损失、会计政策变更的累积影响数、前期差错更正的累积影响数、利润分配政策、可转换债券、永续债

思考练习题

案例讨论与分析：同花顺与证券市场同舞

相关经典文献

第六章　利润项目分析

红色链接：习近平总书记在中共中央政治局第十一次集体学习时强调，发展新质生产力，必须进一步全面深化改革，形成与之相适应的新型生产关系。要深化经济体制、科技体制等改革，着力打通束缚新质生产力发展的堵点卡点，建立高标准市场体系，创新生产要素配置方式，让各类先进优质生产要素向发展新质生产力顺畅流动。

(资料来源：人民网)

引例：星探桔的"中国区域特色农产品品牌工厂"之路

学 习 目 标

知识目标

理解营业收入项目不同组成部分的差异；理解营业成本的影响因素；理解不同期间费用项目在分析时的共性与差异。

能力目标

掌握营业收入项目的分析思路；掌握营业成本项目的分析思路；掌握期间费用项目的分析思路；掌握资产减值损失、公允价值变动收益、投资收益、营业外收入、营业外支出、所得税费用、其他综合收益项目的分析思路；理解分部报告的分析意义，掌握分部报告的分析思路；掌握利润潜在风险信号的不同形式。

育人目标

树立收入及期间费用的系统观及辩证观；树立新发展的利润观，具备推动中国资本市场和实体经济新发展的综合素质。

利润是企业和社会积累与扩大再生产的重要源泉，是反映企业经营业绩的最重要指标，还是企业投资与经营决策的重要依据。我国目前采用的多步式利润表，可以提供企业不同环节的利润情况，包括营业利润、利润总额、净利润等。

知识点导图

第一节　利润表项目分析

一、与经营活动有关的收入项目分析

企业的收入广义上包括营业收入、投资收入、营业外收入等，狭义则仅指营业收入。营业收入是指企业在销售商品、提供劳务及他人使用本企业资产等日常活动中形成的经济利益的总流入。

(一) 收入确认的相关会计处理

我国现行会计准则规定，企业应当在履行了合同中的履约义务，即在客户取得相关商品(或服务，下文简称商品)控制权时确认收入。取得相关商品控制权，是指能够主导该商品的使用并从中获得几乎全部的经济利益，也包括有能力阻止其他方主导该商品的使用并从中获得经济利益。

企业与客户之间的合同同时满足下列条件的，企业应在客户取得相关商品控制权时确认收入：合同各方已批准该合同并承诺将履行各自义务；该合同明确了合同各方与所转让的商品相关的权利和义务；该合同有明确的与所转让的商品相关的支付条款；该合同具有商业实质，即履行该合同将改变企业未来现金流量的风险、时间分布或金额；企业因向客户转让商品而有权取得的对价很可能收回。

对于不能同时满足上述条件的合同，企业只有在不再负有向客户转让商品的剩余义务，且已向客户收取的对价(包括全部或部分对价)无需退回时，才能将已收取的对价确认为收入；否则，应当将已收取的对价作为负债进行会计处理。

对于在合同开始日即满足上述收入确认条件的合同，企业在后续期间无需对其进行重新评估，除非有迹象表明相关事实和情况发生重大变化。对于不满足上述条件的合同，企业应在后续期间对其持续评估，以判断其能否满足这些条件。

因此，在实践中绝不能仅仅以是否签有销售合同或开具发票作为收入确认的标准。

(二) 营业收入的结构分析

营业收入是企业收入的主要组成部分，也是获取利润的主要来源，因此，营业收入项目分析是利润分析的基础。除了关注营业收入的规模及变动情况外，更重要的是营业收入的结构分析。

小课堂 6-1　营业收入结构分析

1. 营业收入的品种构成分析

为分散经营风险，企业往往会同时从事多种产品或劳务的经营活动，而不同种类的产品或劳务的收入对企业的利润贡献程度并不相同，不同种类产品或劳务收入在营业收入中比重的变化也会传递出企业市场环境的变化、经营战略的调整、竞争优势的变化等信息。因此，在企业从事多品种经营时，可通过营业收入的品种结构分析，关注以下几点：

第一，企业现有营业收入的品种结构是否与企业战略吻合？不能体现企业战略或者与企业战略关联度低的业务即使规模较大，从战略实施角度来看，也不属于符合企业发展战略的高质量业务。

第二，目前占企业总收入比重大的产品或劳务是否同样为企业贡献了相对更多的利润？如果否，这一现象是由于外部经营环境造成的？还是由于企业自身因素？如果是，这一现象是归因于企业战略、管理、技术、市场、服务等哪方面的因素？还是上述因素所形成的企业综合竞争优势？

第三，企业是否存在对某类产品过度依赖的情况？如果有，则需深入分析该类产品的客户情况、企业内部经手人情况、外部经营环境，企业的经营风险是否过大？

第四，企业未来是否需调整营业收入的品种构成？企业是否有意开发体现企业战略、决定未来竞争优势的新的关键性产品？如果是，这一调整是企业自身战略及经营重点的主动调整？还是出于对目前经营活动存在问题所作的被动反应？如果否，则企业目前体现企业主要业绩的关键性产品是否具有未来发展潜力、代表未来发展方向？财务分析人员可借助年报中的董事会报告(或者管理层讨论)部分及其他信息，进一步结合行业发展特征和环境变化，判断企业营业收入的未来发展趋势、收入与利润的持续性，分析管理层的经营质量。

2. 营业收入的地区构成分析

随着企业规模增长及经营活动范围扩大，企业会为不同地区的客户提供产品或劳务。不同地区的消费者会对同类型的商品具有不同的偏好及变化趋势。分析企业营业收入的地区结构，可以明确占企业过去业绩的主要增长点——总收入占比大的地区；更重要的是通过分析不同地区的消费偏好和消费习惯的变化趋势，有助于研究企业产品在不同地区的市场潜力，分析企业的销售布局，预测企业业绩的持续性和未来发展趋势。因此，在分析企业营业收入的地区构成时，关注以下几点：

第一，地区的经济发展后劲与企业业务发展前景的关系，考虑地区的经济总量、经济结构的调整对企业未来市场的影响。

第二，地区的政治经济环境，若特定地区政治经济环境的不确定因素比较多，如行政领导人的更迭、特定地区经济政策的调整等，往往会对企业原有的发展惯性产生较大的影响。

第三，国际政治经济环境的变化，如过去几年战争导致的某些地区的动荡，金融危机导致的某些地区的发展停滞，以及低碳经济等对企业所在的地区和行业的影响等。

3. 营业收入的客户构成分析

在分析营业收入的客户构成时，关注以下几点：

第一，客户集中程度。通常若其他条件相同，企业的客户集中度越低，说明企业产品销售(或劳务提供)的市场化程度越高，行业竞争力越强，营业收入的持续性越好；销售回款因个别客户坏账所引起的波动会越小，收入的回款质量越高；对单一客户的依赖程度越低，企业经营风险越小。但客户过于分散，也可能增加企业对客户的管理难度，提高客户管理成本。

第二，关联交易的比重。虽然在集团化经营的背景下，集团内各企业间发生关联方交易会成为常态，但关联交易因涉及关联方之间的资源流动，交易双方间存在特殊利益关系，交易的真实发生与否、价格的公允与否、实现时间等方面都可能存在较大的人为操纵可能，因此，需特别关注关联交易对应的营业收入在交易价格、实现时间等方面是否存在非市场化因素，以考察企业业绩的真实性和市场化能力。一般而言，在其他条件相同的情况下，关联交易占比越低的企业，其在市场竞争中依靠自身产品、经营活动等方面获得持续发展的能力往往越强。

（三）其他角度的收入结构分析

1. 主营业务收入与其他收入的结构分析

企业收入包括主营业务收入、其他业务收入、投资收入等。其中主营业务收入通常最直接地体现了企业在一定时期内运用一定经济资源开展经营活动获取收入的能力。因此可通过分析主营业务收入与其他业务收入的比重情况，了解、判断企业现行的经营方针及效果，预测企业的发展前景和收入的可持续性。

2. 现销收入与赊销收入的结构分析

企业销售收入的实现可借助现销、赊销以及预收账款等不同方式。不同的收入实现方式会受企业的产品适销程度、业务单位战略、营销战略、与上下游的议价能力、会计政策选择等诸多因素的影响。作为外部的财务分析主体，无法直接获取企业的现销收入及赊销收入数据，只能借助应收账款及应收票据等项目间接判断两者的规模及变化情况。在进行内部分析时，可通过分析现销收入与赊销收入两者相对规模及变化情况，分析产品销售情况，判断企业相关战略的合理性。

3. 收入对政府补助的依赖程度分析

当前，我国各级政府出于国民经济和社会发展的规划需要，会对某些产业或某些企业采取多种形式的行政手段进行扶持。在初创阶段或成长阶段，企业或产业由于尚未寻找到合适的盈利模式及成长路径，收入及利润的实现对政府扶持的依赖程度可能会较高。但当企业步入成熟阶段或稳定发展阶段后，收入及利润的实现应更多依赖于自身的核心竞争力，对政府扶持的依赖程度应逐步降低。如果企业一直需要借助部门或地区的行政手段，其收入的可持续性就会比较差，极有可能伴随着政府扶持政策的改变，而表现出较大的收入波动性。

二、与经营活动有关的成本费用项目分析

（一）营业成本分析

营业成本是指与营业收入相关的已经确定了归属期和归属对象的成本。在不同类型的企业里，营业成本的表现形式不同。对企业的营业成本分析包括全部营业成本分析和单位营业成本分析两部分。

小课堂 6-2　营业成本项目分析

1. 全部营业成本分析

全部营业成本分析，是根据产品生产、营业成本表的资料，对企业全部营业成本的本年实际完成情况与上年度数据进行比较，并从产品类别角度找出各类产品或各主要产品营业成本升降的幅度，以及对全部营业成本的影响程度。

全部营业成本分析，不仅需分析全部营业成本的完成情况，更重要的是从产品类别上分析营业成本增减变动的原因，从而为加强成本管理提供依据。当然，从数据的可获得性来看，这只能适用于管理者进行的内部分析。

2. 单位营业成本分析

单位营业成本分析通常针对主要产品进行，首先应明确单位营业成本与单位生产成本

的关系，可由下式表现：

$$某产品单位营业成本 = \frac{该产品全部营业成本}{该产品销量}$$

$$某产品全部营业成本 = 本期生产总成本 + 期初结存成本 - 期末结存成本$$

$$某产品单位生产成本 = \frac{该产品本期生产总成本}{当期产量}$$

因此，当期单位营业成本与单位生产成本的差异主要受期初和期末结存成本变动的影响。如果企业所生产的产品全部能在当期销售出去，则当期单位营业成本与当期单位生产成本可能相同。此时，对单位营业成本的分析与对单位生产成本的分析相同。

3. 营业成本的影响因素分析

影响企业营业成本的因素，有企业不可控的，如原材料的市场价格波动等；有企业可控的，如选择长期合作的供应商、采购批量等；有会计核算方面的人为处理因素等。因此，无论是在进行全部营业成本分析，还是单位营业成本分析，都需要关注以下方面：

第一，营业成本的计算是否真实？存货计价方法、固定资产折旧方法等会计核算方法的选择是否恰当、稳健？当期有无发生变更？其变更是否对营业成本产生较大影响？

第二，单位营业成本是否存在异常波动？在销量没有明显变化情况下，总营业成本是否存在异常波动？如果是，导致其异常波动的因素可能有哪些？哪些是可控因素？哪些是不可控因素？哪些是暂时性因素？哪些可能是对企业长期发展造成影响的因素？影响程度各自如何？

第三，如果企业的总营业成本或单位营业成本相比历史值或可比企业明显偏低，当中是否有关联方交易及政府扶持的贡献？其持续性如何？

在分析营业成本时，需要特别注意营业成本与期末存货余额之间的相对规模是否存在异常波动？以制造企业为例，在不考虑企业当期在生产、存储和销售过程中可能会发生毁损的情况下，当期的营业成本和期末存货的合计值应该等于当期可供出售产品成本的总额（即期初余额加上当期入库的存货总额）。在实务中，企业的营业成本往往是在期末经汇总一并结转，而不是在每次销售产品时立即结转，因此在营业成本和期末存货余额之间往往存在此消彼长的关系。在企业的生产、销售规模趋于稳定的情况下，营业成本与期末存货余额之间的相对规模应大体保持不变。当营业成本与期末存货余额之间的相对规模异常波动，尤其是毛利率也随之异常波动时，若这种现象无法用正常理由进行解释，则很可能是企业通过"低转成本"或者"高转成本"等手段人为操纵利润的一种迹象。

案例 6-1 震裕科技的毛利率

(二) 期间费用分析

期间费用是指不受企业产品产量或销量增减变动影响，不能直接或间接归属于某个特定对象的各种费用。这些费用容易确定发生期间和归属期间，但很难判别其归属对象，因而在发生当期应从损益中扣除。我国财政部关于一般企业财务报表格式的现行规定中将原本属于管理费用的研发费用在

小课堂 6-3 期间费用项目分析

利润表中变为单列。

1. 期间费用分析的共同关注点

首先，不能过分追求期间费用规模的下降，更应关注费用创造的效益。因为大部分的期间费用在规模上都相对固定，即不能简单通过压缩规模来控制期间费用。有些期间费用如广告费、研发费、人力资源开发等，虽然可以通过企业决策来改变其发生规模，但是规模的压缩往往会对企业的发展前景有长远的负面影响。所以不能片面强调节约和压缩，而要强调效益；不能追求费用最小化，而要追求成本效益最大化。其次，应关注各项费用对人的行为和心理所产生的影响。适当的费用宽松可以调动员工的积极性、创造性和忠诚度，这有益于企业。相反，虽然费用规模得到控制，但可能会导致企业效益和效率更大幅度下降。如果在企业的费用预算管理中考虑心理因素，所带来的增量效用可能会远高于增量费用支出。最后，只要企业在发展，期间费用预算管理的首要目标不应是控制期间费用发生的绝对规模，期间费用质量的唯一考核标准也不应是成本费用率。

2. 销售费用项目分析

销售费用是指企业在销售商品和材料、提供劳务的过程中发生的费用。

在销售渠道、组织结构、业务结构和经营方式变化不大时，企业年度间销售费用的结构会比较稳定，并呈现出这样的变化态势：一部分与销售活动有关的销售费用，如运输费、装卸费、整理费、包装费等的规模在年度间保持稳定；一部分随销售业绩变化的销售费用，如营销人员的薪酬，则随着企业营业收入的变化而变化；一部分与企业未来发展、开拓市场、扩大企业品牌知名度等有关的销售费用，如广告费、促销费，可能依据市场竞争环境和营销策略的调整而出现或多或少的变化。

在销售渠道、组织结构、业务结构和经营方式出现变化甚至是显著变化时，企业年度间销售费用的结构和规模可能出现重大变化。例如企业通过并购或者资产置换对企业的业务进行重大调整或根本性调整，或者年度内出现重大业务整合，此时销售费用的规模和结构会出现年度间的不可比。如果企业的经营方式出现重大变化，销售费用的规模和结构也会出现年度间的不可比。特别是，在信息化、自媒体时代，企业的营销渠道很多，不同的营销渠道会产生不同的营销效应，这也会影响企业的销售费用情况。

分析销售费用时，需要关注以下几点：

第一，考察销售费用规模控制的必要性。销售费用规模的控制，有可能会影响有关人员的工作积极性，或对企业的长期发展不利。

第二，考察销售费用支出的有效性。可以通过计算销售费用与营业收入、营业活动利润的比率，结合行业竞争状况和企业在销售费用控制方面的举措，与同行业值比较和历史值比较。销售费用率较低的企业，一般意味着企业的营销活动较为有效。当然，销售费用率的高低，既与企业的定价策略有关，也与企业对营销活动的管理有关，更与企业的产品或者劳务在市场上的竞争力有关，还与企业的市场结构有关。

第三，考察销售费用的长期效应。分析广告费、促销费、展览费、销售网点业务费等与企业营销策略有关的项目占销售费用比重的变化情况，关注这些项目可能对企业长期销售能力改善与长期发展的贡献。

第四，如果销售费用存在异常波动，需要结合行业竞争态势、竞争格局、企业营销策略以及相关会计政策等因素的变化，判断销售费用波动的合理性，关注是否有人为主观操纵的迹象。

3．管理费用项目分析

管理费用是指企业行政管理部门为管理和组织企业生产经营活动而发生的各项费用支出，包括由企业统一负担的管理人员的薪酬、差旅费、办公费、商标注册费、技术转让费、排污费、矿产资源补偿费、聘请中介机构费、车船使用税、印花税、审计费以及其他管理费用等。

总体而言，在企业的规模、组织结构、管理风格和管理手段等方面变化不大时，企业年度间管理费用的结构会比较稳定，可能会呈现出以下变化态势：一部分与管理机构技术装备水平有关的折旧费、租赁费、无形资产摊销费等的规模在年度间保持稳定，或随着管理机构技术装备水平的结构性调整而出现相应变化；一部分与企业人力资源政策尤其是高级管理人员人力资源政策有关的费用规模随着相关政策的变化而变化。

在企业组织架构出现分拆、并购等重大变化时，企业年度间管理费用的结构和规模均可能出现重大变化。在企业将其他企业并入的情况下，被并购企业的管理费用的结构和规模会对并购后合并报表的管理费用产生较大影响。

对于外部分析人员而言，由于管理费用的组成项目较多，因此分析难度较大。但与销售费用类似，管理费用分析也可以从规模控制的必要性、支出的有效性、长期效应以及异常波动的合理性等方面进行。管理费用率较低的企业，一般意味着企业的管理活动较为有效。有些项目的支出规模与企业规模有关，对其实施有效控制可以促进企业提高管理效率；但需注意的是有些项目(如职工教育经费等)规模的控制或压缩会对企业的长远发展产生不利影响，因此不宜盲目降低其规模。在进行不同年度间管理费用率的比较时，需要注意企业营业收入规模、组织架构、人力资源政策以及技术装备水平等因素是否变化。在不同企业之间进行比较时，需要注意行业特征、固定资产折旧以及无形资产摊销等会计政策的选择、企业对管理费用的控制能力以及企业管理风格差异等因素的影响。

4．研发费用项目分析

研发费用是指研究与开发某项目所支付的费用。我国现行会计准则对研发费用的构成虽然没有指明具体内容，但指明了研发费用归集的期间。在研发费用的处理方面，我国会计准则与税法的规定并不一致。我国会计准则对研发费用的处理规范分为两大部分：一是研究阶段发生的费用及无法区分研究阶段研发支出和开发阶段研发的支出全部费用化；二是企业内部研究开发项目开发阶段的支出，能够证明符合无形资产条件的支出资本化，分期摊销。税法对研发费用要求分两种情况进行处理：一是企业为开发新技术、新产品、新工艺发生的研究开发费用，未形成无形资产计入当期损益的，在按照规定据实扣除的基础上，按照研究开发费用的50%加计扣除；二是形成无形资产的，按照无形资产成本的150%摊销。

在对研发费用项目分析时，应关注以下几点：

一是研发费用的规模。企业在研发费用活动上的投入带有酌量性支出的特点，如果压缩研发费用规模，虽然短期内会减少企业支出，在其他条件不变的情况下可能对企业利润有积极影响，但并不利于企业长期发展。对于那些依靠研发来保持持续竞争力的企业而言，研发方面的投入实际上是企业发展战略的重要内容。因此，研发费用的年度间变化可能意味着企业在研发方面的战略调整。研发费用占企业营收比重的高低也会受企业所处行业、发展阶段等因素的影响。

二是对于研发费用的会计处理，不同企业可能也会有不同偏好。盈利情况较好的企业，会更倾向于将全部研发支出在当期进行费用化处理。

5. 财务费用项目分析

案例6-2　零跑科技的毛利率

财务费用指企业资金的筹集和运用中发生的各项费用。在利润表上，"财务费用"项目反映的是利息收入、利息支出以及汇兑损失的金额，因而其数额可能是正数，也可能是负数，如果是正数，表明为利息、融资净支出；如果为负数，则表明为利息、融资净收入。

一般情况下，经营期间发生的利息支出会构成企业财务费用的主体。而企业贷款利息水平的高低主要取决于三个因素：贷款规模、利息率和期限。

实践中企业发生的贷款可能是出于多种原因，而不同原因对企业财务状况具有不同影响。当企业融资是为了补充流动资金、弥补生产经营的资金不足、完成生产经营资金周转时，相关贷款直接支持了企业的市场经营活动、为营业收入的增加直接做出贡献，其利息费用的发生就是获得营业收入的必要代价。当企业融资是为了购建固定资产和无形资产，提高生产经营的技术装备水平时，企业的相关贷款直接支持了相关资产的购建、相关资产账面价值的增加，即使是在资产交付使用或者办理竣工决算之后的利息支出，虽然将相关利息计入利润表的利息费用，但这些利息费用并没有直接为企业营业收入的增加做出贡献，因而其发生实际上与企业当期的营业收入无关。还有当企业贷款融资是按照银行要求进行的非需求性贷款时，贷款的获得对资产的影响就是直接增加货币资金规模，对利润表的影响就是增加利息费用，而对营业收入不会有任何贡献。所以，尽管利息费用构成当前损益的减项，但利息费用并不总与营业收入的产生相关。

企业贷款规模的降低可以导致财务费用下降，增加当期利润。但是，我们更应关注贷款规模下降的适当性，规模下降是由企业主动选择的结果？还是受环境影响的被动结果？即是否与企业经营战略调整相适应，是否与企业未来的资金需求相适应，是否有可能因贷款规模的降低而限制企业的未来发展。

从融资角度看，贷款利率的具体水平主要取决于一定时期资本市场的供求关系、贷款规模、担保条件以及企业信誉等因素。在利率选择上，可以采用固定利率、变动利率或浮动利率等。因此，贷款利率的影响因素，既有企业不可控的，也有企业可控的。在不考虑贷款规模和贷款期限的条件下，企业的利息费用将随着利率水平而波动。在分析中，应主要关注可控性因素的影响，了解企业贷款利率升降背后所揭示的融资环境、企业信誉等方面的变化，对企业因贷款利率的宏观下调等不可控因素而导致的财务费用降低则不应评价过高。

尽管利息费用可能没有支持企业营业收入的增加，但将利息费用与营业收入相比所得出的利息费用率仍具有意义。如果企业的利息费用率过高，可能意味着企业的财务风险——偿还债务利息和本金的风险较大。而当企业的财务风险较大时，其经营活动一般很难保持较理想的、持续的盈利能力。

此外，还需注意的是，并不是企业所有实际发生的利息支出都计入利润表。比如，与购建固定资产或者无形资产有关的，资产尚未交付使用或者虽已交付使用但尚未办理竣工决算的利息支出，计入购建资产的价值；房地产开发企业为开发房地产而借入的资金所发生的利息等借款费用，在开发产品完工之前计入开发成本(房地产开发企业的开发成本在资产负债表上为存货)；等等。

三、其他利润表项目分析

(一) 资产减值损失项目分析

资产减值损失是指企业计提各种资产减值准备所形成的损失。按照现行会计准则的要求，企业应遵循谨慎性原则，于每个会计期末对其资产进行减值测试，对出现减值迹象的资产计提减值准备，并相应确认资产减值损失。涉及的资产主要包括债权、存货、固定资产、无形资产以及长期股权投资等。

在进行资产减值损失项目分析时，应关注以下方面。

1. 资产减值损失的规模反映了资产的保值情况及管理质量

在谨慎性原则下，企业需选择账面价值与公允价值的低者作为资产价值的披露标准，即只要资产按其账面价值进行披露而不计提任何减值准备，就表明该项资产保值情况良好，并可能实现增值；反之只有在资产发生贬值时，才需通过计提减值准备将其账面价值降至公允价值。因此，资产减值损失反映了企业资产项目的贬值程度及规模，一定程度上揭示企业对这些资产的管理质量。

2. 资产减值测试的公允性以及计提的恰当性

在对各项资产进行减值测试时，关键环节是要恰当地确定各项资产的公允价值，而公允价值的确定在某种程度上具有主观性，资产减值损失的确认问题实质上属于会计估计问题，存在企业利用主观估计因素蓄意操纵利润的可能。因此，资产减值测试的公允性及损失计提的恰当性会直接影响企业资产价值与利润的真实性以及利润的质量。

(二) 公允价值变动损益项目分析

公允价值变动损益是指以公允价值计量且其变动计入当期损益的金融资产等项目的公允价值变动所形成的计入当期损益的利得(或损失)。按照现行会计准则的要求，以公允价值计量且其变动计入当期损益的金融资产等项目在资产负债表上应按照公允价值列示，当这些资产的期末公允价值高于(或低于)其账面价值时，差额需要确认为公允价值变动收益(或损失)。

在进行公允价值变动收益项目分析时，应关注以下方面。

1. 公允价值收益的未实现性

虽然以公允价值计量且其变动计入当期损益的金融资产等项目的公允价值变动体现在了利润表的公允价值变动收益(或损失)中，但这些资产并未真正出售交割，仍作为企业的资产列示于资产负债表上，这种收益(或损失)仅是持有收益(或损失)，并未真正实现，不会给企业带来真实的现金流量。甚至在这些资产真正出售交割时，利润表中的这种浮盈(或浮亏)会因为公允价值的再度变化而"不复存在"。因此，该种公允价值变动收益(或损失)的存在会对企业利润的质量产生影响，也可在一定程度上反映出这些资产项目的保值质量。

2．公允价值收益的主观性

在市场不活跃或者非正常的情况下，一些资产项目的绝对客观的公允价值会难以获取，因此该项目不可避免地存在一定的主观因素，这样也会或多或少影响企业利润的真实性。

(三) 投资收益项目分析

投资收益是指企业对外投资所取得的收益(或发生的损失)，通常是由企业拥有或控制的投资性资产所带来的收益，主要包括两个部分：投资性资产的持有收益和处置收益。前者指在其持有期间从被投资企业获取的一定形式的利润分享；后者指在处置投资性资产时，售价与初始取得成本之间的差额。

1．投资收益与现金流入的对应性

权益法下的投资收益未必完全与企业实际相应的现金流入一致。两者的差异取决于被投资企业的分红政策，只有当被投资企业将当期所实现的净利润全部发放为现金股利，两者才会一致；相反，只要被投资企业不将净利润全部用于分红，从实际现金流入角度而言，投资企业所确认的投资收益就会存在不同程度的"水分"。成本法下投资企业对其子公司的长期股权投资因子公司宣告分派现金股利而产生的投资收益与实际现金流入一致。其他投资性资产在持有期间所带来的投资收益，无论是股利还是利息，一般情况下都会带来相应的现金流入。

对于处置投资性资产时获取的投资收益，由于在利润表上是将售价与初始取得成本之间的差额确认为投资收益，而在现金流量表上"收回投资收到的现金"主要取决于各项投资性资产的售价高低，因此，处置收益与相应现金流入之间是否一致具有很大的不确定性。

2．投资收益的持续性

企业拥有的投资性资产种类繁多，除了债权性投资能带来固定的利息收益之外，其他投资性资产给企业带来的收益大小主要取决于被投资企业的收益情况和分红政策，因而均具有一定的波动性和不可预见性，这会在一定程度上影响企业投资收益以及利润实现的持续性。

(四) 营业外收入与营业外支出项目分析

营业外收入是指企业获取的与其日常生产经营活动没有直接关系的各种收入。营业外支出是指企业发生的与其日常生产经营活动没有直接关系的各项损失。

在进行营业外收入与营业外支出项目分析时，应关注以下方面。

1．营业外收入与营业外支出不存在配比关系

在分析时，可以将除企业营业执照中规定的主营业务以及附属的其他业务之外的所有收入都视为营业外收入，它并非由企业常规的经营资金耗费所产生。而营业外支出这种企业经营过程中的资金耗费通常不会带来任何经济利益，实际上是一种纯粹的"意外"损失。因此，这两者虽然均不是经营活动引起的，但它们不像营业收入和营业成本那样存在配比关系，即在逻辑上并无对应关系。

2．营业外收入与营业外支出的偶然性

营业外收入和营业外支出的发生一般都具有"偶然性"或者说"一次性"特点，即相

同明细项目在后期重复发生的概率较低。如果它们在企业的利润中占比过高，就会影响企业利润的持续性，某种程度上也是企业利润质量不好的一个表现。现实中，我国不少上市公司为避免因连续亏损而被退市警示的情况，依赖营业外收入的实现或营业外支出的冲回，来实现扭亏为盈，但这种情况不能说明企业的经营活动或投资活动有了起色。

3. 政府补助

政府补助分为与资产相关的政府补助和与收益相关的政府补助。与资产相关的政府补助是指企业取得的、用于购建或以其他方式形成长期资产的政府补助。与收益相关的政府补助是指除与资产相关的政府补助之外的政府补助。与企业日常活动相关的政府补助，应当按经济业务实质，计入其他收益或冲减相关成本费用；与日常活动无关的政府补助，计入营业外收入或冲减相关损失。

(五) 所得税费用项目分析

所得税费用是指企业根据企业会计准则确认的应从利润总额中扣除的一个费用项目，它是用经过调整后的本期利润总额，乘以企业所适用的税率计算得到的。计算所得税费用的基数是基于会计准则对利润总额进行调整后的结果，而计算应交所得税的基数是应纳税所得额，是基于税法对利润总额进行调整后的结果。

因此，所得税费用既不会与利润表中的利润总额存在固定的税率关系，也不会直接反映出企业当期实际缴纳的所得税规模。它与应交所得税之间的差异大小大体反映出会计准则与税法在确认该企业经营成果问题上的分歧大小。

(六) 其他综合收益项目分析

其他综合收益是指企业根据会计准则规定未在当期损益中确认的各项利得和损失。它是建立在资产负债观的基础之上，反映报告期内企业与所有者以外的其他各方之间的交易或事项所引起的净资产的变动额。一方面，它突破了传统会计利润的实现原则，在引入了公允价值之后，把企业全部已确认但未实现的利得或损失也纳入利润表，不纳入计税范围，不会带来实际的现金流量；另一方面，它有可能在未来影响企业的经营成果，对财务分析人员而言具有一定的预测价值。

第二节　分部报告分析

随着经济的不断发展和市场竞争的日益激烈，当前许多企业的经营规模和经营范围越来越大，呈现出跨行业、跨地区甚至跨国家经营的趋势。而企业对外提供的财务会计报告往往只反映了企业整体的财务状况，外部财务分析人员无法有效分析企业各个业务部门财务状况的真实变动情况及具体原因，这是分部报告出现的背景及意义所在。

小课堂 6-4　分部报告分析

一、报告分部的确定

根据我国现行企业会计准则解释，企业应以内部组织结构、管理要求、内部报告制度为依据确定经营分部，以经营分部为基础确定报告分部，并按相关规定披露分部信息。

经营分部是指企业内同时满足下列条件的组成部分。

(1) 该组成部分能够在日常经营活动中产生收入，发生费用。

(2) 企业管理层能够定期评价该组成部分的经营成果，以决定向其配置资源，评价其业绩。

(3) 企业能够取得该组成部分的财务状况、经营成果和现金流量等有关会计信息。

企业如存在相似经济特征的两个或多个经营分部，在一定条件下可以合并为一个经营分部。

企业在以经营分部为基础确定报告分部时，应当满足下列三个条件之一。

(1) 该分部的分部收入占所有分部收入合计的 10%或以上。

(2) 该分部的分部利润(亏损)的绝对额，占所有盈利分部利润合计额或所有亏损分部合计额的绝对额两者中较大值的 10%或以上。

(3) 该分部的分部资产占所有分部资产合计额的 10%或以上。

未满足规定条件，但企业认为披露该经营分部信息对财务报告使用者有用的，也可将其确定为报告分部。

报告分部的数量通常不应超过 10 个。报告分部的数量超过 10 个需要合并的，应当以经营分部的合并条件为基础，对相关的报告分部予以合并。

二、分部报告的分析角度

分部报告分析是一个比较复杂的过程，必须建立在深入了解企业相关行业现状、商业模式、管理战略、内外部环境、经济政治因素、地理环境等相关信息的基础上。首先，要明确企业划分分部的原则是否具有误导性。如果分部原则与企业的具体情况不符，则应对该分部报告的可信性产生怀疑。其次，分部报告可能会在诸如成本费用分配等方面存在较多的人为因素，这将大大增加分析难度，影响分析结论的客观性，因此，应将分部报告分析与企业整体的财务状况分析相结合，以免出现以偏概全的情况。

对企业分部报告通常可以从以下方面展开分析。

(一) 各报告分部的增长率及其变化原因

企业整体是由各个分部构成的，分部的增长率会最终汇总决定整个企业的增长率。通过趋势分析法分析各分部的销售增长率、资产增长率以及利润增长率的变化情况，财务分析人员可以判断各分部的相对管理水平和发展速度，确定影响整个公司增长率变动的主要分部，进而通过考察这些分部的持续发展能力和存在的潜在风险等方面，来预测企业未来的成长性。

(二) 企业资产在各报告分部的分布情况

分部资产的分布百分比是指每一报告分部的资产占企业总资产的比重。财务分析人员可通过比较每一报告分部的资产分布百分比，来评价公司资产的分布状况以及变动特点。占有资产比重较大的分部，意味着占用了企业更多的资源，一般是管理层较为重视的分部，应成为企业主要的盈利支柱。结合趋势分析，可以从不同时点各分部资产分布百分比的变化来考察企业资产的基本流向，以进一步分析企业未来的发展方向。

(三) 各报告分部的销售业务对外部客户的依赖程度

一个分部的销售可能全部为内销，表现为企业内部的资源流转；可能部分内销、部分外销；也可能全部为外销。在确定报告分部时，并不剔除内销收入，主要是由于内销对整个企业的意义很重要，但内销只能带来未实现利润，在编制财务报表时最终会予以抵销。若某一分部的销售主要是外销，则该分部对外部客户的依赖程度较高，随时存在来自客户的风险，因此对于外销业务较多的分部，需要分析相关客户的情况，以确定其可能存在的潜在风险。由于企业最终实现的利润来自外销，外销收入和利润越多的分部，对整个企业的收入和利润的贡献也越大，因此这一分部也就越重要。

企业管理层可以基于此进行相应的战略调整，使资源由外销收入低、盈利能力弱的分部向外销收入高、盈利能力强的分部转移，以达到企业整体资源的优化配置。对于外部财务分析人员而言，可以明确公司的收入和利润主要来自什么业务、什么经营部门、什么地区，在对这些业务、部门和地区进行分析的基础上，更加全面地评价企业的财务状况，以做出更科学的投资决策。

(四) 各报告分部的相对盈利能力

通过计算、比较各报告分部的盈利能力方面的财务指标数值，可以考察每一分部的相对盈利能力，进而分析各分部对整个企业盈利能力的影响程度，以便于了解企业的盈利主要来自哪些分部？盈利水平的提高或降低主要是由哪些分部引起？对那些盈利水平较高或亏损较大的分部应给予特别的关注，因为它们往往对企业未来的发展起到至关重要的作用。

在分析各报告分部的相对盈利能力时，应注意企业商业模式对各分部盈利能力的影响。同样的产品、同样的质量、同样的品牌，采用不同的商业模式可能形成截然不同的竞争力和盈利能力。在第三方付费的商业模式日益盛行的移动互联网时代，分部报告如何编制和披露，有偿服务的收入如何与免费服务的成本相配比，值得财务分析人员思考，否则会严重高估有偿服务的盈利能力。

第三节　利润潜在风险信号

企业利润质量的恶化往往是较为缓慢的过程，甚至具有一定的隐蔽性和欺骗性。作为财务分析人员，很多时候可以借助企业出现的一些异常财务状况，判断企业利润是否存在潜在风险。常见的利润潜在风险信号有：

小课堂 6-5　利润潜在风险信号

一、企业扩张过快

当前绝大多数企业采取的总体战略为发展战略，即强调充分利用外部环境的机会，充分发掘企业内部的优势资源，以求得企业在现有的基础上向更高一级的方向发展。虽然发展战略具体又可分为一体化战略、密集型战略和多元化战略这三种基本类型，但不管采取哪种具体战略，企业在扩张过程中，往往都会面临开发新产品、进入新市场、进入新产业或新经营领域的情况。一方面，企业对于正在拓展的其他产品、市场、产业、领域，在技术、管理和营销上，都有一个逐步适应、探索的过程，这会提高企业的经营风险；另一方面，成功扩张也需要有相应的资金、人力等各种资源的支持，而企业不可避免地会受到来自资金、资源、管理水平等各方面的制约。如果企业的扩张速度过快，所获利润的质量就有恶化的可能，毫无节制的野蛮生长甚至有可能将企业多年的努力毁于一旦。

二、注册会计师(会计师事务所)频繁变更

对于注册会计师而言，企业是他们的客户，注册会计师一般不愿轻易失去客户。只有在审计过程中注册会计师与企业管理者就报表编制出现重大意见分歧、难以继续合作的情况下，注册会计师才有可能出于审计风险的考虑而主动放弃客户。因此，如果企业频繁变更注册会计师(会计师事务所)，财务分析人员应当考虑企业因业绩下降而造假的可能。这种情况下公布的企业业绩即便维持了原有水平，其利润质量也极可能出现恶化。此外，如果企业年报的公布日期比正常的要晚，甚至审计人员发生了变化，通常也可能是企业利润存在潜在风险的信号。

三、非标准审计意见

非标准审计意见包括带强调事项段的无保留意见、保留意见、否定意见和无法表示意见四种。保留意见指审计师认为财务报表整体是公允的，但存在影响重大的错报；否定意见指审计师认为财务报表整体是不公允的或没有按照适用的会计准则的规定编制；无法表示意见指审计师的审计范围受到了限制，且其可能产生的影响是重大而广泛的，审计师无法获取充分的审计证据。当外部审计师出具非标准审计意见，可能说明企业的经营状况和会计政策选择都出现了较大问题。如果企业的财务报告曾是非标准审计意见，但后续会计年度的财务报告的审计意见类型变为了无保留意见，此时需要关注审计意见类型的变更是否理由充分。

四、企业变更会计政策和会计估计

根据一致性原则，企业一旦确定了会计政策和会计估计基础，一般不得随意变更。但如果企业赖以决策的基础发生了变化，或者获得了新的信息、积累了更多的经验以及内外部环境发生了变化等，企业可以对会计政策进行变更或者对会计估计进行修订，但要给出充足的变更理由。

然而实践中，很多企业在并不符合会计准则要求的条件下变更会计政策和会计估计，如变更固定资产的折旧方法、延长固定资产的折旧年限、压低应收账款等资产项目的减值准备计提比例等，其变更目的不排除借此改善企业财务业绩。因此，尤其是在企业经营状况不良时，企业变更会计政策和会计估计，并恰好有利于企业账面利润的改善，那么这种变更便成为企业利润存在潜在风险的信号。

五、企业第四季度数据的大幅调整

企业的年度报告必须由外部审计师进行审计，但中期财务报表一般不需外部审计。如果企业在中期财务报表中的会计估计不合理，在年终时，会因受到外部审计师的审计压力，不得不调整中期财务报表中的会计政策或会计估计。因此，经常性的第四季度数据调整，可能表明企业的中期财务报表受到管理层的操纵。

六、销售活动的收付款过程存在不正常变化

(一) 应付账款规模不正常增加，应付账款平均付账期不正常延长

在企业供应商的赊销政策一定时，企业的应付账款规模应该与采购规模保持一定的对应关系。在企业产销较为平稳的条件下，应付账款规模还应与营业收入保持一定的对应关系，应付账款平均付账期也应保持相对稳定。而如果企业的购货和销售状况没有发生很大变化，供应商也没有主动放宽赊销的信用政策，但企业应付账款规模却不正常增加，应付账款平均付账期也不正常延长，就有可能是企业支付能力恶化、资产质量恶化、利润存在潜在风险的一种信号。

(二) 存货周转过于缓慢

存货周转过于缓慢，表明企业在产品质量、价格、存货控制或营销策略等方面可能出现了问题。存货周转越慢，存货占用的资金也就越多。过多的存货除了占用资金、引起企业过去和未来的利息支出增加以外，还会使企业承担存货过时的风险，并产生过多的存货损失以及存货保管成本，这些因素都会一定程度上降低利润的持续性。

(三) 应收账款规模不正常增加，应收账款平均收账期不正常变长

在企业赊销政策一定的条件下，企业的应收账款规模通常与营业收入保持一定的相关性，应收账款平均收账期也应保持相对稳定。值得注意的是，企业应收账款规模在一定程度上与企业的信用政策有关，特别是对于那些产品在市场上可替换性强、市场竞争激烈的企业而言。如果企业放宽信用政策，如放松对顾客信誉的审查、放宽收账期，将会增加应收账款的规模、延长应收账款平均收账期。过宽的信用政策可以刺激企业营业收入的立即增长，但企业也面临未来发生大量坏账的风险，导致利润存在潜在风险。

七、企业无形资产或开发支出等资产项目规模不正常增加

通常企业自创无形资产所发生的研究和开发支出应计入当期损益，而在资产负债表上作为无形资产列示的主要是企业从外部取得的无形资产。如果企业出现无形资产或者开发支出的不正常增加，则有可能是因为收入不足以弥补应当归于当期的花费或开支，企业为了减少研究和开发支出对利润表的冲击而利用这些虚拟资产将费用资本化，从而形成企业"虚盈实亏"的现象。因此，企业无形资产或者开发支出等资产项目规模的不正常增加很多时候是企业盈利能力下降、利润存在潜在风险的一种信号。

八、企业报告的收入与经营活动现金流量间的差距不断扩大

企业会计利润的核算原则是权责发生制，而经营活动现金净流量是基于收付实现制的，会计利润和经营活动现金净流量存在偏差是正常的，但在企业会计政策稳定的前提下，两者的差距应该是稳定的。如果会计利润和经营活动现金净流量之间的偏差发生重大变化，特别是会计利润显著高于经营活动现金净流量时，则意味着企业的会计政策和会计估计可能发生变化，企业利润存在潜在风险。

九、企业利润表中的销售费用、管理费用等项目规模走势反常

利润表中的销售费用、管理费用等期间费用基本上可以分成固定和变动两个部分。其

中，固定部分主要包括折旧费、人头费等不随业务量的变化而变化的费用；变动部分则是指那些随企业业务量的变化而变化的费用。因此，企业各个会计期间的总费用会呈现出随企业业务量的变化而变化的特征。当业务量增加时，费用总额一般会相应增加；而当业务量下降时，企业为了改变这种局面，往往会发生更多的诸如广告费、促销费、新产品开发研制费等支出。可见，在企业正常发展过程中，大规模降低期间费用规模的难度较大。当然，企业采取有效的成本费用控制措施会使费用有一定下降，但如果这种下降缺乏持续性，仅在某一期间异常下降，就可能是企业为缓解业绩恶化而采用人为操纵手段所带来的结果。

十、企业反常压缩酌量性支出

酌量性支出是指企业管理层可以通过自身决策来改变其发生规模的支出，如研究和开发支出、广告费支出、职工培训支出等。在前面的分析中已经指出，此类支出可能并不在当期带来全部效益，但有利于企业的未来发展，因此，其发生水平通常与企业当期的经营规模和业绩变化不呈直接的线性关系，而与企业的经营战略和管理风格有更密切的联系，一般在一定时期内表现出相对稳定的开支状态。如果这类支出的规模相对于营业收入的规模来说大幅降低，就应考虑有反常压缩的可能。即企业可能为了避免当期利润大幅下降，蓄意减少酌量性支出或推迟其发生的时间。这种迹象往往预示着企业的利润状况可能会出现进一步恶化。

十一、企业的业绩过度依赖非经常性损益项目、关联交易

正常情况下，无论企业采用何种战略，营业利润都应该成为企业业绩的主要支撑。但是在实务中，有些企业在利润增长潜力挖尽的情况下，为了维持一定的利润水平，有可能通过非经常性损益项目来弥补经营活动及投资活动产生利润的不足。例如，企业通过获取固定资产的处置收益、债务重组等方式。虽然这些做法在当期有助于企业维持表面繁荣的局面，但其可持续性较差。特别是如果所出售的项目是企业生产经营中所需要的固定资产，就会使企业的未来经营规模和长期发展战略受到直接冲击，未来的盈利能力和利润质量也必定会受到负面影响。

关联交易来自集团内部，因此可能缺乏市场的客观判断，企业的会计处理的主观性会较大；且在我国实践中，许多上市公司通过关联交易粉饰财务报表。

十二、企业过度举债

企业过度举债，除了发展、扩张原因以外，还可能是因企业通过正常经营活动、投资活动难以获得正常的现金流量支持，即会计利润并未有对应的现金流入。比如确认的大量收入和利润实质在资产负债表上表现为应收账款的大幅增加，而应收账款的收回速度过慢，甚至最终成为坏账。此时就会出现虽有利润，但难以满足经营活动正常的现金需求量，企业只能依靠扩大贷款规模来解决资金短缺的难题。这又会因企业未来承担更多的利息支出而使企业的业绩恶化，从而陷入恶性循环。因此，许多时候企业过度举债往往会导致企业一步步地走向财务困境。

案例 6-3　贝因美的金融性
负债资本

十三、企业有足够的可分配利润，但长期不进行现金分红

企业支付现金股利一般需具备两个条件：第一，企业应有足够的可供分配利润；第二，企业要有足够的货币支付能力。如果企业有足够的可供分配的利润但不进行现金股利分配，很可能意味企业的现金支付能力不强，或者管理层对企业未来的发展前景信心不足。

智能财务专栏

每刻科技旗下的"每刻报销"是国内领先的企业差旅及费用管理平台，全方位覆盖企业费用支出场景(见图 6-1)，为企业提供差旅申请、预订、费用报销、审批审核、批量付款、自动做账的一站式差旅报销服务，以及采购申请、合同、对公预付、到票核销等全流程对公采购服务。

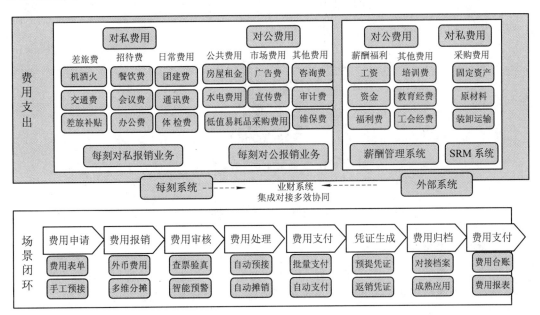

图 6-1 "每刻报销"覆盖的企业费用支出场景

本章关键术语

营业收入、主营业务收入、营业成本、销售费用、管理费用、研发费用、财务费用、资产减值损失、公允价值变动收益、投资收益、营业外收入、营业外支出、报告分部、分部报告

思考练习题　　　　案例讨论与分析：零跑汽车能跑多快　　　　相关经典文献

第七章　现金流量项目分析

引例：一颗蓝莓带来的现金流

学 习 目 标

知识目标

理解三类活动现金流量的差异；理解经营活动现金流量的主要影响因素；理解投资活动现金流量的主要影响因素；理解筹资活动现金流量的主要影响因素。

能力目标

掌握经营活动现金流量的分析思路；掌握投资活动现金流量的分析思路；掌握筹资活动现金流量的分析思路。

育人目标

理解不同类别现金流量对企业经营活动及财务状况的影响，具备穿透事物表象、实事求是的专业素养。

根据企业业务活动的性质和现金流量的来源，现金流量表将企业一定期间产生的现金流量分为三类：经营活动产生的现金流量、投资活动产生的现金流量和筹资活动产生的现金流量。由于企业所处的行业特点不同，对各类活动的认知存在一定的差异，比如金融行业的企业就具有较大的特殊性。因此，财务分析人员需要根据企业所处行业的不同特点和实际情况来确定企业现金流量的类别。

知识点导图

第一节　经营活动现金流量项目分析

现金流量表中的经营活动这一概念，与本书第三章、第六章中提到的经营活动概念不同。本章的经营活动是指企业投资活动和筹资活动以外的所有交易和事项。经营活动产生的现金流量是指在某一会计期间由企业自身的生产经营活动所带来的现金流入量和现金流出量。

一、经营活动现金流量的主要影响因素

影响经营活动现金流量变化的主要有以下因素。

第一，行业特点。不同行业的市场特征、商业模式可能差异巨大，如有的行业采用预收账款方式销售，有的采用赊销方式销售，有的采用现销方式销售。不同的销售模式会导致不同的经营活动现金流量模式。

第二，发展阶段。处于不同发展阶段的企业，其经营活动现金流量的态势也不相同。如果企业尚处于发展初期，一方面，为了迅速占领市场，扩大企业的影响力，企业往往会加大现金投入，如研发投入等；另一方面，与上下游的议价能力可能不强，对上游可能需采取预付账款模式采购，对下游可能需采取赊销模式以打开市场、争取客户。反之，如企业已处于成熟的发展阶段，或市场竞争优势明显，其经营活动现金流量可能呈现相反的变化状况。

第三，营销战略。在同一行业内部，由于企业的竞争优势不同，采取的营销战略也会不同。竞争优势明显、产品供不应求的企业，往往采用预收货款的方式；而销售困难、在市场中处于暂时竞争劣势的企业，往往会加大赊销的力度。

第四，收付异常。在多数情况下，企业对常规收付过程的控制情况是企业经营活动产生的现金净流量变化的主要影响因素。当企业由于种种原因出现收款或者付款异常时，其经营活动产生的净现金流量也会发生显著变化。比如当企业推迟对上游供应商的付款时，经营活动现金净流量就会增加；当企业提高现销在销售活动中的比重时，经营活动现金净流量也会增加。

第五，关联交易。关联交易既可操纵交易的盈亏，也可操纵现金流量的流向。以关联交易为主的企业，其经营活动现金流量正常与否更多地取决于关联企业之间的现金流量控制。实践中，我国有些企业的关联交易甚至都没有真实的现金流动。

第六，异常运作。在经营资金被关联方占用的情况下，即使常规的经营活动的现金流量极大，也难以抵挡关联方的巨额占用对经营活动现金流量的冲击。

二、经营活动现金流量的关注点

企业通过经营活动产生现金净流量的能力常被视为企业自身的造血功能，因此在对其进行分析时，主要关注以下方面。

小课堂 7-1　经营活动现金流量的
主要关注点

（一）充足性

1. 经营活动现金流入能满足经营活动现金流出的需要

经营活动是企业经济活动的主体，也是企业获取持续资金来源的基本途径。企业经营

活动的现金流入与流出在一定程度上存在对应关系。一般情况下，企业的经营活动流入的现金需要多于经营活动流出的现金，即经营活动现金净流量为正值。这说明企业通过自身经营活动即内部积累能满足正常的运转。对于企业经营周期超过一年的某些行业，如房地产行业、造船业等，企业各个会计年度的经营现金流量的流入分布可能会出现与经营活动现金流出的分布有较大差异的情况。

在企业的某些特殊发展阶段(如初创期或转型期)或者某些特殊的经济环境下(如金融危机时期)，企业可能会产生负的经营活动现金净流量。但这种情况不应持续太久，否则也意味着企业自身的造血功能不强。

2. 经营活动现金流入能满足部分投资活动、筹资活动现金流出的需要

除了满足经营活动现金流出的需要外，企业的经营活动现金流入还要能满足部分投资活动、筹资活动项目导致的现金流出的需要。如补偿本年度固定资产折旧、无形资产摊销等摊销性费用，支付利息费用，支付本年现金股利，补偿本年度已经计提但应由以后年度支付的应计性费用，为企业对内扩大再生产、对外进行股权和债权投资提供额外的资金支持等。

企业在固定资产、无形资产等长期经营性资产方面所产生的现金流出量，主要通过两种途径补偿：其一，固定资产、无形资产使用一定时期以后，通过处置的方式，补偿一部分现金；其二，在固定资产、无形资产的未来经营性使用中，通过固定资产折旧、无形资产摊销和长期资产摊销的方式，分期补偿，补偿速度取决于折旧速度和摊销速度。

企业所发生的利息费用，按照主要用途可分为经营性使用，计入当期财务费用；对外股权投资和债权投资使用，计入当期财务费用；构建固定资产使用，在固定资产达到预计可使用状态以前的利息计入固定资产成本，在固定资产达到预计可使用状态以后的利息计入当期财务费用。在现金流量表中，上述不同用途的利息费用所引起的现金流出量均归于筹资活动现金流出量。

企业宣布发放的现金股利，一般应以本年度净利润和累计可供股东分配的利润为基础。

上述现金流出，虽然在现金流量表中分别归于投资活动现金流出和筹资活动现金流出，但对于企业来说，实际中却往往需要经营活动现金流入来保障。

这是因为就投资活动现金流入而言，企业除了对投资的出售价格高于买入价格所引起的投资收益可以直接获得现金流量以外，不论是债券投资收益，还是股权投资收益，其所引起的现金流量均取决于被投资者的现金支付能力。对于投资企业而言，投资活动现金流入完全不像经营活动现金流入那样对其有直接的控制能力。同样，企业的筹资活动现金流入也会受到许多企业不可控因素的影响。

相反，对于商品经营活动和劳务提供活动在企业各类活动中占较高比重的企业，经营活动的现金流入是企业短期内最稳定、最主动、可控性最强的现金流入。企业经营活动现金流量净额不但要远大于零，还要大于经营活动所获取的成果，这样其经营活动现金流量才属正常且具有充足性，现有规模下的简单再生产才可能持续。在企业经营活动的现金流入用于上述用途还有富余时，企业经营活动剩余的现金净流量可为企业对内扩大再生产、对外进行股权和债权投资提供额外的资金支持。但企业以此种方式积累货币资金主要取决于经营活动状况，因而其效率和规模往往难以满足企业由于对内扩大再生产、对外进行股权和债权投资所引起的对现金支付的全部支付要求。

(二) 合理性

经营活动现金流量的合理性既表现在流入量、流出量的合理性，也表现在流入量、流出量的匹配上。

1. 经营活动现金流入量的合理性分析

第一，经营活动现金流入是否顺畅。经营活动现金流入的主要项目是销售商品、提供劳务收到的现金，该项目的规模主要取决于企业营业收入的规模、所采取的信用政策和企业实际的回款状况等因素。判断企业经营活动现金流入是否顺畅，可以联系利润表中的营业收入以及资产负债表中的商业债权、预收款项等项目的期初、期末余额的变化情况来分析和判断。另外，还需考虑企业所处行业的结算特点、企业与上下游之间的议价能力以及市场竞争状况等影响因素。

第二，经营活动现金流入的组成结构是否合理。由于经营特点、管理方式不同，特定企业在年度之间以及不同企业之间在销售商品、提供劳务收到的现金、税费返还以及收到的其他经营活动现金等结构上会有显著不同。在企业以产品经营为主，且主营业务的市场竞争力较强的情况下，其销售商品、提供劳务收到的现金就会成为经营活动现金流入量的主体。相反，在企业以对外投资管理为主的情况下，其销售商品、提供劳务收到的现金一般不会规模太大。

第三，经营活动现金流入的年内分布是否均衡。如果企业的经营活动现金流入在年内的分布较不均衡，特别是第四季度发生规模较大时，需关注是企业经营活动的特点等因素造成的，还是管理层操控或关联交易等原因造成。

2. 经营活动现金流出量的合理性分析

第一，经营活动现金流出是否恰当。经营活动现金流出的主要项目一般是购买商品、接受劳务支付的现金，该项目的规模主要取决于企业营业成本的规模、采购规模、相应的采购政策和企业的实际付款状况等因素。判断企业经营活动现金流出是否合理、有无过度支付行为，可以联系利润表中的营业成本以及资产负债表中的商业债务、存货、预付款项等项目的期初、期末余额的变化情况来分析和判断。另外也要考虑企业所处行业的结算特点、企业与供应商之间的议价能力以及市场竞争状况等因素对其造成的不同影响。

第二，经营活动现金流出的组成结构是否合理。由于经营特点、管理方式不同，特定企业在年度之间以及企业之间在购买商品、接受劳务支付的现金，为职工支付的现金、支付的各项税费以及支付的其他经营活动现金等结构上会有显著不同。例如，人工成本较高、外购原材料和燃料需求不高的企业，其购买商品、接受劳务支付的现金就会显著低于为职工支付的现金；反之，外购原材料和燃料占生产成本比重较大的企业，其购买商品、接受劳务支付的现金就会显著高于为职工支付的现金。如公司自身主要从事对外投资管理，而子公司的资金又通过本公司提供，支付的其他与经营活动有关的现金会成为经营活动现金流出量的主体。

第三，经营活动现金流出的年内分布是否均衡。此处与上文中经营活动现金流出的年内分布是否均衡的分析相似。

3. 经营活动现金流入与现金流出的匹配性分析

经营活动现金流入、流出发生的时间与规模是否匹配，会受到企业所处行业及经营活动特点等因素影响，很大程度上也体现了管理层的管理水平。如果管理层能通过设计和采用恰当的信用政策，合理安排采购支出和其他现金支出，有效组织销售回款和其他现金流入，使经营活动现金流入和流出在规模和时间上尽量匹配、协调，就能尽量避免现金闲置或紧张局面的发生，最大限度地提高现金的利用效率，同时减轻企业在现金周转方面的压力。

4．关联方交易的影响程度

实践中，我国不少上市公司经常采用关联方往来款项的方式来虚增当期的经营活动现金流量，为此，财务分析人员应结合有关披露信息，了解关联交易的发生时间和交易规模，分析企业经营活动现金流量的年内分布均衡性，判断关联方交易对企业现金流量的影响程度，特别应关注企业是否存在与关联方进行期末大额款项往来等情况。此外，如果企业存在巨额的"支付其他与经营活动有关的现金"，一定要仔细查看附注，除了正常的对各项费用的支付以外，是否存在向关联方提供资金的情况。如果是向子公司提供资金，则其本质上应属于投资活动产生的现金流量；如果是向自己的母公司和兄弟公司提供资金，则属于关联方占用资金。而这两类活动实质上均不应属于企业的正常经营活动范畴。

(三) 稳定性

主营业务突出、收入稳定是公司运营良好的重要标志，持续平稳的现金流量则是企业正常运营和规避风险的重要保证。经营活动现金流量的稳定性是指企业各会计期间的经营活动现金流量规模是否存在剧烈波动，内部构成是否基本符合所处行业特征，以及是否存在异常变化情况。

如果一家企业经营活动现金流入结构比较合理，即企业销售商品、提供劳务收到的现金明显高于其他经营活动流入的现金，且稳定程度较高，那么通常这样的企业较容易进行现金预算管理，有利于避免出现现金闲置或紧张状况，从而提高企业的资金使用效率。反之，如果一家企业经营活动现金流量的规模和结构经常出现明显波动，则说明企业主营业务的获现能力可能存在很大的不确定性，经营风险较大，这会增加企业现金预算管理的难度，增大企业现金短缺或闲置的可能性。如果维持企业运行和支撑发展的大部分资金由非核心业务活动提供，企业缺少稳定、可靠的核心业务的经营现金流量来源，则说明企业的核心竞争力较差或者主营业务的获现能力较差，财务基础较薄弱。企业若想维持正常经营，只能借助筹资活动来应对现金短缺的风险。

一般情况下企业都会主动谋求尽可能多的经营活动现金净流量。在其他因素相对稳定、购销业务较少出现巨幅波动的情况下，企业经营活动现金流量在不同年度间应保持一定的稳定性。相反，如果某一时期的企业经营活动现金流量出现异常，可能存在人为操纵的情况，必须引起足够的重视。

第二节　投资活动现金流量项目分析

现金流量表中的投资活动这一概念，同样与本书第三章、第六章中提到的投资活动概念不同。本章的投资活动是指企业长期资产的构建和处置以及不包括在现金等价物范围内的投资及其处置活动，即主要包括：取得和收回投资，构建和处置固定资产、无形资产和其他长期资产。

一、投资活动现金流量的主要影响因素

影响投资活动现金流量变化的主要有以下因素。

第一，扩张加剧。在企业扩张加剧的情况下，其投资活动产生的现金流出量会比较大。此时企业投资活动产生的现金流量净额往往会远远小于零。

第二，战线收缩和处置不良。在企业战线收缩和处置不良固定资产等情况下，若还有相应的现金流入，则主要表现为投资活动产生的现金流入量。此时企业投资活动产生的现金流量净额会因此增加。

第三，投资收益获取。在企业获得投资收益(收取现金股利和利息)的情况下，这种流入将表现为投资活动产生的现金流入量。同样，企业投资活动产生的现金流量净额会因此增加。

二、投资活动现金流量的关注点

在对投资活动现金流量进行分析时，主要关注以下方面。

(一) 战略性

企业的投资活动主要目的有：第一，为企业正常生产经营活动奠定基础，如构建固定资产、无形资产和其他长期资产等；第二，为企业对外扩张和其他发展性目的进行权益性

小课堂 7-2　投资活动现金流量的主要关注点

投资和债权性投资；第三，利用企业暂时不用的闲置货币资金进行短期投资，以求获得较高的投资收益。其中，前两类活动将为企业未来的发展奠定基础，应该体现企业长期发展战略的要求。因此，在分析企业投资活动的现金流量时，最首要的应是关注其反映的战略。

1．对内扩张或调整的战略性分析

投资活动现金流出量中"购建固定资产、无形资产和其他长期资产支付的现金"与现金流入量中"处置固定资产、无形资产和其他长期资产收回的现金"之间的规模比较，可以体现企业对内扩张或调整的变化状况，即经营活动发展的战略要求。

若两者规模均较大，即"大进大出"，则通常表明企业正处在长期经营性资产的大规模置换与优化阶段，这或许意味着企业处于战略转型时期，也可能是资产更新换代的要求，意味着企业技术装备水平的改善，产品适应市场能力的提高，企业核心竞争力有可能会因此有所增强。在分析时，可联系后期经营活动的收益和经营活动现金流量的表现来检验这种转型或调整的实施效果。

若前者远大于后者，则通常表明企业正在原有生产经营规模的基础上，试图通过对内扩张战略来进一步提升市场占有率和夯实主业的竞争力。在原有资产结构中经营性资产占主要地位的情况下，这种对内扩张态势也在一定程度上表明了企业坚持经营主导型战略的信心和决心。

若前者明显小于后者，则通常表明企业收缩主业经营规模的战略意图，可能是企业在资金紧张或者市场前景黯淡时的被动选择。此时需要结合市场环境、宏观经济环境以及对外投资的战略安排等因素，来分析这种收缩行为的经济后果。

进一步说，如果企业购建固定资产、无形资产和其他非流动资产支付的现金规模不大，一般说明企业在报告期没有固定资产和无形资产的增量购建活动，企业处于在现有固定资

产和无形资产的配置下集中精力发展业务的阶段；如果企业购建固定资产、无形资产和其他非流动资产支付的现金有一定的规模，一般说明企业在报告期在固定资产和无形资产的购建方面有新的战略规划。

2. 对外扩张或调整的战略性分析

对外长期股权投资尤其是控制性投资这种对外扩张形式，其持续拉动效应表现为能使企业以较少的资源撬动较多的其他企业的资产。投资活动现金流出量中"投资所支付的现金"与现金流入量中"收回投资所收到的现金"之间的规模比较，可以反映企业对外投资发展战略的实施和调整情况。

若两者规模均较大，且规模相当，即"大出大进"，则通常表明企业正处在对外投资的结构性调整(至少是投资品种调整)阶段，应密切关注这种投资战略调整对企业未来盈利能力和未来现金流量的影响。

若前者远大于后者，则表明当期企业的对外投资呈现总体扩张态势，应关注新的投资方向是否会对企业行业竞争力的提升或者经营风险的进一步分散做出积极贡献，需要联系后期的投资活动的收益和未来现金流量来分析最终影响。

若前者明显小于后者，则表明当期企业的对外投资呈现总体收缩的态势。这时一方面应关注所收回投资的盈利性；另一方面应关注这种收缩的真正意图，是在主动处置不良资产，还是企业在资金紧张等情况下的一种被动选择。另外，还需分析这种投资战线的收缩对企业未来盈利能力和未来现金流量的影响。

3. 对内、对外投资相互转移的战略性分析

有时企业可能会在经营主导型与投资主导型等战略间进行调整，即调整对内投资和对外投资的战略重心。可能表现为：在大规模处置固定资产、无形资产和其他长期资产的同时，大规模进行投资支付，即投资活动现金流入量中"处置固定资产、无形资产和其他长期资产收回的现金"和现金流出量中"投资所支付的现金"的规模均较高，此时意味着企业可能从原本的经营主导型战略转变为投资主导型战略。也可能表现为：在大规模收回投资的同时大规模购建固定资产、无形资产和其他长期资产，即投资活动现金流入量中"收回投资所收到的现金"和现金流出量中"购建固定资产、无形资产和其他长期资产支付的现金"的规模均较高，此时意味着企业可能从原本的投资主导型战略转变为经营主导型战略。这些情况的出现，往往意味着企业从战略角度上希望实现盈利模式的转变。分析时应结合行业市场环境和宏观经济环境等因素来判断其对企业未来发展的影响。

(二) 盈利性

投资活动的最终目的是获取盈利，可以从以下角度进行投资活动现金流量的盈利性分析。

对于购建固定资产、无形资产和其他长期资产支付的现金，要关注增加的固定资产对本企业营业收入与经营活动的收益的贡献，关注在建工程规模的变化与固定资产规模的变化之间的关系。从在建工程到固定资产、从形成固定资产到产生效益的时间不能太久。如果在建工程规模过大，转化成固定资产的时间过长，短时间内企业固定资产原值增长过快，都可能形成不良资产，使企业近期的财务效益下降。对于对外投资特别是控制性投资支付的现金，要关注合并现金流量表中购建固定资产、无形资产和其他长期资产支付的现金，

合并资产负债表中在建工程、固定资产规模及合并利润表中营业收入和经营活动的收益之间的关联度。

企业投资活动的现金流入主要表现为：一是收回投资成本或残值；二是取得投资收益收到的现金。对于收回投资成本的情况，应重点进行变现价值与投资初始成本的比较，可通过分析报表附注有关投资收益的明细项目中处置各类投资取得的投资收益情况以及营业外收入或营业外支出的明细项目，来考察收回投资成本过程中所体现的盈利性。而对于取得投资收益收到的现金，应主要通过对比投资收益附注中有关"成本法、权益法核算的长期股权投资收益"和现金流量表中"取得投资收益收到的现金"，来分析投资收益的现金获取能力。

但在分析时，必须注意到大部分投资的出售变现或者收益获取通常存在一定的滞后性，即本期投资引发的现金流出也许在当期不能带来相应回报。因此，与经营活动现金流量不同，各期投资活动现金流入量和流出量之间并不存在直接的对应关系，无须考察投资活动现金流入和现金流出的匹配性和协调性。

案例 7-1　零跑科技的
现金流量

第三节　筹资活动现金流量项目分析

筹资活动是指导致企业权益资本及债务资本的规模和构成发生变化的活动。筹资活动流入的现金主要包括吸收投资收到的现金，借款收到的现金，收到的其他与筹资活动有关的现金。筹资活动流出的现金主要包括偿还债务支付的现金，分配股利、利润或偿付利息支付的现金，支付的其他与筹资活动有关的现金。

一、筹资活动现金流量的主要影响因素

影响筹资活动现金流量变化的主要有以下因素。

第一，融资环境。影响筹资活动现金流量变化的首要因素是融资环境。若企业为上市公司，则在证券市场融资会成为其重要的融资活动。

第二，企业通过经营活动满足自身资金需求的能力。如果企业自身的经营活动流入现金的能力不强，或处于初创期或转型期等特殊阶段，企业可能加大对筹资活动现金流入的需求。

第三，融资与理财能力。企业的筹资活动现金流量还与企业的融资行为和理财能力密切相关，理财能力较强的企业往往会使自身的现金流量余额保持在较低的水平，不会出现长期超过需求数量举债的不当融资行为。

第四，银行承兑商业汇票结算。在采用银行承兑汇票结算的情况下，若企业向银行支付承兑保证金，则有可能因此而增加对贷款的需求。

二、筹资活动现金流量的关注点

在对企业筹资活动现金流量进行分析时，主要关注以下方面。

小课堂 7-3　筹资活动现金
流量的主要关注点

(一) 适应性

筹资活动引起的现金流量用于维持企业经营活动、投资活动的正常运转。因此，在分析筹资活动现金流量时，首要的是关注其适应性，即在总体上应该与企业经营活动现金流量、投资活动现金流量周转的状况相适应。具体表现为：当企业经营活动和投资活动现金流量净额之和小于零，企业又没有储备足够的现金可以动用时，企业应能及时、足额地筹集到相应数量的现金，满足上述两类活动的资金需求。当债务融资到期时，在企业没有足够的自有资金积累的情况下，企业应能适时举借新的债务或从其他渠道筹集到资金，以保证到期债务如期偿还。在企业经营活动和投资活动现金流量之和大于零，需要降低现金闲置余额时，企业应适时地调整筹资规模和速度，并积极归还债务本金，在消耗上述两类活动积累的现金的同时，降低资本成本，提高企业经济效益。

(二) 多样性

除了筹资规模外，企业筹资活动中需要考虑的一个主要问题是资本成本。实践中不同筹资渠道及方式的成本和风险相差很大。企业必须在满足经营活动和投资活动现金需求的同时，根据自身实际情况，选择适合企业发展的筹资渠道和方式，确定合理的筹资规模、期限和还款方式，实现筹资渠道和方式的多样化，以使资本成本降至较低水平，同时将财务风险保持在适当的范围内。

但这一多样性不可能在企业某一期间的现金流量表上表现得非常明显，因此，可以将企业连续几个会计期间的筹资现金流量情况联系起来综合分析。

(三) 恰当性

筹资活动现金流量的恰当性，是指考察企业是否存在超过实际需求的过度筹资，企业资金是否存在被其他企业无效益占用等不良筹资行为，并进一步分析该行为背后的真正动机。在筹资活动现金净流量为正时，要判断筹资活动是否已纳入企业的发展规划，是否与企业未来的发展战略相一致；还要判断这是企业管理层以扩大投资和经营活动为目标的主动筹资行为，还是企业因投资活动的现金流出失控或是因自身经营活动创造现金流入能力不强而被迫采取的筹资行为。

此外，对筹资活动现金流量的分析还包括对筹资成本的现金支付状况、到期债务的偿还状况等方面的分析。

案例 7-2　震裕科技的
现金流及资本性支出

第四节　现金流量表补充资料分析

现金流量表补充资料一般包括将净利润调节为经营活动产生的现金流量、不涉及现金收支的重大筹资和投资活动以及现金和现金等价物净变动情况。这三方面的内容可以为我们分析企业现金流量提供帮助。

一、将净利润调节为经营活动产生的现金流量

将净利润调节为经营活动产生的现金流量揭示的是采用间接法列示经营活动现金流量

净额。该方法从净利润开始，通过对诸如固定资产折旧、无形资产摊销、公允价值变动损益以及经营性流动资产和流动负债项目的调节，得到经营活动产生的现金流量净额。此项附注将有助于分析净利润与经营活动现金流量之间在数量上出现差异的具体原因。

二、不涉及现金收支的重大筹资和投资活动

不涉及现金收支的筹资和投资活动虽然不会引起企业本期现金流量的变化，但可能会对企业今后各期的现金流量产生影响。因此，我们也应对其关注，以便预测企业今后各期的现金流量状况。

(一) 可能意味企业面临现金流转困境

虽然非现金的筹资活动和投资活动可以帮助企业暂时缓解当期现金紧张的压力，但可能会对企业未来的现金流量状况产生负面影响。例如，以固定资产偿还债务，可能是企业在没有足够的现金来偿还到期债务的情况下的一种被动行为，一般会引起企业生产能力的降低，这会给企业未来的生产经营带来负面影响，进而对未来各期的现金流量产生负面影响。又如，以存货偿还债务，会减少未来出售存货获取现金的机会，影响未来的现金流量。再如，债务转为股本，这是企业在当期出现现金支付困难的情况下的一种债务重组行为，虽然当期缓解了现金偿付压力，还有可能带来债务重组收益，但当企业经营状况出现好转迹象后，往往会带来公司治理的新问题以及股利支付规模的增大，同样会对企业未来的现金流量产生负面影响。

(二) 可能意味企业财务管理水平的提高

企业努力提高现有资源的利用效率、扩宽融资途径，一般会对企业未来的现金流量产生正面影响。例如，企业利用固定资产、无形资产甚至存货项目对外投资，反映了企业在提高现有资源利用效率、优化资产结构或者处置不良资产等方面所采取的举措。又如，企业采用融资租赁方式租入固定资产，可避免当期因购置固定资产而发生的现金流出，同时会对企业经营能力的提升、未来现金流入量的增加起到积极推动作用。

接受所有者非现金注资往往意味着企业还需通过其他渠道筹集必要的现金以实现预期目标，因此需要关注非现金注资对企业经营能力、融资能力、盈利能力等方面的影响以及对未来现金流量状况可能存在不确定性影响。

三、现金及现金等价物净变动情况

现金及现金等价物净变动情况分别反映了企业现金和现金等价物在当期的增减变动情况。虽然现金等价物属于广义的现金范畴，但其流动性要比现金差，因此了解现金及现金等价物各自具体的变动情况具有一定的意义。

智能财务专栏

每刻科技发布"便捷化采购支出管理解决方案"(见图 7-1)，针对实践中采购需求执行慢、合同管理效率低、人工支付风险高等痛点，有效满足企业在现金流量管理及分析等方面的需求。

图 7-1　每刻科技"便捷化采购支出管理解决方案"示意

每刻科技通过智能化、生态化的回款管理，实现了收款认领与核销融合，解决了传统模式下的诸多痛点(见图 7-2)。

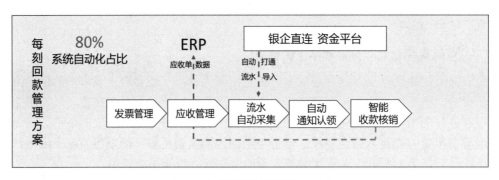

图 7-2　每刻科技的回款管理示意

本章关键术语

经营活动现金流量、投资活动现金流量、筹资活动现金流量、将净利润调节为经营活动产生的现金流量、不涉及现金收支的筹资和投资活动、现金等价物

思考练习题

案例讨论与分析：杭萧钢构的现金流量

相关经典文献

第八章 财务报告的其他重要信息分析

红色链接：习近平总书记在看望参加政协会议的民建工商联界委员时强调：民营企业和民营企业家要筑牢依法合规经营底线，弘扬优秀企业家精神，做爱国敬业、守法经营、创业创新、回报社会的典范。要继承和弘扬中华民族传统美德，积极参与和兴办社会公益慈善事业，做到富而有责、富而有义、富而有爱。

(资料来源：人民网)

引例：晶华微年内两次遭处罚

学 习 目 标

● **知识目标**

理解会计政策、会计估计变更的含义；理解关联方以及关联方交易的含义；理解资产负债表日后事项的含义。

● **能力目标**

掌握会计政策、会计估计变更对财务分析的影响；掌握关联方交易对财务分析的影响；掌握资产负债表日后事项对财务分析的影响。

● **育人目标**

具备系统性思维，理解不同信息及处理对企业财务状况的影响；在社会主义核心价值观下，形成价值创造型财务思维。

由于当前企业所处的内外部环境和自身活动日趋复杂，而会计报表项目的数据又具有高度概括的特点，因此分析人员为了客观、深入地了解企业的实际情况，必须借助财务报告中的其他重要信息。

知识点导图

第一节　会计政策、会计估计变更和前期差错更正

企业在报表编制过程中可能涉及会计政策、会计估计变更和前期差错更正等问题，对于上述三个方面的处理会对财务分析的过程及结果产生重要影响。

一、会计政策变更对企业财务分析的影响

会计政策变更是指企业对相同的交易或事项由原来采用的会计政策改用另一会计政策的行为。如果是法律或会计准则等行政法规、规章要求所发生的会计政策变更，属于不可抗力，那么企业只能被动地按照相关规定执行，并非企业会计政策变更的经常性原因。

相反，如果企业认定原来所采用的会计政策不能像新会计政策那样提供有关方面更可靠、更相关的会计信息，或者说为提供有关企业财务状况、经营成果和现金流量的更可靠、更相关的会计信息，企业发生会计政策变更，则属于企业在会计政策选择方面的主动行为。但需要注意的是，这种变更的必要性是以企业自身的主观判断为依据的。在很多时候，企业变更会计政策也可能是出于其他方面的考虑，比如企业所披露的财务信息更有利于企业管理层对其业绩的展示。

案例 8-1　零跑科技的客户定金及政府补贴

财务分析人员还需注意到，不论何种原因引起的企业会计政策的变更，均会导致企业不同会计年度的财务信息不可比。因此，在比较企业不同年度的财务信息时，应当关注因会计政策变更导致的财务信息的不可比性。

二、会计估计变更对企业财务分析的影响

会计估计变更是指由于资产和负债的当前状况及预期经济利益和义务发生了变化，企业对资产或负债的账面价值或资产的定期消耗金额进行调整。与会计政策变更类似，很多情况下，企业变更会计估计是企业的一种主动行为。企业可能是出于某些方面的考虑，如新的会计估计的运用有可能导致企业所披露的财务信息更有利于企业管理层对其业绩的展示。

小课堂 8-1　会计估计变更对财务分析的影响

财务分析人员还需注意的是，会计估计变更会导致企业不同会计年度的财务信息不可比。因此，在比较企业不同年度的财务信息时，应尽力剔除因会计估计变更导致的财务信息的不可比性。

三、前期差错更正对财务分析的影响

前期差错通常包括计算错误、运用会计政策错误、疏忽或曲解事实及舞弊产生的影响以及存货、固定资产盘盈等。前期差错产生的常见原因有：采用了法律或会计准则等行政法规、规章所不允许的会计政策，账户分类以及计算错误，会计估计错误，在期末应计项目与递延项目未予调整，漏记已完成的交易等。

在会计实践中，前期会计差错难以避免。但如果企业披露的前期差错对于企业盈利状况的影响呈现出在特定会计期间方向一致性的特征，财务分析人员则应重点关注会计差错产生的真实原因。此外，还需关注企业是否存在滥用会计政策和会计估计及其变更的情况。判断会计政策和会计估计及其变更是否属于滥用的迹象之一，就是会计处理是否有"反常识"的特点，比如，有的企业的期间费用背离营业活动、投资活动的变动情况，随意增减等。

第二节　　关联方关系及其交易的披露

一方控制、共同控制另一方或对另一方施加重大影响，以及两方或两方以上同受一方控制、共同控制或重大影响的，构成关联方；即关联方是指那些可以不依赖市场而"制造"业务的有关各方。

一、关联方交易及披露

关联方交易是指关联方之间转移资源、劳务或义务的行为，而不论是否收取价款。企业关联方交易的主要形式有：购买或销售商品，购买或销售除商品以外的其他资产，提供或接受劳务、担保、租赁、代理，研究与开发项目的转移，许可协议，代表企业或由企业代表另一方进行债务结算，关键管理人员薪酬。

无论是否发生关联方交易，企业都应当在附注中披露与母公司和子公司有关的下列信息。

其一，母公司和子公司的名称；母公司不是该企业最终控制方的，还应当披露最终控制方名称；母公司和最终控制方均不对外提供财务报表的，还应当披露母公司"之上"与其最相近的对外提供财务报表的母公司名称。

其二，母公司和子公司的业务性质、注册地、注册资本及其变化。

其三，母公司对该企业或者该企业对子公司的持股比例和表决权比例。

企业与关联方发生关联方交易的，应当在附注中披露与该关联方关系的性质、交易类型及交易要素。交易要素至少应当包括：交易金额，未结算项目的金额、条款和条件以及有关提供或取得担保的信息，未结算应收项目的坏账准备金额，定价政策。类型相似的关联方交易，在不影响财务报表阅读者正确理解关联方交易对财务报表的影响的情况下，可以合并披露。

二、关联方及其交易对财务分析的影响

关联方交易的最大特点是其存在潜在的操纵性。由于关联方之间存在密切的关联关系，因此可以在不依赖正常市场交易的条件下，通过内部操纵完成关联交易，以达到某种目的。比如某关联方需要在一定时期表现较多利润，其他关联方有可能向该关联方以低于市场正常水平的价格提供产品或劳务，或者该关联方以高于市场

小课堂 8-2　关联方及其交易对财务分析的影响

正常水平的价格把产品或劳务销售给其他关联方，这样就起到了把其他关联方的利润转移到需要表现较多利润的关联方的效果。通过关联交易，该关联方在财务报表上表现出的盈利能力会显著高于其真实的盈利能力。当然，也有相当部分的关联方交易属于正常交易。

因此，财务分析人员需要关注企业与关联方的关系及其交易，借助企业在报表附注中

披露的交易内容，特别是定价政策等信息，来判断企业关联方交易的真实性，以及企业财务状况特别是营收、利润状况对关联方交易的依赖程度。

第三节　资产负债表日后事项

一、资产负债表日后事项的含义及其种类

我国现行会计准则将资产负债表日后事项界定为资产负债表日至财务报告批准报出日之间发生的有利或不利事项。其中，财务报告批准报出日是指董事会或类似机构批准财务报告报出的日期。

资产负债表日后事项一般分为调整事项和非调整事项。调整事项是指资产负债表日后获得新的或进一步的证据，有助于对资产负债表日存在状况的有关金额做出重新估计的事项。企业应据此对资产负债表日所反映的收入、费用、资产、负债以及所有者权益进行调整。非调整事项是资产负债表日后才发生或存在的事项。这类事项不影响资产负债表日存在的状况，但如不加以说明，将会影响财务报告使用者做出正确估计和决策，因此需要在会计报表附注中予以披露。

二、资产负债表日后事项对企业财务分析的影响

对于资产负债表日后事项中的调整事项，企业已就其进行了报表调整，这意味着该事项对企业财务状况的影响已经体现在相应的报表项目中。而对于非调整事项，企业无须就其在本期财务报表中进行调整，但这并不意味着该事项不会对企业财务状况产生影响，而是体现在企业后续的财务报表中。实践中有些企业可能出于某些目的，对资产负债表日后事项的分类未必准确，比如将调整事项作为非调整事项处理，以推迟该事项的财务影响在财务报表中体现的时间。

小课堂 8-3　资产负债表日后事项对财务分析的影响

因此，财务分析人员需要考虑资产负债表日后事项的分类是否符合其实际情况，还需考虑非调整事项对企业未来发展方向的影响。

案例 8-2　苏泊尔的限制性股票激励计划

本章关键术语

会计政策变更、会计估计变更、前期差错更正、关联方、关联方交易、资产负债表日后事项、调整事项、非调整事项

思考练习题

案例讨论与分析：苏泊尔与上海赛博的故事

相关经典文献

能 力 篇

第九章　偿债能力分析

红色链接：习近平总书记在出席中央经济工作会议，针对当期经济工作的几个重大问题时强调：防范房地产业引发系统性风险。要坚持房子是用来住的、不是用来炒的定位，深入研判房地产市场供求关系和城镇化格局等重大趋势性、结构性变化，抓紧研究中长期治本之策，消除多年来"高负债、高杠杆、高周转"发展模式弊端，推动房地产业向新发展模式平稳过渡。

(资料来源：《求是》2023/02)

引例：企业健康吗？浙江大学发布 2023 年度全国上市公司债务指数

学 习 目 标

● **知识目标**

了解偿债能力的概念、偿债能力分析的意义和内容；掌握企业短期、长期偿债能力分析应考虑的相关因素；理解不同财务主体对企业偿债能力指标的评价和标准。

● **能力目标**

掌握短期偿债能力分析指标与思路；掌握长期偿债能力分析指标与思路；能运用相关指标对企业偿债能力及其状况进行合理评价。

● **育人目标**

引入"实无所舍，亦无所得"思想，树立辩证观、系统观；理解合适、恰当的债务融资对企业筹集发展所需资金的重要意义，增强风险意识；培养诚实守信的会计职业素养，树立法制观念。

知识点导图

第一节   偿债能力分析概述

一、偿债能力的相关概念

偿债能力是指偿付债务的能力，即企业对债务清偿的承受能力或偿还全部到期债务的现金保证程度。拥有适度的偿债能力是企业安全发展的最基本保障。

动用资产偿还债务可以分为正常状态下的偿付与非正常状态下的偿付。前者是指用现金资产偿付到期的债券及其利息；后者是指企业难以以现金去抵偿到期债务时，而以其他资产或抵押品代替偿债，比如企业用存货(产品)、应收款项及固定资产等折合相应数额的现金进行偿债。此外，债务重组也是重要的非正常状态下的偿债方式。债务重组方式主要有资产清偿债务、债务转为资本、修改其他债务条件及前述三种方式的组合。

正常状态下的债务一般以现金的方式直接偿付。除了动用留存的货币资金来直接偿付债务或者通过借取新债来偿付旧债这两种形式外，更多的是动用其他资产转换所得的现金来偿付债务。资产转换现金通常有两种方式：资产清算转换现金和资产用于开展经营活动带来新的现金。因此，在一定期间内，企业拥有货币资金的数量及资产变现能力决定了企业对债务的承受能力和保证程度。

二、偿债能力分析的意义和作用

偿债能力是企业财务状况的重要内容，也是衡量企业财务风险的重要方面，对于投资者(股东)、经营者、债权人都具有非常重要的意义和作用。

(一) 企业偿债能力分析有利于投资者进行正确的投资决策

投资者在决定是否向企业投资时，不仅要考虑企业的获利能力，还要考虑企业的偿债能力。因为投资者的投资目的是确保所投资本的保值增值，即安全收回投资并获取收益或分红。由于投资者投入的资本是偿债的基础，因此偿债能力弱的企业将面临破产清算的风险，投资者也将面临无法收回资本的风险。此外，即使企业经营状况良好，投资者可得的股息率较高，但由于偿债能力差很多时候表现为现金支付能力差或者资产变现能力较弱，那么股利支付水平就低。

(二) 企业偿债能力分析有利于经营者进行正确的经营决策

企业经营者要保证经营目标的实现，必须保证企业供产销各个环节的顺畅，而其畅通的关键在于内部管控到位、计划精准、资金循环与周转合理等。企业偿债能力既是资金循环状况的直接反映，也对生产经营各环节的资金循环和周转有着影响和制约。因此，偿债能力的分析，可以使企业经营者及时发现在经营管控过程中存在的问题，并及时采取措施以保证企业生产经营的顺利进行。

(三) 企业偿债能力分析有利于债权人进行正确的借贷决策

企业的债权人包括向企业提供贷款的银行、其他金融机构以及购买企业债券的单位和个人。偿债能力的强弱直接影响到债权人本金与利息的安全性。企业偿债能力下降将直接导致利息与本金的延迟收回，甚至无法收回。而及时收回本金并取得较高利息是债权人的放贷目标，债权人必然会从切身利益和风险控制角度出发研究企业的偿债能力。因此，企业偿债能力如何，对债权人有着至关重要的影响，也是其进行正确信贷决策的重要依据。

(四) 企业偿债能力分析有利于企业的利益相关者做出决策

企业的利益相关者比如供应商和客户，也关注其偿债能力。对于商品和劳务供应商而言，企业的偿债能力将直接影响到其履行合同的能力，从而判断企业能否及时支付商品和劳务价款。从这个角度来说，商品和劳务的供应商对企业偿债能力的分析判断与债权人类似；而客户可以从企业资金的宽裕程度和偿债实力中判断其赊销政策及后续服务能力，从而在市场上做出合理的选择。

三、偿债能力分析的内容

(一) 短期偿债能力分析与长期偿债能力分析

短期偿债能力是指企业偿还短期负债的能力，或者说是指企业在短期债务到期时可以将资产变现用于偿还短期负债的能力，即支付能力。短期偿债能力高低对企业的生产经营活动和财务状况有着重要影响。短期偿债能力分析是指通过对反映短期偿债能力的主要指标和辅助指标的分析，了解企业短期偿债能力的高低和变化情况，揭示企业的财务状况和风险状况。

长期偿债能力是指企业偿还长期负债的能力。长期偿债能力分析是指通过对反映企业长期偿债能力指标的分析，了解企业长期偿债能力的高低和变化情况，揭示企业整体财务状况、债务负担及偿债能力的保障程度。

(二) 短期偿债能力与长期偿债能力的关系

短期偿债能力与长期偿债能力既有联系又有区别。

1. 区别

两者的区别如表 9-1 所示。

表 9-1　短期偿债能力与长期偿债能力的区别

区别	短期偿债能力	长期偿债能力
内涵	反映企业保证短期债务有效偿付的能力	反映企业保证未来到期债务有效偿付的能力
偿还期限	一般在一年或一个营业周期以内	一般在一年或一个营业周期以上
债务偿付支出性质	所涉及的债务偿付一般是企业的流动性支出，具有较大的波动性	所涉及债务偿付是企业的固定性支出，在企业资本结构和盈利水平不发生显著变化的情况下保持相对稳定的特征
债务偿付手段	所涉及的债务偿付一般动用企业目前所拥有的流动资产，因此主要关注流动资产对流动负债的保障程度，即着重进行静态分析	所涉及的债务偿付一般为未来所产生的现金流入，主要关注企业资产和负债的结构以及盈利能力

2．联系

两者的联系主要表现在三个方面。

(1) 二者都是对企业债务是否能及时、有效偿付的反映，但是偿还债务并非企业存续的根本目的，并不是偿债能力越高越好，而需要在企业价值最大化的目标下，合理安排企业的债务结构和资产结构，实现风险和收益的权衡。

(2) 长短期债务的划分一定程度上只是一种静态的划分，二者可以相互转化。长期负债在一定期限内将逐步转化为短期负债，而实际上部分短期债务也可能通过不断续贷的方式实现对资金需求的长期满足。因此，企业长短期债务结构应合理，避免集中支付和过度支付。

(3) 长短期债务的偿还能力相辅相成，长期负债得以偿还的前提是企业具有较强的短期偿债能力，短期偿债能力是长期偿债能力的基础。从整体来看，企业的偿债能力最终取决于其盈利能力，盈利质量差的企业偿债能力迟早会出现问题。

第二节　短期偿债能力分析

一、短期偿债能力的概念

短期偿债能力是指企业偿还流动负债的能力，包括偿还流动负债本金及其到期利息的能力。但由于短期债务期限短，利息相对于本金而言往往是比较小的数额，因此，短期偿债能力分析更多关注即将到期债务的偿付能力。短期偿债能力相关指标也是债权人(如银行)、供应商等相关利益者最为关注的指标。

对企业的短期债权人而言，企业短期偿债能力直接威胁其本金与利息的安全。因此，短期债权人对企业的流动性和短期偿债能力的关注一定是最高的。

对企业的长期债权人而言，长期负债终会转变为短期负债，如果企业短期偿债能力一贯很差，长期债权的安全性也不容乐观。

对企业的股东而言，企业缺乏短期偿债能力可能导致：企业信誉降低，增加后续融资成本；企业需要变卖非流动资产来偿债，从而影响生产经营水平，导致盈利能力降低；无法偿付到期债务而被迫进行破产清算。

对供应商而言，企业缺乏短期偿债能力将直接影响其资金周转甚至货款安全。当企业拖延货款时，供应商将面临两难选择：继续供货，可能带来坏账损失；停止供货，将失去一个重要客户，影响销售规模。

对员工而言，企业缺乏短期偿债能力有可能会影响到自身劳动所得，甚至可能失去工作。

对企业管理者而言，企业短期偿债能力直接影响企业的生产经营活动、筹资活动和投资活动的正常进行，从而影响企业盈利和资金的高效周转。

短期偿债能力主要是通过流动资产的变现来偿还到期的短期债务的能力。到期偿债能力的高低对企业的生产经营活动和财务状况都有重要的影响。一个企业即使拥有良好的运营能力和较强的盈利能力，也会因为短期偿债能力不强导致资金周转困难而影响其正常生产经营，进一步弱化企业的营运能力和盈利能力，严重时会出现财务危机，

小课堂 9-1　短期偿债能力指标

甚至导致企业"黑字破产"。

二、短期偿债能力的分析指标

根据对偿债来源的不同设计，短期偿债能力指标可分为静态偿债能力指标和动态偿债能力指标。静态偿债能力是指企业资产负债表上体现的企业使用经济资源存量偿还现有债务的能力，这种分析主要关注资产规模、结构与负债规模的关系；而动态偿债能力是指企业利润表和现金流量表上体现的企业使用财务资源流量偿还现有负债的能力，这种分析实际上更注重盈利能力对偿付债务的影响。

静态偿债能力指标主要包括流动比率、速度比率和现金比率等指标。这些比率越大，说明企业财务风险越小，对债权人越有利；但是从资产利用效率角度来看，这些指标越大，往往意味着流动资产资金占用越多，甚至流动资产资金存在闲置，而使股东承担较高的资金成本和资产效率的损失。因此，这些比率的合理区间往往没有统一的标准。动态偿债能力指标主要包括现金流量比率、支付能力系数等。

(一) 短期偿债能力的静态分析

1. 营运资本

(1) 概念及计算公式。

营运资本是指流动资产总额减流动负债总额后的剩余部分，又称净营运资本，代表企业流动资产偿还全部流动负债后的剩余。它反映流动资产可用于归还和抵补流动负债后的余额，流动资产越多，说明企业可用于偿还流动负债的资金越充足，其短期偿债能力越强，债权人收回债权的安全性越高。因此，可将营运资本作为衡量企业短期偿债能力的绝对指标，又称其为偿还流动负债的"缓冲垫"。

$$营运资本 = 流动资产 - 流动负债$$
$$= (总资产 - 非流动资产) - (总资产 - 股东权益 - 非流动负债)$$
$$= (股东权益 + 非流动负债) - 非流动资产$$
$$= 长期资本 - 长期资产$$

(2) 分析及运用。

营运资本为正数，表明长期资本的数额大于长期资产，超出部分被用于流动资产。营运资本数额越大，财务状况越稳定。换言之，当全部流动资产由长期资本提供时，企业没有任何短期偿债压力。反之，营运资本为负数，表明长期资本的数额小于长期资产，有部分长期资产由流动负债提供资本来源。比如导致债务偿付期限和资产变现期限不匹配，偿债能力不足，容易造成财务状况不稳定。

案例 9-1　根据 XYZ 公司 2023 年年末的资产负债表[①]，可计算其营运资本：

2023 年年末的营运资本 = 流动资产 - 流动负债 = 1071(万元) - 436(万元) = 635(万元)

2023 年年初的营运资本 = 流动资产 - 流动负债 = 812(万元) - 317(万元) = 495(万元)

从 XYZ 公司营运资本计算可知，2023 年年末相比于年初，营运资本增加了 140 万元。营运资本的绝对数增加,似乎"缓冲垫增厚了",但实际上,流动负债的增长速度(增长37.5%)

---

① 见附录一，后续数据来源相同。

超过了流动资产的增长速度(31.9%)，使得债务的"穿透力"增加了，反而偿债能力降低了。

实际上，营运资本指标多少为宜并没有固定的标准。投资者立场不同，观点也不同。对短期债权人来说，希望营运资本越高越好；对企业来说，过多地持有营运资本虽然可以提高短期偿债能力，降低财务风险，但有可能降低企业的盈利能力，所以需要在风险和收益之间进行权衡，采取不同的融资策略，合理安排企业营运资本数额。

不同行业的营运资本规模有很大差别。比如，零售业的营运资本较多，因为他们除了流动资产以外往往拥有较少其他可以偿债的资产；而信誉较好的餐饮业营运资金较少，有时甚至为负数，因为其稳定的营业收入可以保证其流动负债的偿付。

(3) 优缺点。

营运资本指标是反映企业短期偿债能力的绝对量指标，优点是能够直接反映流动资产保障流动负债偿还后的剩余，缺点是不便于进行企业之间的比较。比如 A 公司的营运资本为 300 万元(其中流动资产 500 万元，流动负债 200 万元)，而 B 公司的营运资本也为 300 万元(其中流动资产 1500 万元，流动负债 1200 万元)，显然 A、B 两家公司的偿债能力是不同的。因此，对营运资本指标的分析一般仅进行纵向比较，很少进行横向比较。实务中较少单独使用营运资本指标评价企业偿债能力，营运资本的合理性还需通过短期偿债能力的相对指标来补充衡量。

2．流动比率

(1) 概念及计算公式。

流动比率是企业流动资产与流动负债的比值，也是短期偿债能力最常用的财务指标，表明企业 1 元流动负债有多少流动资产作为支付的保障。其计算公式如下：

$$流动比率 = \frac{流动资产}{流动负债}$$

其中，流动资产通常指流动资产净额，是把各种资产的跌价准备、坏账准备扣除后的净额。

(2) 分析及运用。

流动比率指标的意义在于揭示流动资产对流动负债的保障程度，考察短期债务偿还的安全性。从债权人角度来看，流动比率越高越好；从经营者和所有者角度来看，流动比率并非越高越好，因为过高的流动比率可能表明企业滞留在流动资产上的资金过多，未能充分有效地利用，造成企业机会成本增加，可能影响其盈利能力。企业应从收益和风险权衡的角度对流动资产和流动负债的规模进行合理的安排。此外，负债经营也是现代企业经营者的策略之一。

根据西方的经验，流动比率在 2 左右比较合适。但实际上，流动比率的高低受到企业所处行业的性质与特点的影响，如房地产企业、商业企业的流动比率一般会较高，而制造业及公用事业等行业的流动比率相对较低。

案例 9-2　根据 XYZ 公司 2023 年年末的资产负债表，可计算其流动比率：

$$2023\ 年年末的流动比率 = \frac{流动资产}{流动负债} = \frac{1071}{436} = 2.46$$

$$2023\ 年年初的流动比率 = \frac{流动资产}{流动负债} = \frac{812}{317} = 2.56$$

从 XYZ 公司流动比率计算可知，2023 年年末和年初的流动比率均大于 2，按照经验标准来判断，该公司的偿债能力较好，但 2023 年年末相比于年初，流动比率略有下降。

(3) 优缺点。

流动比率具有以下优点。

其一，流动比率可揭示企业流动资产抵补流动负债的程度，指标越大，对流动负债的保障程度越高，越能保障债权人的权益。而且流动比率是相对数，与营运资本相比，它更能反映出流动资产对流动负债的保障程度，并可以在不同企业之间相互比较。

其二，流动比率的计算方法简单，资料来源比较可靠，即使企业外部利益相关者也能较容易获得流动比率的数值，对企业的偿债能力做出判断。

但流动比率也有明显的缺点。

其一，流动比率是静态分析指标。首先，该指标的数据均来源于资产负债表的时点指标；其次，企业下一个期间的短期偿债能力取决于企业下一个期间的现金流入和流出的数量和时间，所以企业下一个会计期间的短期偿债能力应该是一个动态问题。而流动比率反应的是分析期期末这个静态时点上的流动资产与流动负债的关系。用一个静态比率来反应一个动态过程，不可能将所有应考虑的因素都考虑进去。企业的流动负债不一定要全部用流动资产来偿还，流动资产的来源也不一定全部是流动负债。如果企业为了利用财务杠杆作用而始终保持一定数额的流动负债并循环往复使用，那么这部分流动资产由于其长期存在而在性质上相当于长期负债，故不需要有对应的流动资产作为偿债保证。

其二，流动比率没有考虑流动资产的结构。不同的流动资产具有不同的变现能力和不同的偿付能力。一个企业流动比率高不一定代表短期偿债能力强，比如企业变现能力较弱的流动资产占比高，即使流动比率较高，其实际短期偿债能力并不强。所以应当进一步从静态和动态两个角度分别分析流动资产的结构和流动资产的周转情况。

其三，流动比率没有考虑流动负债结构。不同债务具有不同的强制程度和紧迫性，流动负债从动态角度来看是循环流动的。在流动负债中，并不是所有的项目都需要偿还，企业只需要偿还信用期即将到期的债务即可，因此，流动比率计算结果与企业实际偿债能力之间是有差距的。例如，短期借款受到企业本身筹资能力和偿债能力的影响，应付账款受企业经营规模和市场信用的影响。

其四，流动比率存在粉饰效应。流动比率体现的往往是账面上的支付能力，企业管理人员为了显示良好的财务指标，可以运用各种方式粉饰流动比率，从而人为影响偿债能力。假设某企业流动比率为 2∶1，若分子分母同时增加 1，则流动比率下降为 3∶2；假设流动比率为 3∶2，若分子分母同时减少 1，则流动比率上升为 2∶1。

3．速动比率

构成流动资产的各项目，流动性差别很大。其中货币资金、交易性金融资产和各种应收款项等，可以在短时间内变现。而其他流动资产，如存货、预付款项、一年内到期的非流动资产和其他流动资产等，其变现金额和时间具有较大的不确定性。一是存货的变现速度比应收款项要慢得多；部分存货可能已经毁损报废、尚未处理；存货的估价方法多样，可能与变现金额相差甚远。二是存货在清算时账面价值往往低一些，一部分存货也可能是安全库存，不能用来还债。三是预付账款的变现能力也比较差，是已经支付给供应商的货款，不再具有偿还能力。四是待摊费用是已经支付掉的费用，只是还没有摊销、没有计入成本的费用，所以也不具有偿债能力。五是一年内到期的非流动资产和其他流动资产的金额有偶然性，不代表正常的变现能力。因此，将可偿债资产定义为速动资产，计算其与短期负债的存量比率比流动比率指标更可信。

(1) 概念及计算公式。

速动比率也称为酸性测试比率，是指速动资产与流动负债的比值，其计算公式如下：

$$速动比率 = \frac{速动资产}{流动负债}$$

速动比率用来衡量企业流动资产可以立即偿付到期债务的能力，是对流动比率的重要补充说明。因为流动比率高的企业并不代表速动比率一定高。速动比率越高，表示公司拥有越多的即时可用的资产来偿付流动负债，即时偿付能力越强；速动比率越低，表示公司的即时可用资产越少，面临偿债的风险越大。计算速动比率的关键在于计算速动资产。速动资产的计算方法通常有两种。

一种方法是将流动资产扣除存货后的资产统称为速动资产，即

$$速动资产 = 流动资产 - 存货$$

该方法计算的速动资产是一种粗略的计算。严格来讲，不仅要扣除存货，还应扣除变现能力较差且不稳定的预付款项、持有待售资产、一年内到期的非流动资产和其他流动资产等项目。但实务中，由于它们在流动资产中所占的比重较小，基于简化核算的目的，计算速动资产时也可以不扣除。

另一种方法是将变现能力较强的货币资金、交易性金融资产、衍生金融资产、应收票据及应收账款和其他应收款进行加总，即：

$$速动资产 = 货币资金 + 交易性金融资产 + 衍生金融资产 +$$
$$应收票据及应收账款 + 其他应收款$$

(2) 分析及运用。

一般来说速动比率越高，企业的流动性越强，流动负债的安全程度越高，短期债权人到期收回本息的可能性越大，但从企业的角度看，速动比率也不是越高越好。根据经验，通常认为速动比率等于 1 比较合理，但这个经验数据不是绝对的，不同的环境、不同时期、不同的行业会有所不同。与流动比率一样，不同行业的速动比率差别很大。比如，大量现销的企业几乎没有应收账款，速动比率远低于 1 可能都是很正常的。相反，一些应收款项多的企业，速动比率可能要大于 1。

案例 9-3 根据 XYZ 公司 2023 年年末的资产负债表，可计算其速动比率：

$$2023 年年末的速动比率 = \frac{速动资产}{流动负债} = \frac{684}{436} = 1.57$$

$$2023 年年初的速动比率 = \frac{速动资产}{流动负债} = \frac{556}{317} = 1.75$$

从 XYZ 公司速动比率计算可知，2023 年年末和年初的速动比率均大于 1，按照经验标准来判断，该公司的偿债能力较好，但 2023 年年末相比于年初，速动比率略有下降。而在评价该公司实际短期偿债能力时，还需要考虑应收账款的变现能力。

(3) 优缺点。

速动比率考虑了流动资产的结构，剔除了变现能力较弱的资产，比如不包括存货，在一定程度上排除了存货价值不确定带来的缺陷，用来衡量企业流动资产中可以即刻用于偿

付到期债务的能力，因而弥补了流动比率的某些不足，较之流动比率能够更加准确、可靠地评价企业资产的流动性及其偿还短期负债的能力，成为流动比率分析的一个重要辅助指标。

但它在使用上仍存在一些缺陷，分析时应注意以下几个方面。

其一，并不能认为速动比率较低时企业的短期偿债能力就一定有问题。如果企业存货流转顺畅、变现能力强，即便速动比率较低，只要流动比率较高，企业仍然可以还本付息；另外，速动资产的各构成项目流动性也存在一定的差别，特别是应收款项并不能保证按期收回。因此，在以速动比率衡量企业短期偿债能力时还需要考虑应收款项的预计收回情况。

其二，速动比率以速动资产作为清偿债务的保障，但速动资产并不完全等同于企业的现时支付能力，因为速动资产中也存在难以短期变现的因素，比如应收账款的实际变现能力。随着市场经济的发展，应收账款在企业流动资产中的比重日益增加。虽然赊销有一定的风险，但从理论上讲赊销带来的收益远大于其损失和费用，应收账款应该是能够"速动"的。但实务中的应收账款被大量逾期甚至最终无法收回的情况比比皆是。因此账面上的应收账款未必都能收回变现，实际坏账可能比计提准备的多。因此，企业账面的应收账款往往不能代表企业的即付偿债能力，而将应收账款纳入速动资产，使得速动比率的说服力下降。

其三，速动比率与流动比率一样易被粉饰。接近报表日，以银行存款归还短期借款；结账日前大力促销，使得存货变成应收账款；以应收账款与应付账款相互抵消等上述措施都能在短期内改变速动比率，而实际短期偿债能力并未改变。

其四，预付账款的变现速度和货币资金中受限制使用的存款也会影响速动比率的可靠性。作为流动资产，预付账款不是用货币抵偿的，而是要求企业在短期内以某种商品、提供劳务或服务来抵偿的。但预付账款转为采购存货时，需要一定的间隔期，使得预付账款的变现速度明显慢于存货，因此作为速动资产的预付账款会影响速动比率的适用性。同样，银行存款或其他货币资金是否可以立即使用则需要视情况而定。

4．现金比率

(1) 概念及计算公式。

现金比率是指企业现金类资产与流动负债的比值。现金类资产包括企业持有的所有货币资金和持有的易于变现的有价证券，如可随时出售的短期有价证券、可贴现和转让的票据等。现金比率通常有两种计算方法：一种是按货币资金与流动负债之比计算的现金比率，又称为货币资金率，即

$$现金比率 = \frac{货币资金}{流动负债}$$

另一种是按现金及其等价物与流动负债之比计算的现金比率，即

$$现金比率 = \frac{货币资金 + 短期有价证券}{流动负债}$$

(2) 分析及运用。

现金比率表明 1 元流动负债有多少现金资产可以作为偿债保障，它在一定程度上反映了企业在不依靠存货销售及应收款的情况下支付当前债务的能力。由于流动负债是在一年(一个营业周期)内陆续到期的债务，因此，并不需要企业时时保留相当于流动负债金额的现金资产，一般认为现金比率在 20% 以上就可以接受。

对短期债权人来说，现金比率越高越好，现金类资产相对流动负债越多，对到期流动负债的偿还越有切实的保障。对企业来说，现金比率的确定并不能仅仅考虑短期偿债能力的提高，应将风险与收益两方面的因素结合起来考虑。

案例9-4　根据 XYZ 公司 2023 年年末的资产负债表，可计算其现金比率：

$$2023 \text{年年末的现金比率} = \frac{\text{现金资产}}{\text{流动负债}} = \frac{170}{436} = 0.39$$

$$2023 \text{年年初的现金比率} = \frac{\text{现金资产}}{\text{流动负债}} = \frac{150}{317} = 0.47$$

从 XYZ 公司现金比率计算可知，2023 年年末和年初的现金比率均大于 20%，按照经验标准来判断，该公司的即付能力较好，但 2023 年年末相比于年初，现金比率略有下降。

(3) 优缺点。

在流动资产或速动资产中，现金及其等价物的流动性最好，可直接用于偿还企业的到期债务，因此相对流动比率和速动比率而言，现金比率更为保险，能够评价企业最坏情况下的短期偿债能力。特别是在企业把应收账款和存货都抵押出去或已有迹象表明应收账款与存货的变现能力存在较大问题的情况下，计算现金比率更有现实意义。现金比率越高，公司短期偿债能力越强。但由于该比率只考察企业货币资金、交易性金融资产等流动性较强的资产相对于当前短期负债的比值，因此，现金比率对企业短期偿债能力的衡量比较保守。

此外，需注意的是计算现金比率公式中的分子是可用于随时支付的现金类资产，而分母流动负债是指可以在 1 年内或超过 1 年的一个营业周期内偿还的债务，现金比率实际上是将某一时点可直接支付的资金与该时点的流动负债对比，因此，现金比率不一定能够准确反映企业偿债能力。

由此可见，在分析短期偿债能力时，现金比率通常仅仅是一个辅助指标，因为不可能要求企业目前持有的现金类资产来保障所有流动负债，企业也没有必要保持足够偿还债务的现金类资产。

案例 9-1　短期偿债能力
部分指标分析

(二) 短期偿债能力的动态分析

1. 现金流量比率

(1) 概念及计算公式。

现金流量比率是指企业一定时期内经营活动现金净流量与流动负债的比率，用来衡量企业本期经营活动产生的现金流量能否抵付即将到期的债务的能力。其计算公式如下：

$$\text{现金流量比率} = \frac{\text{经营活动现金净流量}}{\text{流动负债}}$$

其中，经营活动现金净流量来自现金流量表的"经营活动产生的现金流量净额"，该指标是一个动态的指标，反映企业当年经营活动带来的现金净流量是偿还企业短期债务的基本资金来源。一般而言，公司现金流入以经营活动为主，以收回投资、分得股利取得的现金以及银行借款、发行债券、接受外部投资等取得的现金为辅，是一种比较合理的结构。

(2) 分析及运用。

现金流量比率表明每 1 元流动负债的经营现金净流量保障程度。若该指标大于或等于 1，则表明企业有足够的能力以生产经营活动产生的现金来偿还短期债务；反之，若该指标小于 1，则表明企业生产经营活动产生的现金不足以偿还到期债务，需要采取对外筹资或变卖资产等措施才能偿还债务。通过该比率分析，可以了解企业运行、支撑公司发展所需的大部分现金的来源，从而判别企业财务状况是否良好、公司运行是否健康。

需要注意的是，该指标分母中的流动负债来自资产负债表，反映的是会计期末的流动负债金额。从偿债的实际情况来看，由于期末的流动负债要下一会计年度偿还，偿还这些流动负债的现金流量也应该是下一年度；而分子中的经营活动产生的现金净流量是过去一个会计年度的经营结果，导致两者的会计期间不同。因此，这个指标是建立在以过去一个会计年度的现金净流量来估计未来一个会计年度的现金净流量的假设基础之上的。使用这一指标时，需要考虑未来一个会计年度经营活动现金净流量变动的影响因素。

2. 企业支付能力系数

(1) 概念及计算公式。

企业支付能力系数是反映企业短期偿债能力的重要指标。支付能力是指企业偿还债务、支付应交款项的能力。根据企业支付能力反映的具体时间的差异，支付能力系数可以分为期末支付能力系数和近期支付能力系数两种。期末支付能力系数是指期末货币资金金额与急需支付资金之比，其计算公式如下：

$$期末支付能力系数 = \frac{期末货币资金余额}{企业期末急需支付的资金} \times 100\%$$

其中，急需支付的资金包括逾期未缴预算款项、逾期银行借款、逾期应付款项等。

近期支付能力系数是指企业在近期可用于支付的资金与近期需要支付的资金之比，其计算公式如下：

$$近期支付能力系数 = \frac{近期可用于支付的资金}{近期需要支付的资金} \times 100\%$$

该指标在计算时，必须注意四个问题：第一，指标中的近期，可根据企业的实际支付情况来定，可以是 3 天、5 天，也可以是 10 天或半个月，甚至可以计算企业当天的支付能力；第二，该指标分子和分母的口径应该一致，即分子分母所说的近期天数保持一致；第三，近期可用于支付的资金，是指到最后支付时点，企业可用于支付的资金数额，包括现金、银行存款、近期可收回的应收款、近期现销收入、其他可收回的资金等；第四，近期需要支付的资金，是指到最后支付时点，企业需要支付的资金数额，包括已经到期需要归还的各种负债、近期将要到期的负债，以及近期其他应付款项或预交款等。

(2) 分析及运用。

企业支付能力系数对于评价企业短期或近期的偿债能力状况或财务状况有着重要的作用。支付能力系数越高，说明支付能力越强；反之，支付能力系数越低，说明支付能力越差。期末支付能力系数大于或等于 1 时，说明企业有支付能力；反之，说明企业支付能力差。当近期支付能力系数大于等于 1 时，说明企业近期支付能力较强；反之，当近期支付能力系数小于 1 时，说明企业近期支付能力不足，应采取积极有效的措施，从各种渠道筹集资金，以便能按时偿还债务，保证企业生产经营活动的正常进行。

三、短期偿债能力的影响因素

在进行上述财务比率计算的基础上，财务分析人员还需要明确影响短期偿债能力的影响因素，从而更科学地分析相关财务比率，更全面地评价企业的短期偿债能力。下面主要从以下几个方面进行论述。

(一) 内部因素

1. 企业的资产结构

一般来说，流动资产越多，企业短期偿债能力越强。在企业的资产结构中，流动资产所占比重较高，则企业短期筹资能力相对较高。因为流动资产是偿还流动负债的物质保证，流动负债要通过流动资产的变现来偿还。

但除了关注流动资产与流动负债的关系外，还应特别关注流动资产的变现能力。反映资产变现能力强弱有两个标志：其一，资产转换成现金的时间，时间越短，变现能力越强；其二，资产预期价格与实际出售价格之间的差额，差额越小，变现能力越强。流动资产不同构成项目的变现能力以及对整个流动资产变现速度的影响不尽相同。资产负债表中的流动资产项目通常按其变现能力由强到弱进行排列。如果企业在流动资产中存货的占比较高，由于存货是流动资产中变现价值和变现时间具有高度不确定性的资产，就会对企业的实际偿债能力有负面影响。

因此，可以说企业的资产结构，特别是流动资产的规模与质量从根本上决定了企业偿还流动负债的能力。

2. 企业的流动负债结构

一般来说，流动负债规模越大，企业短期需要偿还的债务负担就越重。但实际上流动负债结构也对短期偿债能力有非常重要的影响，主要体现在是否需用现金偿还和债务偿还强制程度与紧迫性。有些流动负债必须用现金偿还，如短期借款、应付职工薪酬等，有些则可以用商品或劳务来偿还，如预收账款。一般情况下，时间刚性强的债务会对企业造成实际的偿债压力，而时间刚性弱的债务会减轻企业的偿债压力。如应付票据、短期借款等流动负债，都有约定的到期日期，需要到期立即偿还；而与企业具有长期合作关系的一些供应商的负债往往具有时间弹性，如应付账款、预收账款等。此外，流动负债中各种负债的偿还期限是否集中，也会影响企业的偿债能力。分析时不能只看反映偿债能力的指标数值，还要根据各种因素考察企业的实际偿债能力。

3. 企业的融资能力

实务中，有些企业各种偿债能力指标都比较理想，却不能按期偿付到期债务；而另一些企业因为其自身具备较好的融资能力，比如与银行等金融机构保持良好的信用关系，随时能筹集到大量的资金，即便各种偿债能力指标不高，却总能按时偿付其债务和支付利息。可见，企业的融资能力也是影响偿债能力的一个重要因素。

4. 企业的经营现金流量水平

现金是流动性最强的资产，大多数短期债务都需要通过现金来偿还，因此，现金流入和流出的数量就会直接影响企业的流动性和短期偿债能力。企业现金流量状况主要受企业的经营状况和融资能力两方面影响。经营活动带来的现金净流量在各期之间相对比较稳定，能够比较稳定地满足企业的短期现金支付，因此经营活动现金流量与企业流动性和短期偿债能力的关系最为密切。如果没有充足的现金流量，即使是盈利企业也可能无法偿还到期债务而导致财务危机甚至破产，这就是典型的有利润、无现金导致的破产。

此外，企业的财务管理水平、母子企业之间的资金调拨也会影响企业短期偿债能力。

(二) 外部因素

影响企业短期偿债能力的外部因素主要有以下几个方面。

1. 宏观经济形势

宏观经济形势主要包括国内外经济、金融、经济周期等，它是影响企业短期偿债能力的重要外部因素。当一国经济持续稳定增长时，社会的有效需求也会随之稳定增长，企业的产品和存货可以较容易地通过销售转换为现金，从而提高企业的短期偿债能力。若国民经济进入滞涨的发展阶段，则会出现国民购买力不足，产品积压，企业资金周转不灵，企业间相互拖欠借款，企业的短期偿债能力一定深受影响。

2. 证券市场的发育与完善程度

交易性金融资产是企业流动资产中的一部分，而这部分金融资产可以被视为现金等价物。金融资产的变现时间和变现价值与证券市场的发育程度密切相关。如果证券市场发达，企业就可以随时将手中的有价证券转换为现金；如果证券市场不发达，那么企业转让有价证券就会遇到困难，甚至不得不以低价转让。这些都会对企业的短期偿债能力产生影响，特别是企业把投资有价证券作为现金持有量的调剂手段时，证券市场的完善程度对短期偿债能力的影响就更大。

3. 银行的信贷政策

信贷政策是中央银行根据国家宏观经济政策、产业政策、区域经济发展政策和投资政策，并衔接财政政策、利用外资政策等制定的指导金融机构贷款投向的政策。它是国家一定时期经济政策在信贷资金供应方面的体现。它由贷款供应政策和贷款利率政策两部分组成。当企业面临宽松的信贷政策时，短期偿债能力就会增强。

(三) 表外因素

财务比率的数据来源于财务报表，一些因素会导致财务报表中具体项目的变动，进而影响相关财务比率的计算结果。我们可以把这些因素理解为表内因素。相对应地，实践中有些因素虽然会影响企业的短期偿债能力，甚至比表内因素影响更大，但由于不会直接造成财务报表项目的变动，因此不会体现在财务比率的计算结果上。这就需要财务分析人员对这些表外因素进行特别关注。

1. 提高短期偿债能力的表外因素

(1) 可动用的银行授信额度。企业尚未动用的银行授信额度，可以随时借款，增加企业现金，提高支付能力。这一数据不在财务报表中反映，但有的公司会以董事会决议公告披露。

(2) 可以随时变现的长期资产。企业可能有一些非经营性长期资产可以随时出售变现，这未必列示在"一年内到期的非流动资产"项目中。例如，储备的土地、未开采的采矿权、目前出租的房产等，在企业发生资金周转困难时，将其出售并不影响企业的持续经营。

(3) 偿债能力的声誉。如果企业的信用记录优秀，即便在短期偿债方面出现暂时的困难，也会比较容易筹集到短缺资金。

2. 降低短期偿债能力的表外因素

(1) 未作记录的或有负债。或有负债是有可能发生的债务，其存在需要通过未来不确定事项的发生或不发生予以证实。这些未确认的或有负债一旦成为事实上的负债，会加大企业的偿债负担。例如，已贴现的商业承兑汇票形成的或有负债，未决诉讼、仲裁形成的或有负债，尚未解决的税额争议可能出现的不利后果等。

(2) 担保责任引起的负债。担保可能成为企业的负债，增加偿债负担。

(3) 经营租赁合同中的承诺付款事项。这很可能变为偿付义务。

第三节　长期偿债能力分析

一、企业长期偿债能力的概念

长期偿债能力是指企业偿还长期负债的能力，其强弱是反映企业财务安全和稳定程度的重要指标。与流动负债相比，长期负债数额大、偿还期限较长，借入目的是通过借入资金的运营实现获利和增值，并以此来保障长期负债的偿还，因此，长期偿债能力很难单纯通过资产的变现能力进行分析判断，需更侧重于资本结构、盈利水平、现金流状况等方面进行分析判断。

小课堂 9-2　长期偿债能力指标

二、长期偿债能力的分析指标

长期偿债能力指标包括静态分析指标和动态分析指标。静态分析强调的是企业现有资产对负债的保值程度。动态分析强调的是企业未来赚取的利润与现金流量对负债的保障程度。

（一）长期偿债能力的静态分析

1. 资产负债率

(1) 概念及计算公式。

资产负债率是负债总额与资产总额的比值，即资产总额中有多大比例是通过负债筹资形成的。其计算公式如下：

$$资产负债率 = \frac{负债总额}{资产总额} \times 100\%$$

从行业角度看，不同行业的资产负债率存在较大的差异。一般来说，重资产行业的资产负债率通常较高，而轻资产、高新技术行业的资产负债率相对较低。通过将企业资产负债率与行业均值进行比较，可以判断企业在行业中的竞争地位。根据 CSMAR 数据计算，中国 A 股上市公司 2022 年年末的平均负债比率为 40.22%，其中金融、房地产和建筑业这三个行业的资产负债率相对较高，分别为 81.97%、63.92% 和 67.42%，都在 60% 以上。而食品饮料、文化传媒和医药制药业这三个行业的资产负债率相对较低，分别为 32.09%、32.61% 和 29.93%，都在 40% 以下。

案例 9-5 　根据 XYZ 公司 2023 年末的资产负债表，可计算其资产负债率：

$$2023 年年末的资产负债率 = \frac{负债总额}{资产总额} = \frac{1286}{2346} = 0.55$$

$$2023 \text{ 年年初的资产负债率} = \frac{\text{负债总额}}{\text{资产总额}} = \frac{1057}{2027} = 0.52$$

从 XYZ 公司资产负债率计算可知，2023 年年末和年初的资产负债率均大于 50%，按照经验标准来判断，表明该公司的长期偿债能力值得关注，但 2023 年末相比于年初，资产负债率略有上升。

(2) 分析和运用。

资产负债率揭示了资产与负债的依存关系，即负债偿还的资产保障程度。资产负债率越高，说明企业债务负担越重，资产对负债的保障程度越低；反之，说明企业的债务负担越轻。该比率超过 100% 时，表明企业资不抵债，可视为达到破产的警戒线。

同时，资产负债率又反映在企业全部资金中有多大比例是通过借债而筹集的，也是企业资本结构的问题。资产负债率越高，说明借入资金在全部资金中所占的比重越大，企业通过举债规模获得较多的财务杠杆，企业资金成本也越低，同时不能偿还负债的风险越高。尤其在经济衰退或不景气时，企业经营活动所产生的现金收入可能满足不了利息费用开支的需要，财务风险就会上升，并有可能导致企业财务状况的恶化。

不同的利益相关者对资产负债率的评价标准不同。对债权人来说，该比率越低越好，因为企业的债务负担越轻，其总体偿债能力越强，债权人权益的保障程度越高。特别是企业在清算时，资产变现价值很可能低于账面价值，而所有者权益一般只承担有限责任，这一比率越高，债权人蒙受损失的可能性就越大。但从企业的角度看，资产负债率却不是越低越好，因为资产负债率过低往往表明企业没有充分利用财务杠杆，从而难以获得利息抵税及负债资本成本率低的好处。因此在评价资产负债率时，需要在收益与风险之间权衡利弊。

通过资产负债率的横向比较，可以洞悉企业的财务风险和长期偿债能力在整个行业中是偏高还是偏低，与竞争对手相比是强还是弱，便于企业及时做出应对和调整。通过纵向比较，可以了解企业债务负担的变化情况，看出企业财务风险和长期偿债能力是越来越强还是越来越弱，或基本保持稳定。任何企业都必须根据自身的实际情况，确定一个适度的标准，当企业债务负担持续增长并超过这一适度标准时，企业应该注意加以调整，不能只顾获取财务杠杆利益而无视企业可能面临的财务风险。

(3) 资产负债率的缺陷。

虽然资产负债率是最为常用的反映企业长期偿债能力的财务指标，但它也存在以下缺陷。

其一，资产负债率是一个静态指标。资产负债率的数据取自资产负债表，关注企业破产清算时债权人利益的保障程度。然而，财务分析并不是建立在破产清算的基础上的，而在持续经营情况下，长期资产一般不用于直接偿付债务，并且长期负债具有期限较长的特点，随着时间的推移，企业长期资产的价值将随着企业的运营而发生变化，因此用资产负债率无法完全反映企业未来偿付债务的能力。

其二，资产负债率没有考虑负债的不同偿还期限。企业的负债既包括短期负债，也包括长期负债。负债期限结构不同，还款的影响不同，从而承担的财务风险也不同。

其三，资产负债率没有考虑资产的结构。资产总额既包括流动资产，也包括长期资产。不同类型的资产对债务的偿付能力不同，例如，商标、专利权、非专利技术等无形资产以及商誉不具有直接的偿付能力。如果一个企业总资产中无形资产的比重过高，那么通过资产负债率反映的偿债能力的有效性将大打折扣。因此，可以考虑将这些资产视为不能偿债的资产，从总资产中扣除，即计算有形资产债务率，该指标是资产负债率的延伸，能够更加客观地评价企业偿债能力。

此外，资产的账面价值受到会计政策的影响，使得账面价值和实际价值可能不一致，比如虚增或虚减价值，这在本书的第四章及第十六章中都有详细论述。

2. 股东权益比率

(1) 概念及计算公式。

股东权益比率是股东权益总额与资产总额之比，它反映企业全部资产中有多少是由投资人投资所形成的。其计算公式如下：

$$股东权益比率 = \frac{股东权益总额}{资产总额} = 1 - 资产负债率$$

案例 9-6　根据 XYZ 公司 2023 年年末的资产负债表，计算得知：

$$2023 年年末的股东权益比率 = \frac{1060}{2346} = 0.45$$

$$2023 年年初的股东权益比率 = \frac{970}{2027} = 0.48$$

(2) 分析及运用。

股东权益比率是企业长期偿债能力保障程度的重要指标。从"股东权益比率 = 1 - 资产负债率"来看，该指标与资产负债率呈此增彼减的关系，是资产负债率的反向指标。该指标越高，资产负债率越低，所有者投入的资金在全部资金中所占的比例越大，而债权人投入的资金所占比例越小，偿还债务的保障程度就越高，财务风险就越小；反之，企业的偿债保障程度越低，财务风险越高。

债权人显然对这个指标非常感兴趣。债权人全额收回债务的有效保障就是股东投入较多的资金。例如，某企业的资产负债率为 50%，即使企业的全部资产按照一半的价格转换为现金，依然能清偿所有的负债，可能还有剩余。可见，债权人利益的受保障程度相当高。而企业的资产负债率若仅为 20%，则意味着资产只有 20% 是通过负债取得的，那么只要企业资产价值不暴跌 80% 以上，债权人就不会受到任何损失。相反，若企业的资产负债率为 80%，则只要企业资产价值下跌 20% 以上，债权人就不能全额收回债务。由此可见，股东权益比率的高低能够明显表达企业对债权人的保护程度。当企业处于清算状态时，该指标对偿债能力的保障程度就显得尤为重要。

3. 权益乘数

(1) 概念及计算公式。

股东权益比率的倒数称为权益乘数，表示权益的股东撬动了多大规模的投资。其计算公式如下：

$$权益乘数 = \frac{资产总额}{股东权益总额}$$

(2) 分析及运用。

权益乘数表明企业资产总额对于所有者权益的具体倍数。该比率越大，表明所有者投入的资本在资产总额中所占比重越小，对负债经营利用得越充分，但企业的长期偿债能力越弱。

权益乘数和资产负债率都是衡量企业长期偿债能力的指标，两者可以互相补充。负债越多，资产负债率越大，权益乘数就越大，因此，资产负债率分析中应注意的问题，在权益乘数中也应注意。然而，权益乘数和资产负债率之间又是有区别的，主要表现为反映长期偿债能力的侧重点不同。权益乘数侧重于揭示资产总额与股东权益的倍数关系，倍数越大，说明企业资产对负债的依赖程度越大；而资产负债率侧重于揭示总资本中有多少是负债取得的，说明债权人的保障程度。

4．产权比率

(1) 概念及计算公式。

产权比率是衡量企业长期偿债能力的指标之一，又称负债与所有者权益比率，是指负债总额与股东权益总额之比。其计算公式如下：

$$产权比率 = \frac{负债总额}{股东权益总额}，权益乘数 = 1 + 产权比率$$

案例 9-7　根据 XYZ 公司 2023 年年末的资产负债表，计算得知：

$$2023 年年末的权益乘数 = \frac{2346}{1060} = 2.21，产权比率 = \frac{1286}{1060} = 1.21$$

$$2023 年年初的权益乘数 = \frac{2027}{970} = 2.09，产权比率 = \frac{1057}{970} = 1.09$$

(2) 分析及运用。

产权比率表明由债权人提供的资金(负债)和由投资者提供的资金(所有者权益)的相对关系，它反映了所有者权益对负债的保障程度以及企业借款经营的程度，也是企业财务结构稳健与否的重要标志。产权比率越低，表明企业自有资本占比越大，长期偿债能力越强，债权人权益保障程度越高，承担的风险越小。反之，当该指标过高时，表明公司过度负债，企业财务风险较高。

产权比率反映的偿债能力是以净资产为物质保障。但是，净资产的某些项目的价值具有极大的不确定性，且不易形成支付能力，如无形资产、递延所得税资产等。因此，在使用产权比率时，必须结合有形净值债务比率指标做进一步分析。

案例 9-2　长期偿债能力部分指标分析

5．有形资产债务比率和有形净值债务比率

(1) 概念及计算公式。

有形资产债务比率是在资产负债率的基础上变化得到的，其计算公式如下：

$$有形资产债务比率 = \frac{负债总额}{有形资产} \times 100\% = \frac{负债总额}{资产总额 - 无形资产} \times 100\%$$

有形净值债务比率是在产权比率基础上变化得到的，其计算公式如下：

$$有形净值债务比率 = \frac{负债总额}{有形净值总额} \times 100\% = \frac{负债总额}{股东权益总额 - 无形资产} \times 100\%$$

案例 9-8　根据 XYZ 公司 2023 年年末的资产负债表，计算得知：

$$2023 年年末的有形资产债务比率 = \frac{1286}{2346 - 15} = 0.55$$

$$2023\text{ 年年初的有形资产债务比率} = \frac{1057}{2027-10} = 0.52$$

$$2023\text{ 年年末的有形净值债务比率} = \frac{1286}{1060-15} = 1.23$$

$$2023\text{ 年年初的有形净值债务比率} = \frac{1057}{970-10} = 1.1$$

(2) 分析及运用。

有形净值是股东权益减去无形资产后的净值。在企业陷入财务危机或面临清算等特殊情况下，运用该指标更能反映债权人利益的保障程度。该比率越低，保障程度越高，企业的有效偿债能力越强；反之，企业的有效偿债能力越弱。理想状态下，有形净值债务比率和产权比率都应该维持在 100% 左右，即 1 : 1 的比例。

有形资产债务比率和有形净值债务比率是评价企业长期偿债能力的更加谨慎、稳健的一个财务比率，它将企业长期偿债能力分析建立在更加切实可靠的物质保证基础上，是资产负债率和产权比率的补充指标。

6. 长期资本负债率

长期资本负债率是指长期负债占长期资本的百分比，其计算公式如下：

$$\text{长期资本负债率} = \frac{\text{长期负债}}{\text{长期负债}+\text{股东权益}} \times 100\%$$

案例 9-9 根据 XYZ 公司 2023 年年末的资产负债表，计算得知：

$$2023\text{ 年年末的长期资本负债率} = \frac{850}{1060+850} = 0.445$$

$$2023\text{ 年年初的长期资本负债率} = \frac{740}{970+740} = 0.433$$

长期资本负债率反映了企业长期资本的结构。由于企业流动负债的数额经常变化，因此，企业资本结构管理经常使用长期资本结构这一指标。该指标越大，说明每 1 元长期资本中长期负债所占的比重越高，企业主要依赖于长期债务进行筹资，长期偿债能力风险较大。分析该指标时还应结合行业特点进行。

(二) 长期偿债能力的动态分析

长期偿债能力的动态分析指标主要从盈利能力对债务支出的保障程度进行分析。盈利能力是偿债能力的基础和保证。

1. 利息保障倍数

(1) 概念及计算公式。

利息保障倍数也称已获利息倍数，是息税前利润与债务利息的比值，表明 1 元债务利息有多少倍的息税前利润作为保障。它反映了公司盈利能力对债务所产生的利息的偿付保障程度。其计算公式如下：

$$\text{利息保障倍数} = \frac{\text{息税前利润}}{\text{利息费用}} = \frac{\text{利润总额}+\text{利息费用}}{\text{利息费用}} = \frac{\text{净利润}+\text{所得税}+\text{利息费用}}{\text{利息费用}}$$

计算时需注意三点：其一，由于该指标反映企业所实现的经营成果支付利息费用的能力，因此分子对应的经营成果应是息税前利润。计算息税前利润应扣除非正常项目、中断营业和特别项目以及会计准则变更的累计前期影响而产生的收支净额，因为负债与利息支出的项目一般属于正常业务经营范围。其二，分子中的利息费用只包括财务费用中的利息费用；分母中的利息费用不仅包括财务费用中的利息费用，还应包括已资本化的利息费用，但是由于外部分析人员很难获得财务费用的具体构成，所以通常用财务费用代替利息费用。其三，当财务费用为负值时计算的利息保障倍数没有意义。

(2) 分析及运用。

利息保障倍数反映了获利能力对偿还到期债务的保证程度，它既是企业举债经营的前提依据，也是衡量企业长期偿债能力大小的重要标志。要维持正常偿债能力，利息保障倍数至少应大于 1，且比值越高，企业长期偿债能力越强。如果利息保障倍数过低，企业将面临亏损、偿债的安全性与稳定性下降的风险。

但需注意的是，对企业和所有者而言，利息保障倍数不是越高越好，如果一个高的利息保障倍数是由于债务规模低、利息费用低导致的，说明企业财务杠杆程度很低，未能充分利用举债经营的优势。与其他偿债能力比率相似，利息保障倍数也可以进行横向比较和纵向比较。

案例 9-10 根据 XYZ 公司 2023 年度的利润表，计算得知：

$$2023 \text{ 年的利息保障倍数} = \frac{70+70+206}{70} = 4.94$$

$$2022 \text{ 年的利息保障倍数} = \frac{68+58+172}{68} = 4.38$$

从该公司利息保障倍数来看，其长期偿债能力较好。

2. 现金流量利息保障倍数

(1) 概念及计算公式。

利息保障倍数有天生的缺陷，因为利润额是会计数据，决定利润额大小的有两个因素：收入和费用。而利润额不等价于可动用的现金流量，现金流量的大小受现金流出量和现金流入量的影响。因此，考查长期偿债能力还要计算现金流量利息保障倍数并进行分析。该指标是可用于支付利息的经营活动现金流量与现金利息支出的比值，反映企业用当期经营活动带来的现金流量支付当期利息的能力。其计算公式如下：

$$\text{现金流量利息保障倍数} = \frac{\text{经营活动现金净流量}}{\text{利息费用}}$$

其中，利息费用仍然包括资本化和费用化的利息费用。

案例 9-11 根据 XYZ 公司 2023 年度的现金流量表，计算得知：

$$2023 \text{ 年的现金流量利息保障倍数} = \frac{188}{70} = 2.69$$

(2) 分析及运用。

现金流量利息保障倍数反映每 1 元利息费用有多少倍经营现金流量作为保障。因为用于还本付息的必须是企业的"真金白银"。现金流量利息保障倍数克服了利息保障倍数从收益角度衡量偿债能力的缺陷。比如对于高速成长期的企业而言，息税前利润和经营活动现金流量可能出入较大，此时，使用现金流量利息保障倍数更加稳健和可靠。

3．现金流量与负债比

现金流量与负债比是指经营活动现金流量净额与负债总额的比率。其计算公式如下：

$$现金流量与负债比 = \frac{经营活动的现金净流量}{负债总额} \times 100\%$$

案例 9-12 根据 XYZ 公司 2023 年度的现金流量表，计算得知：

$$2023 年的现金流量与负债比 = \frac{188}{1286} \times 100\% = 14.62\%$$

一般来讲，该比率中的负债总额采用期末数而非平均数，因为实际需要偿还的是期末金额，而非平均金额。比率越高，企业偿还负债总额的能力越强。

三、长期偿债能力的影响因素

相比短期偿债能力，长期偿债能力所衡量的时间更长，而在较长的时期对企业的资金流量状况进行预测更加复杂和困难，影响因素更为复杂和综合。

（一）内部因素

1．企业的盈利能力

企业长期的盈利水平和经营活动现金流量是偿付债务本金和利息的最稳定、最可靠的来源。企业盈利能力越强，长期偿债能力越强。反之，企业盈利能力越弱，长期偿债能力越弱。企业的偿债义务包括按期偿付本金和按期支付利息两个方面。短期债务可以通过流动资产变现来偿付，而长期负债大多用于非流动资产投资，形成企业的长期资产，在正常的生产经营条件下，企业不能靠变现资产作为偿债的资金来源，而只能依靠企业的生产经营所得，因此企业长期偿债能力与盈利能力密切相关。

2．企业的资本结构

资本结构指的是资金的来源，从财务报表角度看，是负债与所有者权益之间的出资比例关系。从债权人角度看，企业通过负债所筹集的资金所占比例越小，企业自有资金对债务的保障程度就越高，债务到期无法足额偿付的概率就越小。从企业角度看，负债比重越高，财务风险越大，企业资本成本就越低，收益就越高；所有者权益比重越高，财务风险越低，企业资本成本就越高，收益就越低。因此，安排合理的资本结构，就要权衡负债与所有者权益的风险与成本，找到恰当的均衡点。

3．企业长期资产的保值程度

企业举借的长期债务主要用于固定资产等方面。企业进行长期投资，其投资效果即资产的保值增值程度，决定了企业是否有能力偿还长期债务。因为长期资产是企业长期偿债能力的物质保障，如果企业大部分长期资产在面临债务偿还时变现能力过低，可能会导致企业即使拥有很多长期资产也无法足额偿付债务。

4．企业权益资金的增长和价值

尽管企业的盈利能力是影响长期偿债能力最重要的因素，但若企业将绝大部分利润都分配给投资者，权益资金增长就很少，会降低偿还债务的可靠性。对于债权人来说，权益资金的不断增长会增加企业偿债的基础，增加偿还债务的可靠性，从而提高企业的长期偿债能力。权益资金的实际价值也是影响企业最终偿债能力的重要因素。当企业结束经营时或清算时，企业权益资金的实际价值(即清算价值是否大于应偿还债务)是对债务偿付的最后保障。

5. 企业经营现金流量

企业的债务主要用现金来清偿，虽然企业的盈利能力是偿债的根本保证，但足够的现金流入量才是长期债务本息得以偿还的基础。实际上，一定时期企业的盈利不等同于企业的现金流量。企业只有具备较强的变现能力，有充裕的现金，才能保证其具有真正的偿债能力。因此，企业的现金流量状况是决定企业偿债能力保证程度的关键所在。而经营活动是企业的源动力，是企业获取现金流的最重要来源，因此，我们从现金流角度分析偿债能力，最重要的是看经营现金流量是否能够满足债务偿还的需求。

(二) 外部因素

长期偿债能力的外部影响因素与短期偿债能力的外部影响因素基本相同。

(三) 表外因素

如同短期偿债能力，长期偿债能力的影响因素也可以分成表内因素与表外因素。表内因素会反映在财务报表内的数据变动上，直接影响上述长期偿债能力的相关比率。而一些表外因素可能对企业的长期偿债能力有影响，但并未体现在财务比率上，因此运用偿债能力比率分析时必须加以关注。

1. 长期租赁

资产租赁的形式包括融资租赁和经营租赁。融资租赁资产已经放到承租人的账面上，租赁费作为长期负债，在分析长期偿债能力时，资产和负债包括在相应的财务比率的计算中，反映了偿债能力。经营租赁未包括在资产负债表的长期负债中，但当企业的经营租赁量比较大、期限较长并且具备经常性时，这种长期性的租赁实质上具有长期筹资的性质，必须按期支付，会使得账面数据计算的财务比率无法准确反应企业的长期偿债能力。

2. 债务担保

担保项目的时间长短不一，有的影响公司的长期偿债能力，有的影响公司的短期偿债能力。在分析公司长期偿债能力时，应根据有关资料判断担保责任可能带来的影响。

3. 未决诉讼

未决诉讼一旦判决败诉，可能会影响公司的偿债能力，因此在评价公司长期偿债能力时要考虑其潜在的影响。

本章关键术语

偿债能力、营运资本、流动比率、速动比率、现金比率、现金流量比率、期末支付能力系数、近期支付能力系数、资产负债率、股东权益比率、权益乘数、产权比率、长期资本负债率、有形债务比率、有形净值债务比率、利息保障倍数、现金流量利息保障倍数

思考练习题　　案例讨论与分析：迪安诊断的偿债能力分析　　相关经典文献

第十章　营运能力分析

红色链接： 习近平总书记出席中央经济工作会议时指出，我国经营性国有资产规模大，一些企业资产收益率不高、创新能力不足，同国有资本和国有企业做强做优做大、发挥国有经济战略支撑作用的要求不相适应。要坚持分类改革方向，处理好国企经济责任和社会责任关系，健全以管资本为主的国资管理体制，发挥国有资本投资运营公司作用，以市场化方式推进国企整合重组，打造一批创新型国有企业。

（资料来源：人民网）

引例：我国丝绸文创行业领先企业——万事利营运能力分析

学 习 目 标

知识目标

了解营运能力分析的目的及内涵；掌握影响营运能力的主要因素；掌握营运能力分析指标的计算方法，明确指标之间的相互关系；熟练运用因素分析法对企业营运能力指标进行因素分析。

能力目标

能够基于总资产营运能力指标对比分析和因素分析，对总资产营运能力做出综合评价；能够基于流动资产周转速度指标对比分析和因素分析，对流动资产利用效率做出综合评价；能够基于固定资产利用效果指标对比分析和因素分析，对固定资产利用效果做出综合评价；基于以上分析，能够结合盈利能力分析对企业的整体营运能力做出全面评价。

育人目标

辩证地看待事物的两面性，理解营运能力分析中所体现的"过犹不及，物极必反"古代哲学思想；树立全局观，没有绝对、恰当的周转率指标，要结合企业的具体实际进行判断和分析；树立系统思维，系统性地理解营运能力在企业整个发展过程中的意义和重要性。

知识点导图

第一节　营运能力分析概述

一、营运能力的相关概念

企业的营运能力主要是指企业使用资产支持经营活动的效率和效益，反映企业的资产管理水平和资产周转情况。随着工业经济时代向知识经济时代转变，无形资产在企业资产中所占比重越来越高，在提高企业经济效益方面发挥了巨大作用，但其作用必须依附于有形资产才能发挥出来。因此，企业营运资产主体是指流动资产和固定资产。企业营运资产的利用及其能力如何，将从根本上决定企业的经营状况和经济效益。

二、营运能力分析的目的

(一) 评价企业资产的流动性

企业经营的两大基本特征是收益性和流动性。但从一定意义上讲，流动性比收益性更重要。因为当企业的资产处于静止状态时，很难产生收益；只有当企业运用这些资产进行经营时，才可能产生收益。企业的营运能力越强，资产的流动性越高，企业获得预期收益的可能性就越大。流动性是企业营运能力的具体体现，通过对企业营运能力的分析，就可以对企业资产的流动性做出评价。

(二) 评价企业资产的利用效益

提高资产流动性是企业利用资产进行经营活动的手段，其目的在于提高企业资产利用的效益。企业资产营运能力的实质是以尽可能少的资产占用，尽可能短的周转时间，生产出尽可能多的产品，实现尽可能多的销售收入，从而创造出尽可能多的利润。通过企业产出额与资产占用额的对比分析，可以评价企业资产利用的效益，为提高企业经济效益指明方向。

(三) 挖掘企业资产利用的潜力

企业营运能力的高低，取决于多种因素，通过企业营运能力分析，可以了解企业不同资产的价值贡献程度及资产利用方面存在的问题，从而采取有效措施提高企业资产运营效率。

三、营运能力分析的内容

企业的营运能力分析主要指通过反映企业资产营运效率与效益的指标进行计算和分析，即不考虑财务杠杆情况下对企业资产的运作能力进行分析。具体包括以下几个方面：

其一，流动资产周转速度分析。通过对流动资产周转率、流动资产垫支周转率、存货周转率和应收账款周转率的分析，揭示流动资产周转速度变动的原因，评价流动资产的利用效率和资产的流动性。

其二，固定资产利用效果分析。通过固定资产产值率和固定资产收入率的分析，揭示固定资产利用效果变动的原因，评价固定资产的营运效益。

其三，总资产营运能力分析。通过总资产周转率的分析，揭示总资产周转速度和利用效率变动的原因，评价总资产的营运能力。

四、营运能力分析的一般指标形式

反映营运能力的指标主要是从周转期和周转率两个方面来衡量。周转期是指每种资产或负债从发生到收回或支付的日期；周转率是指一定时期内(通常是一年)资产或负债循环往复的次数，又称周转次数。周转期和周转率的构建一般都采用一定时期内实现的业务量与资产金额对比的方式，即使用效率=流量指标/存量指标。计算时，通常使用一年的业务量，资产金额一般采用平均数，可以是该资产年初数与年末数的平均值。但是如果企业的经营具有明显的季节性，使用年初和年末的平均值显然无法反映企业全年实际资金占用的情况。因此对于此类季节性差异明显的企业，可以采用按季度平均，甚至按月进行平均。

周转期和周转率的计算公式如下：

$$**资产周转率(次数) = \frac{计算期**资产周转额}{计算期**资产平均占用额}$$

$$**资产周转期(天数) = \frac{计算期天数}{**资产周转率(次数)} = \frac{**资产平均占用额×计算期天数}{**资产周转额}$$

资产周转率和资产周转天数是从两个不同的方向表示资产的周转速度。资产周转次数表示在一定时期内完成从资产投入到资产收回的循环次数，而周转天数则表示完成一个从资产投入到资产收回的循环需要多长时间。资产周转次数和资产周转天数呈相反方向变动，在一定时期内，资产周转次数越多，周转天数越少，周转速度就越快，营运效率就越高；反之，则周转速度就越慢，营运效率就越低。

以上计算公式中的有关数据说明如下：

(1) 计算期天数。从理论上说应使用计算期间的实际天数，但为了计算方便，全年通常按 360 天计算，季度按 90 天计算，月度按 30 天计算。

(2) 资产平均余额。也称资产平均占用额或平均运用额。资产平均余额是反映企业一定时期资产占用的动态指标，从理论上说，应是计算期内每日资产余额的平均数，但为了计算简便，通常按资产负债表上的资产余额平均计算。具体计算公式是：

$$某月份**资产平均余额 = \frac{**资产月初余额+**资产月末余额}{2}$$

$$某季度**资产平均余额 = \frac{该季度三个月份**资产平均余额之和}{3}$$

$$全年**资产平均余额 = \frac{**资产一至四季度平均余额之和}{4} = \frac{**资产各月份月末余额之和}{12}$$

(3) 资产周转额。它是指计算期内企业有多少资产完成了周转。以流动资产为例，其周转额是指从货币到商品再回到货币形态这一循环过程的数额。不同资产周转额的计算所使用的周转额是不同的，对此将在后文进行具体分析时予以说明。

第二节　流动资产周转速度分析

企业的流动资产主要包括现金、应收账款、存货等，流动资产具有周转速度快、变现能力强的特点。因此，对流动资产周转速度的分析主要从流动资产总额的周转状况和各项流动资产的周转状况进行。

一、流动资产总体的周转速度分析

企业的营运过程实质上是资产的转换过程。由于流动资产和固定资产的性质、特点不同，决定了它们在这一过程中所起的作用也不同。而固定资产的价值实现(或者说价值回收)要依赖于流动资产的价值实现。一旦流动资产的价值实现(或者说形态转换)出现问题，不仅固定资产价值不能实现，企业所有的经营活动都会受到影响。由此可见，企业经营成果的取得，主要依靠流动资产的形态转换，流动资产周转速度分析是企业营运能力分析最重要的组成部分。

(一) 流动资产周转率(次数)和流动资产周转期

1. 概念及计算公式

流动资产周转率(Current Assets Turnover)是指企业一定时期营业收入净额同流动资产平均余额的比值。其计算公式如下：

$$流动资产周转率(次数) = \frac{营业收入净额}{流动资产平均余额}$$

$$流动资产周转期(天数) = \frac{360}{流动资产周转率} = \frac{360 \times 流动资产平均余额}{营业收入净额}$$

$$流动资产平均余额 = \frac{流动资产年初数 + 流动资产年末数}{2}$$

通常计算期为 1 年，即 360 天。

2. 分析及运用

一般情况下，流动资产周转率指标越高，表明企业流动资产周转速度越快，利用越好。在较快的周转速度下，流动资产会相对节约，在某种程度上也就增强了企业的盈利能力；反之，流动资产周转率越慢，则需要补充更多的流动资金参与周转，导致资金成本上升，降低了企业的盈利能力。要实现该指标的良性变动，应以销售收入增幅高于流动资产增幅作为保证。在企业内部，通过对该指标的分析对比，一方面，可以促进企业加强内部管理，充分有效地利用其流动资产，如降低成本、调动暂时闲置的货币资金用于短期投资创造收益等；另一方面，也可以促进企业采取措施扩大销售，提高流动资产的综合使用效率。

为了分析流动资产周转速度变动的原因，找出加速流动资产周转的途径，根据流动资产周转速度指标的经济内容和内在联系，可将流动资产周转速度指标作如下分解：

$$流动资产周转率(次数) = \frac{营业收入净额}{流动资产平均余额} = \frac{营业成本}{流动资产平均余额} \times \frac{营业收入净额}{营业成本}$$

$$= 流动资产垫支周转率 \times 成本收入率$$

以上分解式表明，影响流动资产周转率的因素是流动资产垫支周转率和成本收入率。前者反映了流动资产真正的周转速度，后者说明了所费与所得之间的关系，反映出流动资产的利用效果。加快流动资产垫支周转速度是手段，但提高流动资产利用效果才是目的。因此，提高流动资产垫支周转速度必须是以提高成本收入率为前提。

案例 10-1 根据 XYZ 公司 2023 年度的利润表和 2023 年年末的资产负债表，计算可知：

$$2023 年的流动资产周转率 = \frac{2000}{\dfrac{1701 + 812}{2}} \approx 1.59(次)$$

$$2023 年的流动资产垫支周转率 = \frac{1500}{\dfrac{1701 + 812}{2}} \approx 1.194(次)$$

$$2023 年的成本收入率 = \frac{2000}{1500} \approx 1.333$$

验证可得：

流动资产垫支周转率 × 成本收入率 = 1.194 × 1.333 ≈ 1.59 = 流动资产周转率

(二) 流动资产垫支周转率(次数)和流动资产垫支周转期

1. 概念及计算公式

流动资产每完成一次从货币到商品再到货币这一循环过程，代表流动资产周转了 1 次，并以产品实现销售为标志。营业收入和营业成本表示销售实现的两个指标。一般来说，使用营业成本这一指标作为周转额是用来说明垫支的流动资产周转速度，反映出流动资产的纯粹周转速度。而使用营业收入这一指标，由于收入中包含了垫支资金以外的部分(如税金和利润等)，因此计算出来的流动资产周转速度是一种扩大形式的周转速度，既反映了流动资产的纯粹周转速度，又反映了流动资产利用的效果。

$$流动资产垫支周转率(次数) = \frac{营业成本}{流动资产平均余额}$$

$$流动资产垫支周转期 = \frac{流动资产平均余额 \times 360}{营业成本}$$

2. 分析及运用

在流动资产周转速度分析的基础上，进一步分析流动资产垫支周转速度，可将流动资产垫支周转率做如下分解：

$$流动资产垫支周转率(次数) = \frac{营业成本}{流动资产平均余额} = \frac{营业成本}{平均存货} \times \frac{平均存货}{流动资产平均余额}$$

$$= 存货周转率 \times 存货构成率$$

以上分解式表明，影响流动资产垫支周转率的因素有存货周转率和存货构成率。存货周转率反映了存货的流转速度或者变现速度，而存货构成率则反映流动资产中存货的占比。制造业企业的存货占流动资产的比重通常在 40%～60%之间，存货是企业营运中必不可少的流动资产。存货周转率和存货占流动资产比两个指标共同影响了流动资产垫支周转率。当一定时期存货占比稳定时，提高存货周转率能提高流动资产垫支周转率；反之，流动资产垫支周转率就会下降。

(三) 营业周期和现金周转期

1. 营业周期

营业周期是指取得存货开始到销售存货并收回现金为止的这段时间，其计算公式为

$$营业周期 = 存货周转期 + 应收账款周转期$$

一般情况下，营业周期越短，说明资金周转速度越快，资产使用效率越高，获利能力越强；反之，营业周期越长，说明资金周转速度越慢，资产使用效率越低，获利能力越弱。

2. 现金周转期

现金周转期是指现金从投入生产经营开始到最终转化为现金的期间。企业的现金周转期越短，说明企业现金资产的周转速度越快，使用效率越高；反之，说明企业现金资产的使用效率越低。由于现代企业普遍存在赊购、赊销，使得企业现金周转期不一定等于营业周期。因此，现金周转期的计算公式如下所示：

$$现金周转期 = 存货周转期 + 应收账款周转期 - 应付账款周转期$$

若现金周转期缩短，则说明企业经营环节资金占用下降，资金来源增加，资金趋于宽松；若现金周转期延长，则说明企业经营环节资金占用额增加，第三方资金占用减少，资金趋于紧张。值得注意的是，如果现金周转期最终等于零，意味着除了周转所需的现金外，企业的其他流动资金需求都可以由应付账款来支持；若该指标小于 0 时，则表明企业没有为经营活动垫支资金，企业的营运资金可以依靠应付账款资金来保证。

小课堂 10-1　营运能力指标

二、流动资产具体项目的周转速度分析

(一) 存货周转速度分析

1. 概念及计算公式

存货周转速度是反映企业存货资金的使用效率和企业存货规模是否合适的指标，通常由存货周转率(次数)和存货周转期两个指标来反映，具体计算公式如下：

$$存货周转率(次数) = \frac{营业成本}{存货平均余额}$$

$$存货周转期(天数) = \frac{360}{存货周转率} = \frac{360 \times 存货平均余额}{营业成本}$$

$$存货平均余额 = \frac{存货年初数 + 存货年末数}{2}$$

案例 10-2　根据 XYZ 公司 2023 年度的利润表和 2023 年年末的资产负债表，计算可知：

$$2023 \text{ 年的存货周转率} = \frac{1500}{\frac{300+240}{2}} = 5.56(\text{次})$$

计算存货周转速度时还应注意以下相关问题：

(1) 业务量数据的选择。

指标计算通常采用营业成本，而非营业收入指标，这是因为存货是在企业营运中直接转化为企业的营业成本，并通过营业成本的回收完成存货投资形态的转化，因此，采用营业成本计算的存货周转率和周转期指标更能反映企业的存货管理水平。但是，当企业营业收入和营业成本的比值基本保持稳定的情况下，或者用于分解总资产周转率时，使用营业收入也是可以的。同时还应注意分析目的，若是为了判断企业短期偿债能力，则应采用营业收入；若是为了评价存货管理业绩，则应采用营业成本。

(2) 存货平均余额的选取。

存货平均余额代表企业一定时期对存货的投资额，反映存货占用资金量的大小。存货占用资金量包括计提的存货跌价准备，即采用计提存货跌价准备以前的账面余额，这样可以使分子分母口径更为一致。但是，如果企业存货跌价准备计提的比例金额不大或比例没有明显改变，也可以使用存货净额为基础计算。

(3) 计算期间的选取。

存货周转率和周转天数使用的期间通常为会计年度，假设每年为 360 天。为方便计算比较，通常使用企业公开的年度报告数据。但是若分析对象具有季节性生产的特点，并且分析者关注企业在某季度内的管理效率问题，则可以使用季度报表。

2. 分析及运用

存货周转率的好坏反映企业存货管理水平的高低，也影响企业的短期偿债能力，是企业管理的一项重要内容。当企业存货周转速度偏低时，可能由以下原因造成：经营不善、产品滞销；预测存货价格上升而囤积；企业销售政策发生变化等。但存货周转速度偏高也不一定代表企业营运能力强，经营出色。若企业为了扩大销路而降价销售或大量赊销，则营业利润会受到影响或产生大量的应收账款。评价存货周转率适度与否，除参考本企业的历史水平之外，还应参考同行业的平均水平。

同时，还应关注构成存货的原材料、在产品、半成品、产成品和低值易耗品等之间的比例关系。特别要重点关注变化大的项目，当然也不能完全忽视变化不大的项目，其内部可能隐藏着重要问题。

(二) 应收账款周转速度分析

在市场经济条件下，由于商业信用的普遍应用，应收账款成为企业一项重要的流动资产，应收账款的变现能力直接影响到资产的流动性。应收账款周转速度的指标通常由应收账款周转率(次数)和应收账款周转期两个指标来反映。

1. 应收账款周转率(次数)

应收账款周转率是指企业一定时期赊销收入净额与应收账款平均余额的比值，用来反映应收账款的收款速度。其计算公式如下：

$$应收账款周转率(次数) = \frac{赊销收入净额}{应收账款平均余额}$$

$$应收账款平均余额 = \frac{应收账款年初数 + 应收账款年末数}{2}$$

注意：应收账款是因商品购销关系所产生的债权资产，而不是单指会计核算上的应收账款科目，一般包括应收账款和应收票据。

应收账款周转率是反映企业应收账款变现速度快慢与管理效率高低的指标。在一定时期内，应收账款周转率越高，周转次数越多，则应收账款的变现速度和收账效率就越高；在其他条件不变的情况下，流动资产的质量越高，短期偿债能力就越强。同时，较高的应收账款周转率可以有效减少应收账款的收账费用和坏账损失，从而增加企业流动资产的获利能力。反之，较低的应收账款周转率则表明企业应收账款管理效率较低，企业需要加强应收账款的管理和催账工作。根据应收账款周转率的具体分析，还可以评价客户的信用程度及企业信用政策的合理性。

在计算及分析应收账款周转率指标时，应注意以下几个问题：

(1) 销售收入的赊销比例问题。

为使分子分母口径一致，分子应该使用赊销收入净额。赊销收入净额是指销售收入扣除现销收入、销售退回、销售折扣和折让后的余额。但外部分析者很难取得赊销收入的数据，因此一般用营业收入来代替。

(2) 应收账款年末余额的可靠性问题。

应收账款是特定时点的存量，容易受季节性、偶然性和人为因素的影响。在应收账款周转率用于业绩评价时，最好使用多个时点的平均值，以减少这些因素的影响。

(3) 应收账款的减值准备问题。

公开财务报表上列示的是应收账款净额，即扣除坏账准备和减值准备后的余额，但销售收入并未随着坏账准备和减值准备而相应的减少，导致提取的减值准备越多，应收账款周转次数就越多，这种次数的增加并不能说明企业管理效率的提高。因此，如果坏账准备或减值准备金额较大，就应该进行调整，或者使用未扣除坏账准备和减值准备的应收账款进行计算。报表附注中披露的坏账准备信息可作为调整的依据。

(4) 应结合分析应收票据等项目的周转率。

应收票据是一种债权凭证，大部分应收票据是由于销售形成的，是应收账款的另外一种表现形式，所以需要结合分析应收票据及应收款项融资等项目的周转状况，才能更全面的评价企业应收款项的营运能力。

(5) 应收账款分析应该与销售分析、现金分析结合起来。

应收账款的起点是销售，终点是现金。正常情况下，销售增加会引起应收账款的增加，经营活动产生的现金流量也会增加。

(6) 应该从一段时期来考察应收账款的周转情况。

由于资产负债表中的数据是时点数，仅从某一时点上，哪怕是某一时期，都很难看清其发展规律和真实面目，因此，可以通过趋势分析，将连续若干年的应收账款周转率与本期应收账款周转率相对比，以准确判断和评价应收账款的周转状况。

(7) 应收账款管理的其他因素。

应收账款的管理是事前、事中和事后综合协调的过程，如信用政策、收账政策等，分析时应综合考虑这些因素的变化情况。

2．应收账款周转期(天数)

应收账款周转期是反映应收账款周转速度的另一个指标，也称应收账款账龄或应收账款平均收现期，是指企业从产品销售出去到收回应收账款所占用的天数。其计算公式如下：

$$应收账款周转期(天数) = \frac{360}{应收账款周转率} = \frac{360 \times 应收账款平均余额}{营业收入}$$

应收账款天数能直接反映企业的管理效率。应收账款天数越短，说明企业应收账款变现速度越快，企业资金被外单位占用的时间就越短，管理工作效率就越高。企业生产经营的季节性原因、付款及结算方式等都会影响应收账款天数的计算结果。投资者在分析该指标时，应结合本企业历史数据及行业平均水平，综合判断指标的高低。

案例 10-3 根据 XYZ 公司 2023 年度的利润表和 2023 年年末的资产负债表，计算可知：

$$2023 \text{ 年的应收账款周转率} = \frac{2000}{\dfrac{480+380}{2}} = 4.65(次)$$

$$2023 \text{ 年的应收账款周转天数} = \frac{480+380}{2} \times \frac{360}{2000} = 77.4(天)$$

应注意的是，应收账款周转天数并非越少越好。应收账款是由赊销引起的，如果赊销比现销更有优势，则周转天数就不是越少越好。而企业收现时间的长短与其信用政策有关，改变信用政策就会引起企业应收账款周转天数的变化。

案例 10-1　营运能力部分指标分析

三、流动资产周转加速的效果分析

流动资产周转加速的效果主要体现在两方面：一定的产出需要的流动资产越少；一定的流动资产取得更多的收入。

(一) 流动资产周转加速对流动资产的影响

加快流动资产周转，可以使企业在销售规模不变的情况下，运用更少的流动资产，形成流动资产节约额，其计算公式如下：

$$流动资产节约额 = 报告期营业收入 \times \left(\frac{1}{报告期流动资产周转率} - \frac{1}{基期流动资产周转率} \right)$$

报告期流动资产周转次数大于基期流动资产周转次数，则说明流动资产周转速度加快，即流动资产节约额的计算结果为负数，表示因周转加速而节约的流动资金数；反之，则结果为正，说明因流动资产周转速度缓慢而浪费的流动资金数。

流动资产周转速度加快形成的节约额可以分为绝对节约额和相对节约额。流动资金绝对节约额是指企业由于流动资产周转加速，可以减少流动资产占用额，因而能腾出一部分资金。流动资金相对节约额是指企业由于流动资产周转加速，在不增资或少增资的条件下扩大企业的生产规模。因此流动资产节约主要有三种情况：其一，若企业流动资产周转加速而营业收入没变，则形成的节约额就是绝对节约额；其二，若企业流动资产周转加速，而流动资产实际存量大于或等于基期流动资产存量时，形成的节约额就是相对节约额；其三，若企业流动资产周转加速且营业收入增加，流动资产占有量减少，形成的节约额既包括绝对节约额，又包括相对节约额。

(二) 流动资产周转加速对收入的影响

流动资产周转加速可以使企业在流动资产规模不变的条件下，增加企业的收入。其计算公式如下：

$$营业收入增加额 = \frac{基期流动资产平均余额}{报告期流动资产周转率 - 基期流动资产周转率}$$

当报告期流动资产周转率低于基期流动资产周转率时，计算结果为负数，对应营业收入的减少数。

加速流动资产周转形成的资产节约额或营业收入增加额是从两个不同侧面对流动资产周转加速的效果所作的分析，具有相同的经济意义。

第三节　固定资产利用效果分析

企业资产利用的直接成果是产品产量或销售量，通过产量(产值)和销量(营业收入)与资产的对比，可以反映出企业资产的利用效率。企业经营活动使用的资产不仅仅是流动资产，还包括固定资产、无形资产等非流动资产，这些资产的使用效率同样影响企业的盈利能力。非流动资产营运能力指标通常由固定资产产值率和固定资产周转率构成。

一、固定资产产值率分析

(一) 概念及计算公式

固定资产是企业的主要生产资料，固定资产的利用效率可以直接通过所生产的产品(产值)表现出来。固定资产产值率是指一定时期按不变价格计算的产值与固定资产平均总值之间的比率。其计算公式如下：

$$固定资产产值率 = \frac{总产值}{固定资产平均总值} \times 100\%$$

公式中的分子项目是企业总产值，一般按照不变价格计算的全部产品的市场价值总和。公式中的分母也可以使用固定资产原值或固定资产净值。究竟采用什么数值应视分析目的和要求而定。若从固定资产规模和生产能力方面来分析，则应使用原值指标；若从固定资金占用方面来分析，则使用固定资产净值为宜。不同行业，由于技术装备不同，每1元固定资产创造的产值差别也很大，所以该指标在不同行业不具有可比性。该指标越高，说明企业固定资产的投入产出效率越高，企业营运状况越好。

案例 10-4　假设某企业一年的总产值为 1 亿元，年初固定资产原值为 8500 万元，年末固定资产原值为 9500 万元。

$$固定资产平均总值 = \frac{8500万 + 9500万}{2} = 9000万元$$

$$固定资产产值率 = \frac{1亿}{9000万} \times 100\% \approx 111.11\%$$

（二）分析及运用

固定资产产值率是一个综合性指标，受多种因素影响。在众多因素中固定资产本身的因素最重要，因此需要进一步对固定资产产值率进行分解。

$$生产设备产值率 = \frac{总产值}{生产设备平均总值} \times 100\%$$

$$生产用固定资产产值率 = \frac{总产值}{生产用固定资产平均总值} \times 100\%$$

$$全部固定资产产值率 = \frac{总产值}{全部固定资产平均总值} \times 100\%$$

三个指标之间的相互关系如下所示：

$$固定资产产值率 = \frac{总产值}{固定资产平均总值}$$

$$= \frac{总产值}{生产设备平均总值} \times \frac{生产设备平均总值}{生产用固定资产平均总值} \times \frac{生产用固定资产平均总值}{固定资产平均总值}$$

$$= 生产设备产值率 \times 生产设备占生产用固定资产比重 \times$$
$$生产用固定资产占固定资产比重$$

生产用固定资产产值率 = 生产设备产值率 × 生产设备占生产用固定资产比重

从上述分解后的公式来看。

(1) 生产设备产值率反映了生产设备能力和利用效果。除人的因素外，生产设备利用效率是决定产品产量的最根本原因，只有提高设备利用率，才能创造出更多的产品，提高生产用固定资产产值率。

(2) 生产设备占生产用固定资产的比重反映了固定资产的结构。生产设备产值率再高，若固定资产结构不合理，生产设备所占比重低，生产用固定资产产值率也不会高。应在提高生产设备利用效率的同时，优化固定资产内部结构。

(3) 固定资产结构还可通过生产设备占生产用固定资产比重和生产用固定资产占全部固定资产比重两个指标来表示。这说明在全部固定资产中，首先应提高生产用固定资产比重，使企业的固定资产大部分用于生产经营。同时，还应注意在提高生产用固定资产比重时，重点放在增加生产设备方面。

值得注意的是，由于总产值中包括完工产品和在产品，所以总产值仅代表本期生产了多少，并不代表得到了社会的承认。若仅以固定资产产值率进行分析及评价，则可能生产出来的产品越多，浪费也越多。所以，企业产出与固定资产的关系可以从另外一个角度反映，即百元产值占用资金，其计算公式如下：

$$百元产值占用资金 = \frac{平均固定资产}{总产值} \times 100\%$$

百元产值占用资金实质上是固定资产产值率的倒数，反映每百元产值占用的资产。该指标越低，说明每一单位产出所占用的固定资产越少，表明企业资产运营能力越强。

二、固定资产周转率分析

(一) 概念及计算公式

固定资产周转率是指一定时期实现的营业收入与固定资产平均净值的比率，它是衡量固定资产使用效率的指标。固定资产周转率越高，说明企业固定资产的利用效率越高，企业闲置的资产越少；反之，固定资产周转率过低，可能是企业的销售情况较差，也可能企业存在利用低效甚至闲置的固定资产。其计算公式如下：

$$固定资产周转率(次数) = \frac{营业收入}{固定资产平均净值}$$

由于固定资产价值转移是以成本费用的形式转移到产品中去，这种价值转移与收回的对应关系很难量化确定。按照固定资产投资的获利目的，分子一般采用营业收入，分母通常采用固定资产平均净值作为计算基础，但一般较少采用固定资产总值。需要注意的是，若企业固定资产减值准备金额较大，以固定资产净额为基础计算的固定资产周转率会偏高，而固定资产减值准备金计提越大，实际是固定资产价值减损的表现，以此得出较高的固定资产周转率并非是固定资产利用效率高的表现。

案例 10-5 根据 XYZ 公司 2023 年年度的利润表和 2023 年年末的资产负债表，计算可知：

$$2023 年的固定资产周转率 = \frac{2000}{\dfrac{1200+1150}{2}} \approx 1.7(次)$$

(二) 分析及运用

固定资产周转率分析时要注意以下问题：

(1) 关注行业特点。

固定资产周转率在很大程度上与企业所处的行业资产特点有关，资本密集型行业通常有大量的固定资产，因此固定资产周转率较低；而劳动密集型行业通常有较高的固定资产周转速度。

(2) 关注行业周期的影响。

固定资产的投资具有不可逆性，对企业的战略影响非常重大。行业周期非常明显的企业，在行业周期的不同阶段固定资产周转率会表现出较大的差异。当行业处于上行阶段时，营业收入的快速增长会使固定资产周转率提高；反之，当行业周期处于下行阶段时，营业收入的快速下滑会使固定资产周转率较低。这种固定资产周转率的大幅变化，会给企业和投资者带来较高的风险。

(3) 关注宏观经济形势的影响。

企业的固定资产一般都采用历史成本计量，在固定资产和销售状况都没有发生变化的情况下，通货膨胀可能导致物价上涨而引起营业收入虚增，从而使固定资产周转率提高，但固定资产的实际运营效率并未改变。

(4) 关注大额投资的影响。

企业在经营扩张阶段，往往一次性进行大规模的固定资产投资，如建立新的生产流水线等。这种大规模的固定资产投资形成的巨大产能无法在短期内转化为营业收入，这时固定资产周转率往往较低，分析时不能因此得出企业固定资产管理不善的结论。若经过较长的成长周期，固定资产周转率一直保持较低的水平，才能说明企业资产规模的扩大并没有带来相应收入的增长，企业投资失误。

(5) 关注折旧政策的影响。

固定资产计提折旧的方法有年限平均法和加速折旧法，累计折旧的高低在一定程度上受到折旧政策的影响。如果两家公司采用的折旧政策存在较大差异，很可能得出违背实际情况的结论。

(6) 关注固定资产取得方式的影响。

固定资产的不同来源方式会对固定资产周转率的计算产生影响。比如经营租赁取得和采购取得固定资产方式下，会产生不同的固定资产周转率状况。分析时，应该注意对比企业的固定资产取得方式是否一致。

第四节　总资产营运能力分析

一、总资产周转率分析

总资产营运能力分析是对企业全部资产使用效率的总体评价，通常使用总资产周转率这一指标。总资产周转率是指企业一定时期内营业收入与总资产平均余额的比率。其计算公式如下：

$$总资产周转率(次数) = \frac{营业收入}{总资产平均余额}$$

案例 10-6　根据 XYZ 公司 2023 年度的利润表和 2023 年年末的资产负债表，计算可知：

$$2023 年的总资产周转率 = \frac{2000}{\dfrac{2346 + 2027}{2}} = 0.915(次)$$

总资产周转率是企业的全部资产价值在一定时期内完成周转的次数，体现了企业经营期间全部资产从投入到产出的流转速度，也可理解成每 1 元资产赚取收入的能力，综合反映了企业全部资产的管理质量和利用效率。数值越高，表明企业总资产周转速度越快，销售能力越强，资产利用效率越高。

指标中营业收入是指企业从事经营活动所取得的收入净额，而总资产包括交易性金融资产、投资性房地产、长期股权投资、固定资产、无形资产等企业各项资产总和，而长期股权投资等给企业带来的效益表现为"投资收益"，不能形成营业收入。这就要求财务分析人员应特别关注总资产与营业收入的匹配性。如果企业金融资产占比重较高，该指标就会失去可比性。此时应把分母中的总资产改为经营性资产，具体经营性资产规模的确定，在第十四章中会详细论述。(在管理用财务报表中，可以直接取用经营资产这一项目数)，从而得到一个从经营活动角度反映总资产周转率的新指标——经营性资产周转率，其计算公式如下：

$$经营性资产周转率(次数) = \frac{营业收入}{经营性资产平均余额}$$

二、总资产周转率的影响因素及分析

案例 10-2　总资产周转率指标分析

对总资产周转率指标可作如下分解：

$$总资产周转率 = \frac{营业收入}{总资产平均余额}$$

$$= \frac{营业收入}{流动资产平均余额} \times \frac{流动资产平均余额}{总资产平均余额}$$

$$= 流动资产周转率 \times 流动资产占总资产的比重$$

由上述公式可见，总资产周转速度的快慢取决于流动资产周转率和流动资产占总资产的比重。流动资产的周转速度往往快于非流动资产的周转速度，加快流动资产周转就会使总资产周转速度加快；反之，流动资产周转速度下降会使总资产周转速度减慢。同时，企业流动资产占比越大，总资产的周转速度就会越快。

本章关键术语

营运能力、营业周期、现金周转期、流动资产垫支周转率、存货周转率、存货构成率、流动资产节约额、应收账款周转率、流动资产周转率、固定资产周转率、固定资产产值率、总资产周转率、经营性资产周转率

思考练习题

案例讨论与分析：迪安诊断的营运能力分析

相关经典文献

第十一章　盈利能力分析

引例：2023 年浙江省 A 股上市公司上半年经营分析

学 习 目 标

🔵 知识目标

掌握盈利能力分析的目的；掌握商品经营、资产经营和资本经营的内涵及相互关系；掌握商品经营、资产经营和资本经营盈利能力及上市公司盈利能力的指标及计算；掌握同行业公司数据的搜集方法。

🔵 能力目标

能根据盈利能力分析方法的学习，具体运用资本经营能力、资产经营能力、商品经营能力的分析方法分析上市公司的盈利能力；能运用盈利能力分析指标进行同行业对比；能通过计算盈利能力指标来分析和评价企业的盈利状况及存在的问题。

🔵 育人目标

树立"立信，乃会计之本"的诚信理念，坚守不做假账，诚实守信的职业素养；树立社会责任感和使命感，将个人、企业的利益追求与社会价值利益密切结合；树立良好的道德规范和法制观念，践行"君子爱财，取之有道"的中国传统文化精神。

知识点导图

第一节　盈利能力分析概述

一、盈利能力的相关概念

企业的盈利能力也称获利能力，是指企业在一定时期内为资金提供者创造利润的能力。盈利能力的大小是一个相对的概念，即利润与一定的资源投入或一定的收入相比较而获得的一个概念。保持最大的盈利能力是企业财务工作的目标，也是企业实现持续经营的根本保证。由于盈利能力是企业生产经营活动、销售活动和财务管理水平高低的综合体现，因而盈利能力是企业所有利益相关者(股东、债权人及经理人等)共同关注的问题。

二、盈利能力分析的目的

(一) 经理人员角度

其一，反映和衡量企业经营业绩。企业管理者的根本任务是使企业赚取更多的利润。各项收益数据反映企业的盈利能力，也反映管理者的工作业绩。通过与标准值、历史值、同行业平均水平及其他数值相比较，则可以评价管理者的工作业绩。

其二，发现经营管理过程中存在的主要问题。盈利能力是企业各个环节经营活动的综合反映，企业各个环节经营管理的好坏，最终都会通过盈利能力反映出来。

(二) 债权人角度

利润是偿债的重要资金来源，特别是对长期债务而言。债权人必然最关注企业的偿债能力，而偿债能力的强弱最终取决于企业的盈利能力。通过对企业盈利能力的分析，债权人可以更好进行贷款决策。

(三) 股东角度

股东投资企业的直接目的就是获得更多的投资回报，而投资回报的高低直接取决于企业的盈利水平。投资者通过分析判断企业的盈利能力来预测企业未来的收益或估计投资风险，作为投资决策的重要依据。

(四) 政府部门角度

财政收入是政府行使经济职能的经济基础，而税收是财政收入的主要构成部分。企业盈利能力越强，利润越大，纳税就越多，对政府税收的贡献程度就越大。各级政府若能汇集较多的财政收入，就能有更多的资金投入到基础建设等公益事业中，从而更好地履行社会管理职能，为国民经济的良性发展提供必要的保障，也为企业的发展提供良好、稳定的外部社会环境。

(五) 员工角度

企业盈利能力的高低，直接影响员工切实的经济利益。具有较强盈利能力的企业能吸引优秀的员工，提供稳定的就业岗位、较多的发展机会、较丰富的职工薪酬和福利待遇，从而为员工工作、生活、健康等各方面创造良好的条件。

三、盈利能力分析的内容

盈利能力分析是财务分析的重点，前述偿债能力、营运能力分析的根本目的是通过分析及时发现问题，改善企业财务策略、经营管理策略，提高偿债能力和营运能力，以达到最终提高企业盈利能力、促进企业持续稳定发展的目的。企业经营方式是盈利能力的基础，通常可以分为商品经营、资产经营和资本经营三种类型。不同层次、不同性质的企业经营方式不同，进行盈利能力分析的目的和指标形式也会有所不同。

(一) 商品经营盈利能力分析

对于商品经营主导型企业而言，在企业利润结构中以商品经营形成的商品销售利润为主要来源，商品销售利润的高低，直接反映了企业经营状况和经济效益的好坏。商品经营的基本内涵就是企业以市场为导向，组织供、产、销活动，以一定的人力、物力消耗，生产与销售尽可能多的社会需要的商品。商品经营的目标是商品的数量、质量，是商品的市场占有率和获利能力，注重的是商品的技术、质量、成本及品牌。商品经营盈利能力主要根据利润表资料进行收入利润率和成本利润率两方面的分析。

(二) 资产经营盈利能力分析

资产经营的基本内涵是合理配置与使用资产，以一定的资产投入，取得尽可能多的收益。资产经营的对象是整个企业，而不单纯是商品，它不仅考虑商品本身的消耗与收益，而且将整个企业的资产投入与产出及周转速度作为经营的核心。资产经营目标是在实现商品经营目标的基础上，进一步搞好资产重组与有效使用，加快资产周转速度，注重的是资产的质量、价值与增值，以及投入产出比。资产经营盈利能力分析主要对总资产报酬率进行分析和评价，并进一步对总资产报酬率影响的指标进行分析。

(三) 资本经营盈利能力分析

资本经营的内涵是企业以资本为基础，通过优化配置来提高资本经营效益的经营活动，其活动领域主要包括资本流动、并购重组、上市、参股和控股等能实现资本增值的领域。资本经营的对象是企业的资本以及运动，侧重的是企业经营过程的价值方面，追求价值的增值。资本经营盈利能力分析主要对净资产报酬率进行分析和评价，并进一步对净资产报酬率影响的指标进行分析。

(四) 上市公司盈利能力分析

由于上市公司因股权流通、股票价格公开等因素，其盈利能力分析除与非上市企业盈利能力指标分析相同外，还应进行一些特殊指标的分析，尤其是一些与其股票价格或市场价值相关的指标分析。上市公司盈利能力分析主要对每股收益、股利发放率以及价格与收益比率等的指标进行分析。

四、企业盈利能力分析的影响因素

(一) 行业特征

不同行业的盈利能力有很大的差异。行业竞争激烈程度、进入时机、领先时间和成功关键因素的稳定性等都会对企业盈利能力的稳定性和持续性产生影响。

(二) 营销能力

营业收入是企业利润的主要来源，是企业发展和扩张的基础。而营销能力的高低可以改变企业的市场占有率的多少，是扩大经营规模、增加营业收入的保证。科学有效的营销策略有助于形成良好的营业状况，为企业盈利提供最基本的条件。

(三) 资产结构

资产结构是指反映企业资产的配置关系。通常情况下，固定资产或长期资产投资比率过高，会使企业经营风险加大，经营能力利用程度变低，表现为较高的经营杠杆系数(DOL)，但企业盈利能力提高；相反，若企业的流动资产比率过大，则经营风险较低，经营杠杆系数较小，但企业盈利能力下降。

(四) 资本结构

资本结构通常用资产负债率来反映。理论上，长期债务由于具有相对稳定性，利息具有税盾效应。因此，适度负债能提高企业的净资产收益率，改善企业的盈利能力。但我国许多学者研究发现，我国上市公司的盈利能力与资产负债率之间呈现负相关关系，而且，上市时间越长的公司往往盈利能力越弱。

除上述几个方面的因素外，还有很多其他因素会影响企业的盈利能力。比如技术创新、资产规模、资本规模、行业生命周期等也都会对企业的盈利能力产生重要影响。

第二节　商品经营盈利能力分析

一、商品经营盈利能力的内涵与具体指标

商品经营盈利能力是指通过计算企业生产经营过程中的产出、耗费和利润之间的比例关系来研究和评价企业的盈利能力。商品经营盈利能力一般不考虑企业的筹资或投资问题，只研究利润与收入或成本之间的比率关系。因此，商品经营盈利能力主要反映企业在生产经营过程中产生利润的能力，也是企业盈

小课堂 11-1　商品经营
盈利能力指标

利能力最直观的外在表现，既能反映企业前期经营成果，又能为企业后续的盈利奠定基础。商品经营盈利能力的指标通常分为两类：一类是各种利润额与收入的比率，统称收入利润率；另一种是各种利润额与成本的比率，统称成本利润率。

(一) 收入利润率分析

反映收入利润率的指标主要有营业收入利润率、营业收入毛利率、总收入利润率、销售净利率、销售息税前利润率等形式。不同的收入利润率，其内涵不同，揭示的收入与利

润关系不同，在分析评价中的作用也不同。具体如下表 11-1 所示。

表 11-1　各类收入利润率比较

指　标	含　义	备　注
营业收入利润率	营业利润与营业收入的比率	
营业收入毛利率	营业毛利与营业收入的比率	营业毛利 = 营业收入 − 营业成本
总收入利润率	利润总额与营业总收入的比率	营业总收入 = 营业收入 + 投资净收益 + 营业外收入
销售净利率	销售净利润与营业收入的比率	
销售息税前利润率	销售息税前利润与营业收入的比率	

收入利润率指标是正指标，指标值越高，说明盈利能力越强。分析时应根据分析的目的与要求，确定适当的标准值，如参考行业平均值、企业目标值等。

案例 11-1　根据 XYZ 公司 2023 年度的利润表，计算可知：

$$2023\ 年的营业收入利润率 = \frac{255}{2000} \times 100\% = 12.75\%$$

$$2022\ 年的营业收入利润率 = \frac{210}{1850} \times 100\% = 11.35\%$$

$$2023\ 年的营业毛利率 = \frac{2000 - 1500}{2000} \times 100\% = 25\%$$

$$2022\ 年的营业毛利率 = \frac{1850 - 1406}{1850} \times 100\% = 24\%$$

$$2023\ 年的总收入利润率 = \frac{276}{2000 + 5 + 30 - 9} \times 100\% = 13.62\%$$

$$2022\ 年的总收入利润率 = \frac{230}{1850 + 0 + 30 - 10} \times 100\% = 12.3\%$$

$$2023\ 年的销售净利率 = \frac{206}{2000} \times 100\% = 10.3\%$$

$$2022\ 年的销售净利率 = \frac{172}{1850} \times 100\% = 9.3\%$$

从上述收入利润率指标计算结果可知，XYZ 公司 2023 年的获利情况相比于 2022 年略有上升。

(二) 成本利润率分析

反映成本利润率的指标关注企业生产经营过程中的耗费和利润之间的比例关系，包括营业成本利润率、营业费用利润率、全部成本费用利润率等。

1. 营业成本利润率

营业成本利润率是指营业利润与营业成本的比值，其计算公式如下：

$$营业成本利润率 = \frac{营业利润}{营业成本} \times 100\%$$

2．营业费用利润率

营业费用利润率是指营业利润与营业费用总额的比值，其计算公式如下：

$$营业费用利润率 = \frac{营业利润}{营业费用总额} \times 100\%$$

营业费用总额包括营业成本、营业税金及附加、期间费用和资产减值损失。期间费用包括销售费用、管理费用、研发费用和财务费用等。

3．全部成本费用利润率

该指标可以分为全部成本费用总利润率和全部成本费用净利润率两个指标。

全部成本费用总利润率的计算公式如下：

$$全部成本费用总利润率 = \frac{利润总额}{营业费用+营业外支出} \times 100\%$$

全部成本费用净利润率的计算公式如下：

$$全部成本费用净利润率 = \frac{净利润}{营业费用+营业外支出} \times 100\%$$

以上各种成本利润率指标反映企业投入产出水平，即所得与所费的比率，体现了增加利润是以降低成本及费用为基础的核心理念。与收入利润率相同，成本利润率也是正指标，这些指标的数值越高，表明生产和销售产品的每 1 元成本及费用取得的利润越多，劳动耗费的效益越高，企业的盈利能力越强；反之，则企业的盈利能力越弱。通过该类指标的分析不仅可以评价企业盈利能力的高低，也可以评价企业对成本费用的控制能力和经营管理水平。分析评价时，可将各指标实际值与标准值进行对比。标准值可根据分析和管理要求确定。

案例 11-2 根据 XYZ 公司 2023 年度的利润表，计算可知：

$$2023 \text{ 年的营业成本利润率} = \frac{255}{1500} \times 100\% = 17\%$$

$$2022 \text{ 年的营业成本利润率} = \frac{210}{1406} \times 100\% = 14.94\%$$

案例 11-1 商品经营盈利
能力指标分析

$$2023 \text{ 年的营业费用利润率} = \frac{255}{1500+80+60+40+70} \times 100\% = 14.57\%$$

$$2022 \text{ 年的营业费用利润率} = \frac{210}{1406+74+55+37+68} \times 100\% = 12.8\%$$

$$2023 \text{ 年的全部成本费用利润率} = \frac{276}{1500+80+60+40+70+9} \times 100\% = 15.69\%$$

$$2022 \text{ 年的全部成本费用利润率} = \frac{230}{1406+74+55+37+68+10} \times 100\% = 13.94\%$$

$$2023 \text{ 年的全部成本费用净利率} = \frac{206}{1500+80+60+40+70+9} \times 100\% = 11.71\%$$

$$2022 \text{ 年的全部成本费用净利率} = \frac{172}{1406+74+55+37+68+10} \times 100\% = 10.42\%$$

从上述各成本费用利润率指标计算可知，XYZ 公司 2023 年的获利情况相比于 2022 年略有上升。

二、现金流量指标对商品经营盈利能力分析的补充

(一) 销售获现率

销售获现率是销售商品、提供劳务收到的现金与营业收入之比，它反映企业通过销售获取现金的能力，是对商品经营盈利能力的补充。其计算公式如下：

$$销售获现率 = \frac{销售商品、提供劳务收到的现金}{营业收入} \times 100\%$$

$$XYZ 公司 2023 年度的销售获现率 = \frac{1710}{2000} \times 100\% = 85.5\%$$

销售获现率提高表明公司通过销售获取现金的能力有所加强，可以初步判断企业产品销售形势良好，信用政策合理，能够及时收回账款，收款工作得力。对该指标分析时，还应注意以下两点：

其一，应注意当期收到的预收账款和收回前期的应收账款的影响。现金流量表以收付实现制为基础，因此销售商品或提供劳务收到的现金与当期营业收入之间并无严格对应关系，当期收到的预售账款和前期的应收账款与本期的营业收入无关。其解决方法是连续观察几年的销售获现率来分析企业的整体经营情况。

其二，销售获现率通常与 1 比较，可以用来判断企业营业收入及盈利质量的好坏。由于营业收入是企业净利润的来源，营业收入质量高低直接影响净利润质量。若指标大于或基本等于 1，则说明本期销售收到的现金与本期的营业收入基本一致，没有形成挂账，资金周转良好；若该指标大于 1，则说明本期收到的现金大于本期的营业收入，不仅当期销售全部变现，部分前期应收账款也顺利收回；若该指标小于 1，则说明本期收到的现金小于本期的营业收入，应收账款增多，必须关注债权资产的质量和信用政策的调整。若该指标小于 1 并持续下降，则预示企业可能存在大量坏账损失，利润的稳定性会受到影响。

(二) 净利润现金含量

净利润现金含量又称盈余现金保证倍数，用来衡量企业经营活动所产生的现金净流量与净利润之间的关系，反映了现金收入在企业当期净利润中的保证程度。其计算公式如下：

$$净利润现金含量 = \frac{经营活动产生的现金净流量}{净利润} \times 100\%$$

在考察一个企业的健康状况时，我们不仅要看它的利润，还要看它的现金流。净利润的现金含量是从现金流入和流出的动态角度评价企业收益质量。它将利润评价模型与现金流量评价模型相结合，对企业的盈利能力进行综合评价。该指标越大越好，表明销售回款能力较强，成本费用低，财务压力小。如果净利润的现金含量明显减少，可能说明公司产品竞争力下降，赊销方式增多，销售回款速度减慢，库存积压，企业财务风险上升。

需要注意的是，经营活动产生的现金净流量是根据现金收付制计算的，净利润是根据权责发生制计算的。比如一家公司收到大量预付款，没有确认收入，不计入利润，结果可能导致净利润现金含量的数值就会非常高。

第三节　资产经营盈利能力分析

一、资产经营盈利能力的内涵与具体指标

资产经营盈利能力是指企业运用资产而产生利润的能力。反映资产经营盈利能力的指标是总资产报酬率(Return on Assets, ROA)。总资产报酬率是指企业一定时期内利润额与资产平均总额的比率。在实践中，根据财务分析的目的不同，利润额可以分为息税前利润(EBIT)、利润总额和净利润，总资产报酬率也相应有资产息税前利润率、资产利润率和资产净利率等不同形式。

小课堂 11-2　资产和资本经营盈利能力指标

(一) 资产息税前利润率

资产息税前利润率是指企业一定时期的息税前利润与资产平均总额的比率。其计算公式如下：

$$资产息税前利润率 = \frac{息税前利润}{资产平均总额} \times 100\%$$

息税前利润是企业支付利息和所得税之前的利润总额。息税前利润可以看作是企业为债权人、政府和股东所创造的报酬。该指标不受企业资本结构变化的影响，通常可以用来评价企业利用全部经济资源获取报酬的能力，反映了企业利用全部资产进行经营活动的效率。债权人分析企业资产报酬率时可以采用资产息税前利润率。一般来说，只要企业的资产息税前利润率大于负债利息率，企业就有足够的收益用于支付债务利息。因此，该指标不仅可以评价企业的盈利能力，还可以评价企业的偿债能力。

(二) 资产利润率

资产利润率是指企业一定时期的税前利润与资产平均总额的比率。其计算公式如下：

$$资产利润率 = \frac{税前利润}{资产平均总额} \times 100\%$$

税前利润通常指利润表中的利润总额，反映了企业在扣除所得税之前的全部收益。影响企业利润总额的因素主要有营业利润、投资收益或损失、营业外收支等，所得税政策的变化不会对利润总额产生影响。因此，资产利润率不仅能够综合地评价企业的资产盈利能力，而且可以反映企业管理者的资产配置能力。

(三) 资产净利率

资产净利率是指企业一定时期的净利润与资产平均总额的比率。其计算公式如下：

$$资产净利率 = \frac{净利润}{资产平均总额} \times 100\%$$

净利润是企业所有者获得的剩余收益，企业的经营活动、投资活动、筹资活动以及国家税收政策的变化都会影响到净利润。因此，资产净利率通常用于评价企业对股权投资的回报能力。

案例 11-3 根据 XYZ 公司 2023 年度的利润表和 2023 年年末的资产负债表，计算可知：

$$2023 \text{ 年的资产息税前利润率} = \frac{276 + 70}{\dfrac{2346 + 2027}{2}} \times 100\% \approx 15.82\%$$

$$2023 \text{ 年的资产利润率} = \frac{276}{\dfrac{2346 + 2027}{2}} \times 100\% \approx 12.62\%$$

$$2023 \text{ 年的资产净利率} = \frac{206}{\dfrac{2346 + 2027}{2}} \times 100\% \approx 9.42\%$$

资产报酬率的高低并没有一个绝对的评价标准。在分析时，通常采用比较分析法：与该企业以前会计年度的资产报酬率作比较，可以判断企业资产盈利能力的变动趋势；与同行业均值作比较，可以判断企业在同行业中所处的地位。通过这种比较分析，可以评价企业的经营效率，发现其经营管理中存在的问题。若企业的资产报酬率持续偏低，往往说明经营管理存在问题，则企业应该调整经营方针，加强经营管理，提高资产的利用效率。

二、资产经营盈利能力的影响因素及分析

根据资产报酬率指标的经济内容，以资产净利率为例，可将其如下分解：

$$资产净利率 = \frac{净利润}{资产平均总额} \times 100\% = \frac{净利润}{营业收入} \times \frac{营业收入}{资产平均总额}$$

$$= 销售净利率 \times 总资产周转率$$

由此可见，影响资产净利率的因素有总资产周转率和销售净利率。这两个指标，本书已在前面的章节进行了详细论述。可见资产经营盈利能力受商品经营盈利能力和资产运营效率两方面的影响。

在上述总资产报酬率因素分解式的基础上，采用连环替代法或差额分析法可以分析总资产周转率和销售净利率变动对资产净利率的影响。

案例 11-4 某公司 2022 年度和 2023 年度财务报告中与资产净利率有关的数据如表 11-2 所示，要求采用连环替代法计算分析各因素变动对资产净利率(ROA)的影响。

表 11-2　基　础　数　据

项目	2023 年	2022 年	变动
销售收入/万元	3000	2850	150
净利润/万元	136	160	−24
平均总资产/万元	2000	1680	320
资产净利率/(%)	6.8	9.5238	−2.7238
销售净利率/(%)	4.5333	5.614	−1.0807
总资产周转率/(%)	1.5	1.6964	−0.1964

根据表 11-2 资料，对该公司资产净利率采用连环替代法。其分析结果如下：

2022 年度(基期)：

　　　ROA＝销售净利率 × 总资产周转率 ＝ 5.614% × 1.6964% ≈ 9.5238%

2023 年度(计划期)：

　　　ROA ＝ 销售净利率 × 总资产周转率 ＝ 4.5333% × 1.5% ≈ 6.8%

2023 年与 2022 年相比，ROA 下降了 2.7238%，进一步对各驱动因素进行分析：

第一次替代：4.5333% × 1.6964% ≈ 7.6903%

第二次替代：4.5333% × 1.5% ≈ 6.8%

销售净利率变动的影响为

$$7.6903\% - 9.5238\% = -1.8335\%$$

总资产周转率变动的影响为

$$6.8\% - 7.6903\% = -0.8903\%$$

$$总影响 = (-1.8335\%) + (-0.8903\%) = -2.7238\%$$

该公司 2023 年资产净利率比 2022 年降低了 2.7238%。具体原因有：由于销售净利率降低，使资产净利率下降 1.8333%；由于资产周转率下降，使资产净利率下降 0.8903%。两者共同作用使资产净利率下降 2.7238%，其中销售净利率下降是主要影响因素。

三、现金流量指标对资产经营盈利能力分析的补充

全部资产现金回收率又称资产现金回收率，是指经营活动中产生的净现金流量与资产平均总额之间的比率，是资产经营盈利能力分析的补充。其计算公式如下：

$$全部资产现金回收率 = \frac{经营活动产生的净现金流量}{资产平均总额} \times 100\%$$

该指标反映企业利用资产获取现金的能力，可以从现金净流量角度对资产报酬率进行补充。指标数值越高，说明企业利用资产获取现金的能力越强，即资产给企业提供的造血功能越强；反之，则企业利用资产获取现金的能力越弱。

案例 11-5　根据 XYZ 公司 2023 年度的现金流量表和 2023 年年末的资产负债表，计算可知：

$$2023 年的全部资产现金回收率 = \frac{188}{\dfrac{2346 + 2027}{2}} \times 100\% \approx 8.6\%$$

第四节　资本经营盈利能力分析

一、资本经营盈利能力的内涵与指标

资本经营盈利能力是指企业的所有者通过投入资本经营而取得利润的能力。投资者的目的是资本保值增值，投资报酬率的提高有利于股东权益的实现，这也是投资者最为关注的指标。

反映资本经营盈利能力的基本指标是股东权益报酬率(Return on Equity，ROE)，又称净

资产收益率或所有者权益报酬率，它是企业一定时期的净利润与股东权益平均总额的比率。其计算公式如下：

$$股东权益报酬率 = \frac{净利润}{股东权益平均总额} \times 100\%$$

上式中股东权益平均总额一般取期初和期末的平均值，但是，如果要通过该指标观察分配能力，则取年末的股东权益更为合适。

股东权益报酬率用以衡量股东权益创造投资回报的能力，是评价企业资本经营效率的核心指标，也是杜邦分析体系的核心指标。该指标越高，企业为股东创造的投资回报越多，企业的盈利能力越强。

案例 11-6 根据 XYZ 公司 2023 年度的利润表和 2023 年年末的资产负债表，计算可知：

$$2023 年的股东权益报酬率 = \frac{206}{\dfrac{1060+970}{2}} \times 100\% \approx 20.3\%$$

二、资本经营盈利能力的影响因素及分析

(一) 对股东权益报酬率的分解

在不考虑优先股的条件下，根据传统杜邦体系分析，股东权益报酬率可以进行如下分解以反映其与各影响因素之间的关系：

$$股东权益报酬率 = \frac{净利润}{股东权益平均总额} = \frac{净利润}{资产平均总额} \times \frac{资产平均总额}{股东权益平均总额}$$
$$= ROA \times 平均权益乘数$$

由上述公式可得，ROE 与 ROA 及平均权益乘数成正比，即在平均权益乘数不变的前提下，ROA 提高，ROE 也随之提高；同样，在资产净利率不变且为正值的前提下，若权益乘数提高，则 ROE 也随之提高；反之，若举债经营不利，则将压低 ROA，从而造成 ROE 降低。同时，企业 ROE 越高，企业自有资本获取收益的能力越强，运营效益越好，对企业投资人、债权人的保证程度越高。

还可根据净利润的不同构成，对股东权益报酬率进一步分解如下：

$$股东权益报酬率 = \frac{净利润}{股东权益平均总额} = \frac{(息税前利润-利息) \times (1-所得税税率)}{股东权益平均总额}$$
$$= \frac{(总资产平均总额 \times 资产息税前利润率 - 负债 \times 债务利息率) \times (1-所得税税率)}{股东权益平均总额}$$
$$= \left[总资产息税前利润率 \times \left(1 + \frac{负债}{净资产}\right) - 债务利息率 \times \frac{负债}{净资产} \right] \times (1-所得税税率)$$
$$= \left[ROA + (ROA - 债务利息率) \times \frac{负债}{净资产} \right] \times (1-所得税税率)$$

由上述公式可知，影响 ROE 的主要因素有总资产息税前利润率、债务利息率、资本结构和所得税税率。当总资产息税前利润率要高于债务利息率时，总资产息税前利润率提高

或财务杠杆提高必然带来 ROE 的上升，而所得税的提高会降低 ROE。

(二) 连环替代法或差额分析法的进一步应用

在上述股东权益报酬率因素分解式的基础上，采用连环替代法或差额分析法可以分析各因素对股东权益报酬率的影响。

案例 12-7　某公司 2022 年度和 2023 年度财务报告中与股东权益报酬率有关的数据如表 11-3 所示，要求采用连环替代法计算分析各因素变动对股东权益报酬率的影响。

表 11-3　基础数据

项　　目	2023 年	2022 年	变动
平均总资产/万元	74,000	62,000	12,000
平均负债/万元	24,000	22,000	2000
平均股东权益/万元	50,000	40,000	10,000
产权比率	0.48	0.55	−0.07
债务利息率/(%)	7	8	−1
利息支出/万元	1680	1760	−80
利润总额/万元	7000	5200	1800
息税前利润/万元	8680	6960	1720
净利润/万元	5250	3900	1350
所得税税率/(%)	25	25	—
总资产息税前利润率/(%)	11.73	11.23	0.5
股东权益报酬率/(%)	10.5	9.75	0.75

根据表 11-3 资料，对该公司股东权益报酬率采用连环替代法。其分析结果如下：

2022 年度(基期)：

$$ROE = [ROA + (ROA - 债务利息率) \times 产权比率] \times (1 - 所得税税率)$$
$$= [11.23\% + (11.23\% - 8\%) \times 0.55] \times (1 - 25\%)$$
$$\approx 9.75\%$$

2023 年度(计划期)：

$$ROE = [ROA + (ROA - 债务利息率) \times 产权比率] \times (1 - 所得税税率)$$
$$= [11.73\% + (11.73\% - 7\%) \times 0.48] \times (1 - 25\%)$$
$$\approx 10.5\%$$

2023 年与 2022 年相比，ROE 上升了 0.75%，进一步对各驱动因素进行分析：

第一次替代：$[11.73\% + (11.73\% - 8\%) \times 0.55] \times (1 - 25\%) \approx 10.34\%$

第二次替代：$[11.73\% + (11.73\% - 7\%) \times 0.55] \times (1 - 25\%) \approx 10.75\%$

第三次替代：$[11.73\% + (11.73\% - 7\%) \times 0.48] \times (1 - 25\%) \approx 10.50\%$

第四次替代：$[11.73\% + (11.73\% - 7\%) \times 0.55] \times (1 - 25\%) \approx 10.50\%$

总资产息税前利润率变动的影响为：10.34% − 9.75% = 0.59%

债务利息率变动的影响为：10.75% − 10.34% = 0.41%

产权比率(资本结构)变动的影响为：10.50% − 10.75% = −0.25%

所得税税率变动的影响为：10.50% − 10.50% = 0

总影响 = 0.59% + 0.41% + (−0.25%) + 0 = 0.75%

该公司 2023 年股东权益报酬率比 2022 年上升了 0.75%。具体原因有：由于总资产息税前利润率上升，使股东权益报酬率上升 0.59%；由于债务利息率下降，使股东权益报酬率上升 0.41%；由于产权比率下降，使股东权益报酬率下降 0.25%；所得税税率无变动，对其没有影响。这几个因素的综合影响使股东权益报酬率上升 0.75%，其中总资产息税前利润率上升是主要影响因素。

案例 11-2　资产和资本经营盈利能力指标分析

三、现金流量指标对资本经营盈利能力分析的补充

(一) 净资产现金回收率

净资产现金回收率是经营活动现金净流量与平均净资产之间的比率，是对公司盈利能力的进一步修复和检验，有利于对公司盈利能力状况进行多视角、全方位综合分析，进一步反映企业的利润质量。其计算公式如下：

$$净资产现金回收率 = \frac{经营活动现金净流量}{平均净资产} \times 100\%$$

案例 11-8　根据 XYZ 公司 2023 年度的现金流量表和 2023 年年末的资产负债表，计算可知：

$$2023 年的净资产现金回收率 = \frac{188}{\dfrac{1060 + 970}{2}} \times 100\% \approx 18.52\%$$

(二) 盈利现金比率

盈利现金比率又称盈余现金保障倍数，这一比率反映公司本期经营活动产生的现金净流量与净利润之间的比率关系。其计算公式如下：

$$盈利现金比率 = \frac{经营活动现金净流量}{净利润} \times 100\%$$

案例 11-9　根据 XYZ 公司 2023 年度的现金流量表和 2023 年年末的资产负债表，计算可知：

$$2023 年的盈利现金比率 = \frac{188}{206} \times 100\% \approx 91.26\%$$

在一般情况下，盈利现金比率越大，公司盈利质量越高。如果该比率小于 1，说明本期净利润中存在尚未实现的现金收入，存在现金短缺风险。在进行盈利质量分析时，需要连续的盈利现金比率进行比较，若企业盈利现金比率一直小于 1，甚至为负数，则企业盈利质量相当低下，严重时会导致公司破产。

需要注意投资收益对该指标的影响。将在第十四章中进行更详细的论述。

第五节　上市公司盈利能力分析

上市公司自身的特点决定了除上述适用于一般公司的盈利能力分析方法之外，还有一些特殊的分析指标。这些指标往往与公司股票价格、股数或企业市场价值等有关，也是证券市场的投资者进行企业估值的重要工具。

一、每股收益

每股收益(Earning per Share，EPS)是企业本年度净利润与流通在外的普通股股数的比率，表示每股普通股股东所能享有的净利润或需承担的净亏损。该指标通常被用来衡量普通股的获利水平及投资风险，是投资者据以评价企业盈利能力、预测企业成长潜力并作出经济决策的重要财务指标之一，也是评价上市公司盈利能力的核心指标。每股收益可分为基本每股收益和稀释每股收益。

(一) 基本每股收益

基本每股收益是指归属于普通股股东的当期净利润与发行在外的普通股加权平均数之比。其计算公式如下：

$$基本每股收益 = \frac{净利润 - 优先股股息}{发行在外的普通股加权平均数(流通股数)}$$

由于优先股享有股利的优先求偿权，因此在计算普通股股东所能享有的收益额时，应将优先股股利扣除。公式中分母采用加权平均数，是因为需要将本期内发行在外的普通股股数与其应享有的收益相匹配。其计算公式如下：

N = 期初发行在外普通股股数 + 当前新发行股配股股数 × 期限权重 −
　　当期回购普通股股数+期限权重

期限权重一般按照天数来计算，在不影响计算结果合理性的前提下可以采用简化的计算方法。比如按月来计算。

案例 11-10　某公司 2023 年 1 月 1 日发行在外股份数 1000 万股，7 月 1 日新增发行500 万股，11 月 1 日回购 120 万股。2023 年度实现净利润为 2568 万元，发行在外的累积优先股 100 万股，面值 100 元，年股息率为 6%，要求计算该公司 2023 年基本每股收益。

2023 年加权平均发行在外股份数(N) = (1000 × 12 + 500 × 6 − 120 × 2) ÷ 12 = 1230(万股)

基本每股收益 = (2568 万 − 100 × 100 万 × 6%) ÷ 1230 万股 = 1.6(元/股)

(二) 稀释每股收益

稀释每股收益是指当企业存在稀释性潜在普通股时，应当分别调整普通股股东的当期净利润和发行在外的普通股加权平均数，并据此计算稀释性每股收益。

稀释性潜在普通股是指假设当期转换为普通股会减少每股收益的潜在普通股，如可转换公司债券、认股权证、股票期权等。对于亏损企业而言，则是会增加每股亏损金额的潜在普通股。

存在稀释性潜在普通股的公司，在计算稀释每股收益时，应分别调整归属于普通股股东的净利润(分子)和发行在外的普通股加权平均数(分母)。本章主要以基本每股收益作为计算分析的指标,对稀释每股收益的具体计算不作展开。

(三) 每股收益的影响因素及分析

为了分析企业每股收益变动的原因,应确定每股收益的影响因素,并对各个因素进行分析,测算各个因素变动对每股收益的影响程度。

依据每股收益的基本公式,对每股收益指标做如下分解:

$$每股收益 = \frac{净利润-优先股股息}{流通股数} = \frac{股东权益平均余额}{流通股数} \times \frac{净利润-优先股股息}{股东权益平均余额}$$
$$= 每股账面价值 \times 股东权益报酬率$$

从上述公式可知,每股收益主要取决于每股账面价值和股东权益报酬率两个因素。每股账面价值,即每股净资产,它是指股东权益总额与发行在外的普通股股份总数的比值。该指标反映发行在外的每股普通股所代表的净资产。从每股账面价值与每股收益的关系来看,在股东权益报酬率一定时,每股账面价值越高,每股收益也越大。股东权益报酬率则从股东角度反映企业的盈利能力,该指标越高,说明盈利能力越强,普通股股东可以获得的收益越多。股东权益报酬率的变动会使每股收益发生同方向变化。

案例 11-11 某公司 2022 年度和 2023 年度财务报告中与每股收益有关的数据如表 11-4 所示,要求采用连环替代法计算分析各因素变动对每股收益(EPS)的影响。

表 11-4 基 础 数 据

项　　目	2023 年	2022 年	变动
净利润/万元	5520	3060	1460
优先股股利/万元	0	0	0
平均股东权益/万元	24 000	18 000	6000
发行在外的普通股平均股数/万股	8000	7500	500
每股账面价值/元	3	2.4	0.6
股东权益报酬率(ROE)/(%)	23	17	6
每股收益(EPS)/(元/股)	0.69	0.408	0.282

根据表 11-4 资料,对该公司每股收益采用连环替代法。其分析结果如下:

2022 年度(基期):

每股收益(EPS) = 每股账面价值 × 股东权益报酬率 = 2.4(元/股) × 17% = 0.408(元/股)

2023 年度(计划期):

每股收益(EPS) = 每股账面价值 × 股东权益报酬率 = 3(元/股) × 23% = 0.69(元/股)

2023 年与 2022 年相比,EPS 上升了 0.282(元/股),进一步对各驱动因素进行分析

第一次替代:3(元/股) × 17% = 0.51(元/股)

第二次替代:3(元/股) × 23% = 0.69(元/股)

每股账面价值变动的影响为:0.51(元/股) − 0.408(元/股) = 0.102(元/股)

股东权益报酬率变动的影响为:0.69(元/股) − 0.51(元/股) = 0.18(元/股)

总影响 = 0.102 + 0.18 = 0.282(元/股)

该公司每股收益 2023 年比 2022 年上升了 0.282 元。具体原因有：由于每股账面价值上升，使每股收益上升 0.102 元；由于股东权益报酬率上升，使每股收益上升 0.18 元。两者共同作用使每股收益上升 0.282 元，其中股东权益报酬率上升是主要影响因素。

二、市盈率

市盈率(price to earnings ratio，P/E)是资本市场经常使用的一个重要指标，它反映了在某一时刻投资者对企业每 1 元盈利愿意支付的价格，即普通股每股市价与当期每股收益之间的比率。其计算公式如下：

$$市盈率 = \frac{每股市价}{每股收益}$$

其中每股市价通常取最近的收盘价，分母可采用最近一年的盈利，也可以采用未来一年或者几年的预测盈利。

在证券市场上，投资者经常看到的是动态市盈率。动态市盈率是以市盈率为基数，乘以动态系数而确定的，其计算公式如下：

$$动态市盈率 = 静态市盈率 \times \frac{1}{(1+i)^n}$$

其中，i 为每股收益的增长率，n 为发行公司可持续发展的存续期。

通常认为市盈率的合理区间是 5～20 之间。市盈率的变动趋势可以在一定程度上反映企业盈利能力的稳定性及潜在的发展能力。使用市盈率指标评价企业盈利前景时，需要注意以下几个问题：

其一，市盈率指标适用于同一行业内企业的比较。对于同一行业，股权结构和产品类似的企业，通常可以通过市盈率的比较来判断市场是否对该股票低估或高估。一般来说市盈率高于 20 就被认为该股票被市场高估，存在投资泡沫。作为中国股市当之无愧的股价之王贵州茅台，其股价高达 2000 元，但其市盈率却只有 30 倍。因此，市盈率应该在合理的区间范围内，反映投资价值和投资风险。

其二，一般情况下，发展前景较好的企业通常具有较高的市盈率，发展前景不佳的企业则比较低。但是，当全部资产利润率很低或发生亏损时，每股收益可能为零甚至负数。在这一特殊情况下，仅仅利用这一指标来分析企业的盈利能力，常常会错误地估计企业的发展前景，所以应结合其他指标予以综合考虑。

其三，市盈率的高低受到净利润的影响，而净利润的高低受到会计政策的影响，从而使企业间的比较受到限制。此外，充满扩展机会的新兴行业市盈率通常较高，而成熟的工业企业的市盈率普遍较低，但这并不能说明传统行业不具备投资价值。因此，在市盈率分析时必须考虑行业、制度和投资者心理等各种因素。

三、市净率

市净率是普通股每股市价与每股净资产(每股账面价值)的比率。其计算公式如下：

$$市净率 = \frac{每股市价}{每股净资产}$$

市净率反映股价相对于每股净资产的倍数，也反映投资者对上市公司每股净资产(账面价值)愿意支付的价格。一般来讲,市净率越高,说明投资者对每股净资产愿意支付的价格越高,意味着公司的资产质量越好,有较好的发展潜力,投资风险大;反之,意味着公司的资产质量较差,没有发展前景,投资风险小。通常,优质公司的市净率往往较高。市价低于每股净资产的股票就像售价低于成本的商品一样,属于处理品,而处理品是否具备投资价值取决于公司未来是否有转机,或者购入后公司后期资产重组能够提高盈利能力。

每股净资产是指股东权益与普通股总股数的比率,又称每股账面价值。其计算公式如下:

$$每股净资产 = \frac{年末股东权益}{年末普通股股数}$$

这一指标反映每股股票所拥有的资产价值,也在理论上提供了股票的最低价值。每股净资产越高,股东拥有的每股资产价值越多;每股净资产越低,股东拥有的每股资产价值越少。如果公司的股票价格低于净资产成本,成本又接近变现价值,说明公司已无存在的投资价值,清算是股东最好的选择。但在投资分析时,只能有限地使用这个指标,因为其是用历史成本计算的,既不能反映净资产的变现价值,也不能反映净资产的产出能力。

四、股利支付率

股利支付率又称股利发放率,它是普通股每股股利与每股收益的比率,反映普通股股东从每股的全部获利中分到的回报。其计算公式如下:

$$股利支付率 = \frac{每股股利}{每股收益}$$

其中,每股股利是指实际发放给普通股股东的股利总额与流通股股数的比值。股利支付率反映了公司的股利政策和股利支付能力,与公司当年的盈利并无直接关系。公司盈利逐年增加并不意味着股利支付率会相应提高,还与公司的经营方针、股利政策、业务性质、财务状况、发展前景等有一定关系。但在通常情况下,股利支付率越高,说明企业当期发放的股利越多,股东的实际收益越大,较高的股利支付率会受到偏好股利的投资者的欢迎。

五、托宾 Q 值

经济学家詹姆斯·托宾(1981 年诺贝尔经济学奖获得者)于 1969 年提出了一个著名的系数,即托宾 Q 系数(也称托宾 Q 值)。该系数为企业股票市值与股票所代表的资产重置成本的比值,反映的是一个企业两种方法下价值估计结果的比值。其计算公式如下:

$$托宾Q值 = \frac{公司的市场价值}{资产重置成本}$$

公式中的分子反映公司的金融市场价值,分母代表公司资产的"基本价值"—重置成本。公司的金融市场价值包括公司股票的市值和债务资本的市场价值。重置成本是指公司全部资产的当前变现价值或者创建该公司需要花费的总额。

由于资产重置成本估算有一定难度,市场分析人士通常使用股票市值与公司净资产的比率作为 Q 值的替代值。公司的市场价值通常用普通股的市场价值和债务的账面价值(由于债务的市场价值通常采用债务的账面价值)之和来表示,而重置成本通常用总资产的账面价值来代替。因此,其计算公式如下:

$$Q比率 = \frac{股票市值 + 负债账面价值}{总资产账面价值}$$

托宾 Q 值的意义在于它可以帮助投资者和企业了解公司的相对价值，尤其是在市场对公司未来的预期发生变化时。当托宾 Q 值小于 1 时，那些希望扩张生产能力的企业会发现，通过收购其他企业来获得额外生产能力的成本比自己从头做起的代价要低的多。然而，托宾 Q 值也有其局限性，比如市场价值的波动性和资产重置成本的估算难度等因素都可能导致投资者在依赖单一指标时出现误判。因此，在使用该指标进行分析时，应结合其他财务指标和行业特点来进行综合考虑。

六、每股经营现金流量

每股经营现金流量是指经营活动现金净流量与发行在外的普通股股数的比率。该指标可以反映每股普通股包含的经营现金净流量的大小，有学者认为它是最具实质的财务指标。其计算公式如下：

$$每股经营活动现金流量 = \frac{经营活动现金净流量}{发行在外的普通股股数}$$

这一指标隐含了上市公司在维持期初现金流量的情况下，有能力发给股东的最高现金股利金额。上市公司股票价格是由公司未来的每股收益和每股现金流量的净现值来决定的，盈亏已经不再是决定股票价值唯一重要因素。如果一个公司的每股收益很高或者每股未分配利润也很高，但其现金流很低，每股收益只能是"纸面富贵"。公司现金流强劲，很大程度上表明主营业务收入回款力度较大，产品竞争性强，公司信用度高，经营发展前景有潜力。但应该注意的是，经营活动现金净流量并不能完全替代净利润来评价企业的盈利能力，每股现金流量也不能替代每股净利润的作用。

需要注意的是，每股现金流和每股经营现金流是两个不同的指标。每股经营现金流是每股现金流的组成部分之一。每股现金流等于经营活动现金流、投资活动现金流和筹资活动现金流之和。

本章关键术语

商品经营盈利能力、资产经营盈利能力、资本经营盈利能力、销售净利率、销售毛利率、成本费用利润率、股东权益报酬率、资产净利率、净利润现金含量、每股收益、股利支付率、市盈率、市净率、市销率、托宾 Q 值

思考练习题

案例讨论与分析：迪安诊断的盈利能力分析

相关经典文献

第十二章　企业发展能力分析

红色链接：习近平总书记在出席中央经济工作会议时强调：必须牢记高质量发展是新时代的硬道理，全面贯彻新发展理念。高质量发展需要新的生产力理论来指导，而新质生产力已经在实践中形成并展示出对高质量发展的强劲推动力、支撑力；科技创新能够催生新产业、新模式、新动能，是发展新质生产力的核心要素；绿色发展是高质量发展的底色，新质生产力本身就是绿色生产力。

（资料来源：人民网－人民日报 2024/02）

引例：做长期主义的高质量发展践行者——双环传动首份 ESG 报告

学 习 目 标

● 知识目标

掌握企业发展能力的内涵及反映形式，明确企业发展能力分析的目的，了解企业发展能力分析的内容；理解各种发展能力指标的内涵。

● 能力目标

掌握各种发展能力指标的计算和分析；掌握并运用相关指标分析企业的单项发展能力；掌握并运用企业整体发展能力分析框架对企业的增长能力做出合理的评价。

● 育人目标

遵循事物发展的内在规律，用发展的眼光和思维看待事物的本质；树立全局思维，以"不谋全局者不足以谋一域"的思想高度理解企业新发展的实质和内核；树立战略思维，从战略高度看问题、想问题，以更宽广的视野、更长远的眼光思考和把握企业发展中的方方面面。

知识点导图

第一节　企业发展能力分析概述

一、企业发展能力分析的目的

企业的发展能力通常是指企业在未来生产经营活动的发展趋势和发展潜能，也可以称为成长性。传统的财务分析仅仅从静态的角度来分析企业的财务状况和经营成果，强调企业的盈利能力、营运能力和偿债能力三个方面，但这三个方面的分析反映的是企业过去的经营状况，并不能代表企业的未来持续发展能力。

而在日益激烈的市场竞争中，企业价值在很大程度上取决于未来的获利能力，取决于企业营业收入、利润和股利的未来增长空间、增长质量以及增长是否可持续等，并非企业过去或当前获得的收益情况。同时，企业发展能力也是企业盈利能力、营运能力和偿债能力的综合体现。企业发展能力分析主要是从动态角度对企业成长性的一种判断，是根据企业过去的资料来推测企业的未来，对股东、潜在投资者、债权人、经营者等相关利益群体都至关重要。因此，企业发展能力分析的目的主要体现在以下几个方面。

(一) 衡量和评价企业的增长潜力

企业经营活动的根本目的就是不断增强企业自身持续生存和发展的能力。通过发展能力指标的实际值与计划值、同行业的其他企业数值的横向比较，可以评价企业增长能力的强弱；将企业同一发展能力指标数值进行纵向比较，可以评价企业在营业收入、利润、股东权益及资产等方面的增减速度和增长趋势。

(二) 发现影响企业增长的关键因素以调整企业战略

战略研究表明，在企业市场份额既定的前提下，如果企业采取合适的经营战略和财务战略，就能够使企业价值最大化。也就是说，企业经营战略和财务战略的不同组合能够影响企业的未来增长能力。因此，企业管理者通过深入分析影响企业持续增长的相关因素，并根据企业的实际经营情况和发展战略，确定企业未来的增长速度，相应调整其经营战略和财务战略，以实现企业的持续增长。

(三) 为投资者、债权人等利益相关者提供决策信息

企业的发展能力分析为投资者(尤其是潜在投资者)、债权人、经营者等利益相关者提供是否投资企业的相关决策信息。对于投资者而言，企业的稳定持续发展，关系到投资者的回报率及其投资价值；对于经营者而言，要使企业持续经营，不能只关注当前的经营情况和获利情况，应该从战略出发谋求长远发展；对于债权人而言，发展能力同样至关重要，特别是企业中长期贷款的归还，依赖企业未来的稳定发展。

二、企业发展能力分析的内容

企业发展能力分析本质上还是企业盈利能力、偿债能力和营运能力的综合分析，其具体内容包括两个方面。

（一）发展能力指标分析

发展能力指标分析就是运用财务指标对企业的未来增长能力和企业未来的发展趋势加以评价。企业的价值要获得增长，就必须依赖营业收入、利润、股东权益和资产等方面的不断增长。企业发展能力指标分析就是通过计算和分析营业收入增长率、利润增长率、股东权益增长率和资产增长率等指标，衡量企业在营业收入、利润、股东权益和资产等方面的发展能力，并对其发展趋势进行评估。

（二）可持续增长策略分析

企业为了达到可持续增长，通常需要综合运用销售政策、资产营运政策、融资政策和股利政策。前两者构成了企业的经营战略，后两者构成了企业的财务战略。在财务分析过程中，可借助可持续增长率这个综合指标全面衡量企业综合利用上述政策所能够获得的预期增长速度。因此，可持续增长策略分析主要包括：通过企业的可持续增长率分析影响企业可持续增长的因素；分析企业为达到新发展战略目标应该选择的具体增长战略，包括经营战略和财务战略分析。

三、影响企业发展能力分析的主要因素

其一，销售收入规模。企业发展能力的形成要依托企业不断增长的销售收入。销售收入是企业收入的来源之本，也是导致企业价值变化的根本动力，只有销售收入持续稳定地增长，才能体现企业的持续发展，最终使得企业价值不断增长。

其二，资产规模。企业的资产规模是取得收入的保障。在总资产收益率固定的情况下，资产规模与收入规模之间存在正比例关系，同时总资产的现有价值也反映了企业清算可获得的现金流入额。

其三，净资产规模。在企业净资产收益率不变的情况下，净资产规模与收入规模之间也存在正比例关系。净资产规模的不断增长反映了新的资本投入，表明所有者对企业的信心，同时对企业的债务筹资提供了保障，有利于满足企业进一步发展对资金的需求。

其四，资产使用效率。企业的资产使用效率越高，其利用资源获得收益的能力就越强，企业价值的增长也越快，体现出的发展能力也越强。

其五，净收益。企业的净收益是企业价值增长的源泉，所有者可将部分留存收益用于扩大再生产，同时可观的净收益会吸引更多新的投资者，有利于满足企业进一步发展对资金的需求。

其六，股利分配。企业所有者从企业能获得的利益包括资本利得和股利两种形式。如果一家企业把所有的利润通过各种形式分配给股东，不注重企业的内部资本积累，那么即使这个企业效益指标很高，也不能说这家企业的发展能力强。

基于以上影响因素，财务分析人员能对企业发展能力进行比较全面的分析，但需注意的是，并不能简单地从数量上确定各个因素的增长与企业发展能力的关系。企业在不同时

期会采用不同的发展战略，因此必须结合企业的发展战略进行发展能力分析。

第二节　企业发展能力指标分析

企业发展能力指标是一个综合性的评价指标，涉及多个方面的数据和分析。发展能力的相关指标基本是正指标，指标数值越大，说明企业的发展能力越好。

一、营业收入增长率

(一) 概念及计算公式

企业增强发展能力，必须以营业收入的增长为后盾。营业收入增长率是衡量企业发展能力的重要指标。营业收入增长率一般表示为本年营业收入增长额与上年营业收入之比。其计算公式如下：

$$营业收入增长率 = \frac{本年营业收入增长额}{上年营业收入} \times 100\%$$

其中，本年营业收入增长额 = 本年营业收入额 − 上年营业收入额。

营业收入增长率反映的是企业营业收入在一年内增长的幅度。若该指标为正，则表明企业本期销售规模相比上期有所扩大，营业收入增长率越高说明企业营业收入增长得越快，销售状况越好；若该指标为负数，则说明企业销售规模在减小，销售出现负增长，销售情况不容乐观。

营业收入增长率数值的大小会受到销售增长基数的影响。另外，营业收入短期的异常波动也会影响增长率的大小。因此，财务分析人员可使用三年营业收入平均增长率这一分析指标，来反映企业较长时期营业收入的增长情况，消除营业收入短期异常波动的影响，体现企业的持续发展态势和市场扩张能力。其计算公式如下：

$$三年营业收入平均增长率 = \left(\sqrt[3]{\frac{本年营业收入总额}{前三年年度营业收入总额}} - 1 \right) \times 100\%$$

(二) 分析及运用

财务分析人员在分析企业的营业收入增长率时，应该注意以下几个方面。

1. 分析销售增长的效益

正常情况下，一个企业的营业收入增长率高于其资产增长率，才能说明企业在销售方面具有良好的成长性。如果营业收入的增加主要依赖资产的过度扩张，说明这种销售不具有效益性，企业在销售方面的可持续发展能力不强。

2. 分析销售增长的趋势

某个时期的营业收入增长率可能会受到一些偶然的、非正常的因素影响，因此，要全面、充分地分析和判断一个企业营业收入的增长趋势和增长水平，需要对企业若干年的营业收入增长率按时间序列做趋势分析，这样更能准确地反映企业实际的销售增长能力。

3．分析销售增长的结构

可以利用某种产品收入增长率指标来观察企业产品的结构情况，进而分析企业的成长性。其计算公式如下：

$$某种产品收入增长率 = \frac{该产品本年销售收入增长额}{该产品上年销售收入} \times 100\%$$

根据产品生命周期理论，每种产品的生命周期一般都可以划分为四个阶段。每种产品在不同阶段的销售情况也不同：初创阶段，产品收入增长率往往比较低；成长阶段，产品收入增长率较高；成熟阶段，产品收入增长率增速放缓；衰退阶段，产品收入增长率增速下降。根据这一原理，借助某种产品收入增长率指标，可以大致分析企业生产经营所处的生命周期阶段，据此也能判断企业发展前景。

4．分析销售收入增长的来源

只有进一步分析收入增长的来源，才能断定企业是否具有销售方面的发展潜力。企业的收入增长可能源于外汇汇率的变动，也可能源于债务重组产生的利润，甚至可能源于会计政策或会计估计变更引起的变动，若是上述情况引起的收入增长，显然不能体现企业未来的可持续的销售能力。此外，还应该关注收入的质量，有些收入会带来较多的坏账准备，这种收入并不会给企业带来真正发展的动力。

案例 12-1　根据 XYZ 公司 2023 年度的利润表，假定 2021 年 XYZ 公司实现营业收入为 1770 万元。计算营业收入增长率，如表 12-1 所示。

表 12-1　XYZ 公司营业收入增长情况

项　　目	2023 年	2022 年
本年营业收入/万元	2000	1850
上年营业收入/万元	1850	1770
营业收入增长率/(%)	8.11	4.52

从表 12-1 可以看出，XYZ 公司 2023 年、2022 年营业收入增长率分别为 8.11%和 4.52%，说明该公司的营运收入在不断扩大，而且增幅也在增加，可以认为其发展能力比较乐观。

小课堂 12-1　发展能力指标

二、资产增长率

(一) 概念及计算公式

企业要增加收入，就需要相应地增加资产投入来实现收入的增加，因此可以利用资产增长率指标反映企业在资产投入方面的增长情况。资产增长率就是本期资产增长额与资产期初余额之比。其计算公式如下：

$$资产增长率 = \frac{本期资产增长额}{资产期初余额} \times 100\%$$

资产增长率是用来考核企业资产投入增长幅度的财务指标。若该指标为正数，则说明企业本期资产规模增加，资产增长率越大，表明企业资产规模增加幅度越大；反之，则说明企业本期资产规模缩减，资产出现负增长。由于资产增长率会受到资产短期波动的影响，为了弥补该指标的不足，可以用三年资产平均增长率指标来反映企业较长时间内的资产增长状况。其计算公式如下：

$$三年资产平均增长率 = \left(\sqrt[3]{\frac{本年末资产总额}{前三年年末资产总额}} - 1 \right) \times 100\%$$

三年资产平均增长率越高，说明企业资产规模增长速度越快，竞争力和发展力越强。

(二) 分析及运用

1. 不能用于简单评价企业资产规模增长是否恰当

评价一个企业的资产规模增长是否恰当，必须与销售增长、利润增长等情况结合起来分析。只有在一个企业的销售增长、利润增长超过资产规模增长的情况下，这种资产规模增长才属于效益型增长，是恰当的、正常的。

2. 需要正确分析企业资产增长的来源

因为企业资产增长所需的资金一般来自负债和所有者权益。在其他条件不变的情况下，无论是增加负债规模还是增加所有者权益规模，都会提高资产增长率。若企业资产的增长完全依赖负债的增长，则可能说明企业不具备良好的发展潜力，也可能是出于企业更好利用财务杠杆的动机。从企业自身的角度来看，企业资产的增加应该主要来自企业盈利的增加。当然，盈利的增加能带来多大程度的资产增加还要视企业实行的股利政策而定。

3. 应结合企业所处的发展阶段

为全面认识企业资产规模的增长趋势和水平，应将企业不同时期的资产增长率加以比较。因为一个健康的处于成长阶段的企业，其资产规模应该是不断增长的，若时增时减，则反映出企业的经营状况不稳定，同时也说明企业不具备良好的发展能力。所以只有将一个企业不同时期的资产增长率加以比较，才能正确评价企业资产规模的发展能力。

案例 12-2 根据 XYZ 公司 2023 年度的资产负债表，假定 2021 年年末 XYZ 公司资产总额为 2000 万元。计算总资产增长率，如表 12-2 所示。

表 12-2 XYZ 公司总资产增长情况

项　目	2023 年	2022 年
本年总资产/万元	2346	2027
上年总资产/万元	2027	2000
总资产增长率/(%)	15.74	13.5

从表 12-2 可以看出 XYZ 公司 2023 年、2022 年总资产增长率分别为 15.74%和 13.5%，说明该公司的总资产在不断扩大，而且增幅也有所增加，可以认为公司在不断地扩大发展规模。

三、利润增长率

(一) 概念及计算公式

企业的价值主要取决于盈利及其增长，因此，企业利润的增长也是反映企业发展能力的重要方面。利润增长率因利润指标的多样性具有不同的表现形式。由于净利润是企业经营业绩的综合结果，净利润的增长是企业成长性的基本表现，因此在实践中，主要采用净利润增长率和营业利润增长率这两个指标进行分析。

1．净利润增长率

净利润增长率是本期净利润增加额与上期净利润之比，其计算公式如下：

$$净利润增长率 = \frac{本期净利润增加额}{上期净利润} \times 100\%$$

需要说明的是，若上期净利润为负数，则计算公式的分母应该取其绝对值，也可以不计算该指标，通过扭亏为盈等数字描述进行分析。该公式反映的是企业净利润的增长情况。若该指标为正数，则说明企业本期净利润增加，指标越大，说明企业收益增长得越多；反之，则说明企业本期净利润减少，收益降低。

2．营业利润增长率

营业利润是企业在经营活动中所获得的纯利润，是企业经营活动所得的主要收益之一。营业利润增长率是本期营业利润增加额与上期营业利润之比，其计算公式如下：

$$营业利润增长率 = \frac{本期营业利润增加额}{上期营业利润} \times 100\%$$

若营业利润增长率为正数，则说明本期企业营业利润增加，营业利润增长率越大，说明企业发展能力越强。反之，若营业利润增长率为负数，则说明企业本期营业利润减少，收益降低。

此外，营业利润增长率越高越好是相对的，需要结合企业的实际情况来评估。若企业的营业利润增长率很高，但是其经营状况不稳定，存在风险，则这种高增长率可能是暂时的，不能长期持续。相反，若企业的营业利润增长率较低，但是其经营状况稳定，未来的发展潜力大，则这种低增长率可能是可持续的，有利于企业的长期发展。

(二) 分析及运用

在进行净利润增长率和营业利润增长率分析时，需要注意以下几个问题。

1．关注利润增长的来源

从利润表来看，企业利润增长主要源于三个方面：一是企业日常经营活动带来的利润增长，这种增长往往意味着企业的发展能力具有可持续性。二是投资活动产生的投资收益，往往表现为公允价值变动损益或投资收益等，对这部分收益带来的营业利润增长的合理性要保持警惕，存在利润操纵的可能性。三是非经常性收益项目，它是指那些具有较大的偶然性和意外性的收益，并不代表企业真实的盈利能力，由此带来的利润增长也是不具有可持续性的。

2．分析利润增长与收入增长情况

分析营业利润的增长情况应结合企业的营业收入增长情况。若企业的营业利润增长率高于企业的收入增长率，则说明企业正处于成长期，业务不断开拓，企业的盈利能力不断增强；反之，若企业的营业利润增长率小于企业的收入增长率，则反映企业营业成本、营业税金及附加、期间费用等成本项目的上升超过了营业收入的增长，说明企业的商品经营盈利能力有待进一步提高，企业营业利润发展潜力值得怀疑。

3. 利润增长的趋势分析

为了正确反映企业净利润和营业利润的增长趋势，应将企业连续多年的净利润增长率和营业利润增长率指标进行对比分析，这样可以排除个别时期偶发因素或者其他特殊情况的影响，从而更加全面、真实地揭示企业净利润和营业利润的增长情况。

4. 影响利润的相关因素分析

影响利润的相关因素有销售数量、单位产品平均售价、单位产品制造成本、控制管理费用的能力、控制销售费用的能力等。但是一味地削减成本并不能代表企业可持续发展能力增长，企业要实现持续发展必须要进行技术革新，尤其是在信息技术高度发达的当代，产品要不断进行更新迭代才能在市场中立于不败之地，才能使企业获得持续发展的能力。

案例 12-3 根据 XYZ 公司 2023 年度的利润表，假定 2022 年 XYZ 公司实现的营业利润和净利润分别为 180 万元和 160 万元。计算营业利润增长率和净利润增长率，如表 12-3 所示。

表 12-3 XYZ 公司营业利润增长和净利润增长情况

项　　目	2023 年	2022 年
本年营业利润/万元	255	210
上年营业利润/万元	210	180
本年净利润/万元	206	172
上年净利润/万元	172	160
营业利润增长率/(%)	21.43	16.67
净利润增长率/(%)	19.77	7.5

结合表 12-1 和表 12-3，可以看出 XYZ 公司 2023 年和 2022 年的营业利润增长率均大于营业收入增长率，企业产品盈利能力较强，若能持续保持，则表明企业有强劲的发展能力；从表 12-3 可以看出 XYZ 公司 2023 年、2022 年净利润增长率分别为 19.77% 和 7.5%，说明该公司的净利润在不断扩大，而且增幅显著，说明公司在扩大营业收入的同时，严格控制成本费用的开支，获得净利率增长的成效显著。

案例 12-1 发展能力部分指标分析

四、股东权益增长率

(一) 概念及计算公式

资本扩张是企业发展的一个重要方面。资本扩张体现在股东权益增长，而股东权益增长主要有两个来源：一是外来资金的投入(实收资本或股本以及资本公积增加)；二是留存收益的增加(盈余公积或未分配利润增加)。前一种可以采用股东权益增长率来衡量，后一种可以采用股利增长率来衡量。

股东权益增长率又称资本积累率，它是指本期股东权益增加额同股东权益期初余额的比率。其计算公式如下：

$$股东权益增长率 = \frac{本期股东权益增加额}{股东权益期初余额} \times 100\%$$

股利增长率是本期每股股利增加额与上期每股股利的比率，反映了企业现金股利的增长情况。其计算公式如下：

$$股利增长率 = \frac{本期每股股利增加额}{上期每股股利} \times 100\%$$

(二) 分析及运用

股东权益增长率反映了股东权益在当年的变动水平，体现了企业资本的积累情况，是企业发展强盛的标志，也是企业扩大再生产的源泉。该指标还反映了投资者投入资本的保全性和增长性。若该指标大于 0，即指标值越高，则表明企业的资本积累越多，应对风险、持续发展的能力越强；若该指标小于 0，则表明企业资本受到侵蚀，股东权益受到损害。从会计报表上看，资本积累主要来源于企业净利润的留存和股东追加的投资。其中，前者更能体现资本积累的本质。在评价资本积累时，注意本期与上期权益资产变动的偶然性因素，特别是实收资本的变动对股东权益增长率的影响。

为了消除股东权益受短期波动的可能影响，可以计算三年的股东权益平均增长率，来反映企业较长时期内股东权益的增长情况，其计算公式如下：

$$三年股东权益平均增长率 = \left(\sqrt[3]{\frac{年末股东权益总额}{前三年年末股东权益总额}} - 1\right) \times 100\%$$

三年股东权益平均增长率反映了企业股东权益连续 3 年的增长情况，体现了企业的发展水平和发展趋势。该指标越高，表明企业股东权益得到保障的程度越大，企业可以长期使用的资金越充足，抗风险和持续发展的能力越强。

案例 12-4　根据 XYZ 公司 2023 年度的资产负债表，假定 2021 年末 XYZ 公司股东权益总额为 940 万元。计算股东权益增长率，如表 12-4 所示。

表 12-4　XYZ 公司股东权益增长情况

项　　目	2023 年	2022 年
本年股东权益/万元	1060	970
上年股东权益/万元	970	940
股东权益增长率/(%)	9.28	3.19

从表 12-4 可以看出 XYZ 公司 2023 年、2022 年股东权益增长率分别为 9.28% 和 3.19%，说明该公司的股东权益在不断扩大，企业的资本积累能力在不断增强，有利于企业的长远发展。结合案例 12-2，股东权益的增长率小于总资产增长率，说明该公司资产的增长更多地依赖债务资金的增长，公司扩张发展的同时应该要关注财务风险。

第三节　企业可持续增长能力分析

评价企业的发展能力，既要关注企业的单项发展能力指标，也要评价企业的整体发展能力。首先，收入增长率、利润增长率、总资产增长率和股东权益增长率等指标，只是从收入、利润、总资产

小课堂 12-2　可持续
增长率指标

和净资产等不同侧面考察了企业的发展能力，不足以涵盖企业发展能力的全部。其次，收入增长率、利润增长率、总资产增长率和股东权益增长率之间存在着一定的关系，不能截然分开。因此，实际运用时，只有把这四种类型的增长率指标相互关联起来进行综合分析，才能正确评价一个企业的整体发展能力。

一、可持续增长率的内涵

企业发展能力通常是指企业未来生产经营活动的发展趋势和发展潜能。企业应该追求可持续的发展，过快的发展可能会使企业遭遇资金困境，而过慢的发展可能会使企业丧失市场先机。

(一) 增长率与资金需求

企业的目的是生存、发展与获利，销售增长是任何企业价值增长的源泉。企业在销售增长的同时，往往需要补充发展所需的资金，这是因为资产是销售收入的基础，资产的投资需要资金。销售增长速度越快，企业所需要的资金就越多。从企业的资金需求与发展速度来看，主要有以下几种方式。

1. 完全依靠内部资金增长

企业在不增加外部负债的情况下，依靠内部积累的资金实现增长。由于企业内部资金积累的速度较慢，且积累资金有限，这种方式往往会限制企业的发展，也无法实现快速发展。

2. 主要依靠外部资金增长

在这种方式下，企业发展主要依靠增加企业债务和股东投资。负债资金的增加和股东净投入的增加，都可以为企业资产的增长提供资金来源，从而为收入的增长提供资产保证，进一步促进企业利润的高速增长。这种方式会带来财务风险增大、资本成本增加及控制权稀释等问题。因此这种依赖外部资金获得高速的增长必然不会持续太久。

3. 平衡增长

平衡增长是指在保持目前资本结构不变的情况下，根据股东权益的增长比例相应地增加借款数额，从而获得企业发展所需的资金。平衡增长一般不会耗尽企业的财务资源，是一种可持续的增长。

(二) 内含增长率

内含增长率是指在公司完全不对外融资的情况下，营业收入预测增长率的最高水平。其计算公式如下：

$$内含增长率 = \frac{销售净利率 \times (1-股利支付率)}{资产销售百分比 - 负债销售百分比 - 销售净利率 \times (1-股利支付率)}$$

由公式可以看出，内含增长率与销售净利率呈正相关，与股利支付率呈负相关。销售净利率越高，内含增长率越高；股利支付率越高，内含增长率越低。

内含增长率也可以由下列公式计算：

$$内含增长率 = 资产净利率 \times 留存收益比率$$

其中，留存收益比率与股利支付率互补。

(三) 可持续增长率

可持续增长率是指不增发新股并保持目前经营效率(不改变销售净利率和资产周转率)和财务政策(不改变产权比率和留存收益比率)条件下公司销售可以实现的最高增长率。要实现可持续增长,使实际销售增长率等于可持续增长率,必须满足以下几个假设条件:其一,企业销售净利率将维持当前水平,并且可以涵盖增加的债务利息;其二,企业资产周转率将维持当前水平;其三,企业目前的资本结构是目标资本结构,并且打算继续维持下去;其四,企业目前的留存收益比率是目标留存收益比率,并且打算继续维持下去;其五,不愿意或不打算增发新股(包括股份回购)。

根据上述假设可知,在资本结构不变的情况下,随着股东权益的增长,负债必然以相同速度增长,负债和股东权益共同增长决定了企业的扩张速度。因此,从根本上来说,销售增长主要受到股东权益增长速度的限制。由此可以推导出:可持续增长率(销售增长率)=股东权益增长率;股东权益与负债同比增长,即股东权益增长率=负债增长率;资产周转率保持不变,即资产增长率=销售增长率。

利用上述推导,可持续增长率的计算公式有如下两种。

1. 根据期初股东权益计算

$$可持续增长率 = 股东权益增长率$$

$$= \frac{股东权益本期增加}{期初股东权益} = \frac{本期净利润 \times 本期留存比率}{期初股东权益}$$

$$= 期初股东权益本期净利率 \times 本期留存比率$$

$$= \frac{本期净利润}{本期销售收入} \times \frac{本期销售收入}{期末总资产} \times \frac{期末总资产}{期初股东权益} \times 本期留存比率$$

$$= 销售净利率 \times 总资产周转率 \times 期初权益期末总资产乘数 \times 本期留存比率$$

2. 根据期末股东权益计算

$$可持续增长率 = 股东权益增长率 = \frac{股东权益本期增加}{期初股东权益}$$

$$= \frac{本期净利润 \times 本期留存比率}{期末股东权益 - 本期净利润 \times 本期留存比率}$$

$$(将分子分母同时除以期末股东权益)$$

$$= \frac{本期净利润/期末股东权益 \times 本期留存比率}{1 - 本期净利润/期末股东权益 \times 本期留存比率}$$

$$= \frac{股东权益报酬率 \times 本期留存比率}{1 - 股东权益报酬率 \times 本期留存比率}$$

$$= \frac{销售净利率 \times 总资产周转率 \times 权益乘数 \times 本期留存比率}{1 - 销售净利率 \times 总资产周转率 \times 权益乘数 \times 本期留存比率}$$

案例 12-2　发展能力部分指标分析

二、可持续增长率的影响因素

从上述公式可以看出，影响可持续增长率的因素包括：销售净利率、总资产增长率、权益乘数和留存比率(股利支付率)。

(一) 从经营效率角度分析

销售净利率和总资产周转率这两个指标是企业经营绩效的综合体现，反映了企业经营战略的成效，是企业综合实力的体现。其中，销售净利率反映了企业生产经营的盈利能力，总资产周转率则反映了企业的资产营运能力，说明企业资产的运营效率。在财务杠杆和股利支付率保持不变的前提下，销售净利率和总资产周转率越高，可持续增长率就越高。

(二) 从财务政策角度分析

权益乘数和股利支付率分别体现了企业的融资政策和股利政策(都属于财务政策)，反映了企业财务战略的成效，取决于企业经理人的"风险与收益"的权衡观念。

综上所述，企业的综合实力与承担风险的能力或意愿，决定了企业的增长速度。因此，如果企业要改变增长速度，就必须通过改变企业的经营战略或财务战略，或两者的组合。

三、实现可持续增长的策略分析

企业的可持续增长率与实际增长率是两个概念。可持续增长率是企业当前经营效率和财务政策决定的内在增长能力。而实际增长率是本年营业收入额与上年营业收入额的增长百分比。实践中，经常出现企业的可持续增长率与实际增长率不一致的情况。当实际增长率高于可持续增长率时，企业由于发展过快而面临资金短缺，有些企业因为增长过快而陷入资金危机，甚至破产；当实际增长率小于可持续增长率时，企业将面临资金多余、增长速度缓慢、发展困难甚至被其他企业收购的可能。前者多发生在处于初创阶段和成长阶段的企业，后者多发生在处于成熟阶段和衰退阶段的企业。因此，管理人员必须事先预料到企业超过或低于可持续增长率时所导致的问题，并及时采取各种措施，保证企业的可持续发展。

(一) 实际增长率超过可持续增长率时的策略

当企业营业收入的实际增长率超过可持续增长率时，管理者不应盲目乐观，而要及时预测各种可能发生的财务问题。此时，企业处于快速增长期，尽管营业收入的增长会带来利润的增长，但同时过快增长会导致大量的资金需求。为了保持企业的可持续发展，企业需要填补资金缺口，可以采取如下策略。

1. 注入新的权益资本

当企业愿意并能够在资本市场增发股票时，其可持续增长问题便得以消除；但增加权益资本受到诸多因素限制，比如金融市场发达程度、公司自身能否达到权益融资的条件以及公司扩增股份可能带来的股权稀释问题等。

2. 提高财务杠杆

提高财务杠杆就会增加负债，但运用债务融资存在上限，因为企业债务融资比例越高，偿债能力就会越弱，进而影响后续再融资且会出现融资成本上升的问题。另外，增加负债会增加财务风险。若企业未来的现金流量不稳定和债务调度不合理，一旦出现经营风险而无法偿付到期债务，企业将面临较大的财务危机，甚至破产倒闭。

3. 降低股利支付率

降低股利支付率的战略实质是利用企业内部产生的资金，降低企业筹资的资本成本。但选择这种财务战略必须考虑投资者对股利和投资前景的看法。若投资者认为企业具有良好的投资机会，则更愿意接受企业低股利支付率的政策；反之，若投资者认为投资前景不佳，低股利支付率则会引起他们的不满，从而导致股价下跌甚至出现董事会改组等现象。另外，内部积累资金的速度较慢，仅仅依靠低股利支付率难以满足企业的大规模资金需求。

4. 提高经营效率

企业可以通过缩短应收账款的回收天数、减少库存积压、缩短生产周期以及出售或出租闲置固定资产等措施来提高总资产周转率，从而提高可持续增长率。企业还可以通过及时剥离非核心业务，剥离所释放的资金以支持企业的增长，使企业利用有限的资源集中发展核心业务，提高企业的资产周转率。此外，通过加强内部成本管理，提高营业利润率，从而提高可持续增长率。

(二) 实际增长率低于可持续增长率时的策略

当企业实际增长率低于可持续增长率时，说明企业现金充足，甚至闲置。企业管理者要综合分析企业内部和外部的原因，找出影响销售增长的症结所在，确认企业的增长速度是否可以提高，并充分利用闲置资金。这种情况下可采取的策略如下：

1. 积极寻找投资机会

一般来说，企业的实际增长率低于可持续增长率可能是因为企业没有找到合适的投资机会。企业应寻求新的利润增长点，加大投资力度，选择新的投资项目或收购相关企业，从而避免资源闲置，提高资源的盈利性。

2. 提高股利支付率

企业实际增长率低于可持续增长率时，管理层的注意力应该集中在如何有效支配多余的现金流量上。此时现金过剩，企业可适当加大分红比例。这样既有利于企业树立良好的社会形象，也有利于稳定企业股价，增强投资者的持股信心。

3. 股票回购

当产业进入衰退期，又找不到新的利润增长点或难以进行有效转型，剩余资金也无适当用途时，企业可以通过股份回购减少企业股本。这样不仅可充分利用企业现金顺差改善企业资本结构，还可以提高每股收益，缩小可持续增长率与实际增长率之间的差距，从而推动企业的可持续增长。

总之，可持续增长率对企业发展的指导作用是明显的。企业的发展速度受到社会、政治、经济以及自身等多方面因素的影响，实际增长率有时会高于或低于可持续增长率，但从长远角度看，企业的实际增长率会受到可持续增长率的制约。企业也只有重视实际增长率与可持续增长率的差距，根据可持续增长率动态管理实际增长率，才能够实现稳定发展。

本章关键术语

发展能力分析、营业收入增长率、利润增长率、资产增长率、股东权益增长率、可持续发展、内含增长率、可持续增长率、实际增长率

思考练习题

案例讨论与分析：迪安诊断的发展能力分析

相关经典文献

第十三章　财务综合能力分析

引例：全球安防领军者海康威视的财务综合能力分析

学习目标

● 知识目标

了解财务综合能力分析与业绩评价的目的和主要内容；掌握杜邦财务分析体系的基本内容；掌握沃尔评分法的基本思路；掌握帕利普综合财务分析的基本内容。

● 能力目标

能利用综合财务分析的各种方法对企业的综合财务能力进行分析和评价。

● 育人目标

树立"中国制造""中国创造""中国精造""工匠精神"等信念；树立全局思维，一个企业的发展、壮大体现在多个方面，人的能力也是如此，要从全面、全局的角度看问题。

知识点导图

第一节　财务综合能力分析概述

前述第九章到第十二章是对企业某一方面的经营活动所做的单项财务分析，如同盲人摸象，分析结果难免具有片面性。要了解企业经营活动的全貌，财务分析人员还必须采取适当的方法，对企业财务状况进行全面、综合的分析与评价。所谓财务综合分析就是将企业偿债能力、营运能力和盈利能力等方面的分析纳入一个有机的分析系统之中，对企业财务状况及经营情况进行全面的解剖和分析，从而对企业的经济效益做出较为准确的评价与判断。

一、财务综合分析的目的

财务综合分析的具体目的有以下几个方面。

(一) 评价分析期的企业经营绩效

通过财务报告分析提供的数据及资料，对企业财务状况和经营成果进行客观、公正的评价，肯定企业的成绩，发现问题，并将企业财务指标的实际数值与历史值、计划值、同类企业的同期和先进值进行比较，以判断企业在分析期的管理水平及经营业绩。

(二) 分析企业财务状况和经营成果的影响因素，挖掘企业的潜力

按照企业各项财务指标的性质及各指标之间的相互关系，来寻找影响企业财务指标变动的因素，并对其进行量化。企业中的各项指标是相互联系、相互影响、相互作用，而每一个指标往往又受各种因素的综合影响。通过分析影响因素和计算影响程度，可以分清影响企业财务指标的不利因素和有利因素、主要因素和次要因素，然后对各项指标变动的结果进行综合分析，找出差距，查明原因，制定改进措施，以便挖掘企业各个方面的潜力，即提高企业经济效益的可能性。

(三) 监督企业执行政策、法令以及规章制度的情况

作为市场经济中的一员，企业必须遵守国家的法律法规，并执行国家的有关规章制度。因此，在进行财务报告数据资料的综合分析时，还应结合国家有关法律法规和规章制度，来考察企业是否按照法律、法规办理各项业务，是否按照规定披露企业的有关财务信息，是否按照国家有关政策正确计算和分配利润，是否足额地缴纳税金，是否遵守财经纪律、信贷制度进行合理筹集和使用资金。

(四) 预测企业未来的趋势，提供决策依据

经济活动的重心在于管理，管理的重心在于决策。企业的财务活动是一个复杂的总体，财务综合分析应从各项财务指标的分析中去粗取精、去伪存真、由表及里、由此及彼，找出各项财务指标之间本质的、必然的联系。财务分析人员根据分析结果进行决策。

二、财务综合分析的特点

(一) 分析问题的方法不同

单项分析是把企业财务活动的总体分解为每个具体部分，逐一加以分析考察；而综合

分析是通过归纳、综合，在分析的基础上从总体上把握企业的财务状况。

(二) 评价指标的要求不同

单项分析更有实务性和实证性，评价指标要求能够真切地认识每一具体的财务现象；综合分析具有高度的抽象性和概括性，着重从整体上概括财务状况的本质特征，评价范围要全面，设置的评价指标要求尽可能涵盖偿债能力、营运能力和盈利能力等各方面的考核要求。

(三) 分析的重点不同

单项分析的重点和比较基准是财务计划、财务理论标准；综合分析的重点和比较基准是企业的整体发展趋势，两者分析的重点是有区别的。

(四) 指标之间的关系不同

单项分析把每个分析的指标视为同等重要的角色来处理，不太考虑各种指标之间的相互关系；综合分析的各种指标有主辅之分，在对主要指标分析的基础上，再对其他辅助指标进行分析，才能分析透彻，把握精准、详尽。

三、财务综合分析的内容

(一) 财务目标与经营活动关联度的综合评价

企业财务目标是资本增值最大化。资本增值的核心在于资本收益能力的提高，而资本收益能力受企业各方面、各环节财务状况的影响。综合财务分析正是以净资产收益率为核心，通过对净资产收益率的分解，找出企业经营各环节对企业的影响以及影响程度，从而综合评价企业各环节及各方面的经营业绩。杜邦分析体系是进行这一分析的代表性方法。

(二) 企业经营业绩综合分析

虽然财务目标与财务环节的联系分析可以解决单项指标分析或单方面分析给评价带来的困难，但由于没能采用某种计量手段给互相关联指标以综合评价，往往难以准确得出公司经营业绩改善与否的定量结论。企业经营业绩综合分析评价正是从解决这一问题出发，利用业绩评价的不同方法对企业经营业绩进行量化分析，最后得出企业经营业绩评价的唯一结论。

第二节　　杜邦财务分析体系

一、杜邦财务分析体系的含义

杜邦财务分析体系又称杜邦分析法，因其是杜邦公司首创而得名。这一体系出现后，迅速在全球范围内传播，从最初的管理层用于企业内部业绩考核逐渐发展到投资者、债权人用于分析企业的经济效益。20 世纪后半叶该体系被介绍到我国，并

小课堂 13-1　杜邦分析法

广泛应用于企业财务综合分析实践中。该方法最显著的特点是将若干个用以评价企业经营效率和财务状况的比率按其内在的联系有机结合起来，从而形成了一个完整的指标体系，并最终通过净资产收益率来综合反映。

二、杜邦财务分析体系的基本内容

杜邦财务分析体系的核心指标是净资产收益率，采用"杜邦分析图"，将有关分析指标按内在联系排列。它主要反映了以下几种主要的财务比率关系。

$$净资产收益率 = 总资产净利率 \times 平均权益乘数$$
$$总资产净利率 = 销售净利率 \times 总资产周转率$$

$$销售净利率 = \frac{净利润}{销售收入}$$

$$总资产周转率 = \frac{销售收入}{资产平均总额}$$

(一) 杜邦分析体系的核心比率

杜邦分析体系采用净资产收益率为核心比率，主要有以下三点原因：

其一，净资产收益率是一个从股东角度衡量企业总体盈利能力的财务比率，这与股东财富最大化目标相一致。股东财富最大化目标下，公司要为股东创造价值，而净资产收益率越高，每1元股东权益赚取的净利润就越多。

其二，净资产收益率具有很强的可比性。资本具有逐利性，会流向投资报酬率高的行业和企业。在竞争的作用下会导致一段时期后，各企业的净资产收益率会较为接近平均水平，这就使得净资产收益率可用于不同企业间的比较。

其三，净资产收益率具有很强的综合性。净资产收益率可分解成为销售净利率、总资产周转次数和权益乘数，它将利润表和资产负债表联系起来，概括了企业的全部经营业绩和财务状况，影响着企业股东价值的大小。

(二) 杜邦分析体系的基本框架

杜邦分析体系的基本框架如图 13-1 所示。

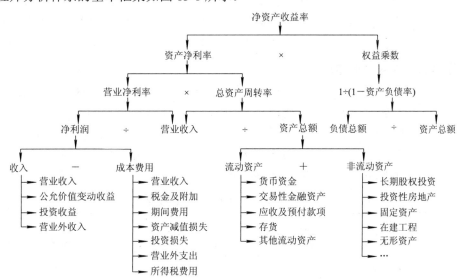

图 13-1　杜邦分析体系的基本框架图

由图 13-1 可见，该体系是一个多层次的财务比率分解体系。各项财务比率可在每个层次上与企业的历史值或行业均值等对象进行比较，比较后进一步向下分解，逐步覆盖企业经营活动的每个环节，从而全面、系统、深入地分析企业的经营成果和财务状况。

第一层，将净资产收益率分解为资产净利率和权益乘数。

权益乘数代表的财务杠杆，反映企业的财务政策。在资产净利率不变的前提下，财务杠杆提高，可以提高净资产收益率，但同时也会提高财务风险。出于安全性和稳定收益考虑，债权人更偏好给经营风险低、经营活动现金流量净额比较稳定的企业提供贷款。企业为降低经营风险，往往需要降低产品价格以减少竞争，或者增加营运资本以防止现金流中断，上述措施也会降低资产净利率。因此，很多时候经营风险低的企业财务杠杆程度相对较高。相反，经营风险高的企业，由于只能得到较少的贷款，财务杠杆程度则较低。资产净利率与财务杠杆负相关，共同决定了企业的净资产收益率，即企业需要统筹考虑其经营战略和财务政策。

第二层，将资产净利率分解为营业净利率、总资产周转率。

其中的营业净利率、总资产周转率可以反映企业的经营战略。营业净利率较高的企业，往往需要增加投资，资产的增加会引起总资产周转率的下降。相反，总资产周转率较高的零售业，营业净利率就较低。营业净利率和总资产周转率两者经常呈反方向变化。企业采取"高盈利、低周转"还是"低盈利、高周转"的方针，并无优劣之分，而是需要企业根据外部环境、行业特点和自身资源做出合理的战略选择。

第三层，将营业净利率分解为净利润和营业收入，总资产周转率分解为营业收入和资产总额。营业净利率是反映企业盈利能力的指标，企业提高营业净利率的途径有扩大营业收入和降低成本费用两种，即"开源节流"。扩大营业收入只有通过提高企业商品的竞争力来实现，而降低成本则取决于企业内部的管理控制。总资产周转率反映了企业的营运能力，是企业资产经营的结果，也是实现净资产收益率最大化的基础。企业总资产由流动资产和非流动资产组成，流动资产体现企业偿债能力和变现能力，非流动资产体现企业的经营规模、发展潜力和盈利能力。因此，流动资产和非流动资产两者应有一个合理的比例关系，通过分析资产结构是否合理以及营运效率的高低，可以发现企业资产管理中存在的问题和不足，为最终提高企业的经营业绩指明方向。

（三）杜邦分析体系的作用

其一，分析造成历史财务结果的原因。通过对权益净利率各层次的分解，发现比率变动的趋势，识别引起变动的原因，衡量其重要性，为后续分析指明方向。

其二，分析提高未来财务成果的方法。可以帮助经营者制订合理的预算，即首先制订盈利目标，然后确定各层次的子目标，明确需要改进的方面，发现有助于实现目标的可行措施。

案例 13-1　甲公司近两年的主要财务数据如表 13-1。

表 13-1　甲公司 2023 年和 2022 年相关财务数据　　　　单位：万元

项　　目	2022 年	2023 年
销售收入	4400	4000
净利润	200	100
年末资产	1400	1500
年末股东权益	800	800

根据表 13-1 甲公司的相关财务数据，利用杜邦分析原理，结合因素分析法，对净资产收益率变化的原因进行分析。

(1) 2022 年的相关指标计算(总资产周转次数与权益乘数保留四位小数，涉及资产负债表的数据采用年末数计算)。

$$净资产收益率 = \frac{200}{800} \times 100\% = 25\%$$

$$销售净利率 = \frac{200}{4400} \times 100\% = 4.55\%$$

$$总资产周转次数 = \frac{4400}{1400} = 3.1429(次)$$

$$权益乘数 = \frac{1400}{800} = 1.7500$$

(2) 2023 年的相关指标计算(同上口径)。

$$净资产收益率 = \frac{100}{800} \times 100\% = 12.5\%$$

$$销售净利率 = \frac{100}{4000} \times 100\% = 2.5\%$$

$$总资产周转次数 = \frac{4000}{1500} = 2.6667(次)$$

$$权益乘数 = \frac{1500}{800} = 1.8750$$

(3) 分析说明该公司 2023 年与 2022 年相比净资产收益率的变化及其原因：

2023 年与 2022 年相比净资产收益率变动 = 12.5% − 25% = −12.5%

净资产收益率 = 销售净利率 × 总资产周转率 × 权益乘数

2022 年的权益净利率 = 4.55% × 3.1429 × 1.7500 = 25.03%　　　①

替代销售净利率：

2.5% × 3.1429 × 1.75 = 13.75%　　　②

替代总资产周转率：

2.5% × 2.6667 × 1.75 = 11.67%　　　③

替代权益乘数：

2.5% × 2.6667 × 1.875 = 12.50%　　　④

销售净利率变动的影响：② − ① = 13.75% − 25.03% = −11.28%

总资产周转次数变动的影响：③ − ② = 11.67% − 13.75% = −2.08%

权益乘数变动的影响：④ − ③ = 12.50% − 11.67% = 0.83%

根据计算可知，2023 年权益净利率相比 2022 年权益净利率下降了 12.5%，原因是销售净利率下降使得权益净利率下降了 11.28%，总资产周转次数下降使得权益净利率下降了 2.08%，以及权益乘数提高使得权益净利率提高 0.83%。

案例 13-1　杜邦分析法

三、杜邦财务分析体系的局限性

（一）用净利率衡量企业收益不够科学，不能完全反映企业真实的盈利状况

由于净利率容易受到资本结构和所得税政策的影响，因此在进行经营绩效评价时不能据此准确衡量企业经营决策效果。同时，净利润既包括企业经营业务产生的收益，也包括投资活动及财务决策的收益。杜邦财务分析法没有对这两种收益进行分离，从而无法准确衡量负债对公司获利能力到底带来的是正面还是负面作用，以及企业真实的盈利情况究竟如何。

（二）不能满足企业加强内部管理的需要

杜邦分析系统基本局限于事后财务分析，事前预测和事中控制的作用较弱，不利于计划、控制和决策。这主要是因为杜邦分析系统的资料主要来源于财务报表，没有充分利用管理会计的数据资料。

四、改进的杜邦财务分析系统

为避免杜邦分析系统的不足，一些学者提出了改进的杜邦分析系统。主要有以下两种思路。

（一）明晰资本结构对净资产收益率的影响

该种思路是从净资产收益率的基本原理出发，引入息税前利润和税前利润，将公司的经营活动与融资活动进行彻底分离，得到新的杜邦平衡式如下：

$$净资产收益率 = \frac{净利润}{股东权益平均余额}$$
$$= \frac{息税前利润}{销售收入} \times \frac{销售收入}{资产平均总额} \times \frac{税前利润}{息税前利润} \times \frac{资产平均总额}{股东权益平均余额} \times \frac{净利润}{税前利润}$$

在上式改进的杜邦平衡式中，可以进一步获取以下几个方面的信息。

1. 销售息税前利润率和总资产周转率

这两个财务比率可以综合反映企业投资决策和经营管理水平对公司总体盈利能力的影响。

2. 财务费用比率

财务费用比率，即税前利润与息税前利润的比值，它和权益乘数反映了公司融资决策对盈利能力的综合影响。只要公司存在负债，其财务费用比率总是小于或等于 1，即财务费用对公司获利起负面作用；而权益乘数总是大于或等于 1，反映了财务结构对公司获利起正面作用。财务费用和财务结构都取决于融资决策，而融资决策对公司获利带来正面或负面作用，就要看这两个比率的乘积，若两者乘积大于 1，则说明正面作用大于负面作用，负债决策对公司有利；反之，负债决策对公司不利。由此可见，财务费用比率和权益乘数的乘积能够很好地评价融资决策带来的负债对整个公司获利能力的影响。

3. 税收效应比率

税收效应比率，即税后净利润与税前利润的比值，反映了缴纳所得税对公司获利能力所起的负面作用。

(二) 从管理角度分析对净资产收益率的影响因素

该种思路是将杜邦分析体系中的收益衡量指标与管理会计提供的指标嫁接，即将净资产收益率进一步分解为如下形式：

净资产收益率 = 总资产净利率 × 权益乘数 = 销售净利率 × 总资产周转率 × 权益乘数
　　　　　　　 = 安全边际率 × 边际贡献率(1 − 所得税税率) × 总资产周转率 × 权益乘数

安全边际率是衡量企业经营安全程度的指标，通常安全边际率越高，企业经营越安全，安全边际率是正指标。边际贡献率是指边际贡献在销售收入中所占的百分比。该指标也是正指标，指标越高，说明产品的创利能力越强。这种改进后的杜邦财务系统具有如下优势。

其一，将销售净利率进一步分解为安全边际率、边际贡献率和所得税三个因素，不仅能分析税收对企业财务状况的影响，而且在对营业利润进行分析时，可以直接利用管理会计资料，转向以成本性态为基础的分析，有助于短期决策、计划和控制，促进企业管理会计工作的进一步开展和管理会计资料的充分利用，弥补了企业财务会计重核算、轻分析的弊端。

其二，突出了成本费用按性态分类的方法。在进行分析时，由于采用变动成本法，将成本中的可控成本与不可控成本、相关成本与无关成本明确分开，从而便于事前预测和事中控制。

第三节　帕利普财务分析体系

一、帕利普财务分析体系的产生及含义

帕利普财务分析体系是美国哈佛大学教授帕利普(Palepu)对杜邦分析法进行变形、补充而得到的。帕利普在其《经营透视：企业分析与评价》一书中，将财务分析体系中的常用财务比率分为四大类：偿债能力比率、盈利比率、资产管理效率比率、现金流量比率。帕利普财务分析的原理就是将某一个要分析的指标层层展开，以便探究财务指标发生变化的根本原因。

帕利普认为，企业的价值取决于企业的增长能力(通常以股利支付能力衡量)和盈利能力。企业的增长能力和盈利能力会受到其产品市场策略和金融市场策略的影响。产品市场策略通过企业的竞争性策略、经营方针和投资政策来实施，金融市场策略通过融资政策和股利政策来实施。因此，为了实现企业的增长和盈利目标，企业的管理层可以利用经营管理、投资管理、融资决策和股利政策四种手段。影响企业盈利能力和增长能力的因素之间的具体关系如图 13-2 所示。

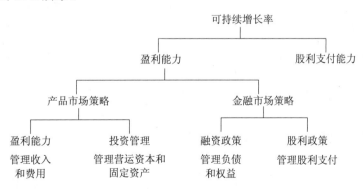

图 13-2　影响企业盈利能力和增长能力的因素图

二、帕利普财务分析体系的基本内容

帕利普财务分析体系的具体分析过程包括可持续增长率分析、利润动因分析、经营管理评估、投资管理评估和财务管理评估五个方面。

(一) 可持续增长率分析——统一财务比率

可持续增长率是企业在保持经营效率和财务政策不变的情况下能够达到的营业收入最高增长幅度。帕利普财务分析体系将可持续增长率作为分析的核心比率，并将可持续增长率进行了几个层次的分解。

首先，可持续增长率 = 净资产收益率 × (1 – 股利支付率)。

其次，将净资产收益率分解如下：

净资产收益率＝销售净利率×总资产周转率×权益乘数

根据上述式子，帕利普综合财务分析体系图如图 13-3 所示。

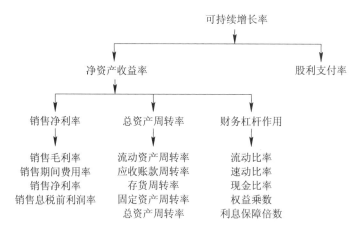

图 13-3　帕利普综合财务分析体系图

(二) 利润动因分析——分解净资产收益率

净资产收益率是衡量企业业绩的综合指标，反映了管理层利用企业股东所投入的资本创造利润的能力。从长期来看，企业权益的价值取决于企业的净资产收益率与权益资本成本的关系。将净资产收益率与资本成本进行比较，不仅有助于分析企业的价值，还有助于考虑企业未来盈利的取得途径。由于资本逐利性和竞争结果使净资产收益率总是趋于"正常"水平，即权益资本成本。因此，可以将权益资本成本作为市场竞争长期均衡时净资产收益率的标准。

如上所述，在传统的杜邦财务分析体系中，净资产收益率可以分解为销售净利率、总资产周转率和权益乘数的乘积，即企业的净资产收益率的大小受企业销售盈利能力、资产周转速度及财务杠杆的影响。

(三) 经营管理评估——分析销售净利率

一个企业的销售净利率反映了该企业经营活动的盈利能力。对销售净利率的进一步分解可以帮助分析人员衡量企业经营管理的效率。在这种分析中广泛使用的工具是利润结构表，即该表中所有项目都用销售收入的百分比来表示。

1. 销售毛利率

企业的销售毛利率受两个因素的影响，一是企业的产品或服务在市场中所要求的价格溢价，它受竞争程度和产品独特程度的影响；二是企业采购和生产过程中的效率，如果企业的采购成本比其竞争对手低，或生产效率比其竞争对手高，则该企业的营业成本就较低，销售毛利率就较高。

2. 销售、研发及管理费用

企业的销售及管理费用受到企业为实施其竞争战略而采取的经营活动的影响。例如，实行差异化战略的企业必须采取一定的行动来实现其战略，以质量和加速引进新产品为优势参与竞争的企业，其研发成本很可能要高于单纯依靠成本优势参与竞争的企业；对于一个试图树立品牌形象，通过全套服务的零售商分销其产品，并提供完善的客户服务的企业而言，其销售和管理费用很可能要高于通过仓储式零售的企业。

企业的销售、研发及管理费用还受到日常活动管理效率的影响。对以低成本为基础参与竞争的企业而言，对其经营费用进行控制显得尤为重要。然而，对于实现差异化战略的企业来说，重要的是评估其追求差异化所付出的成本是否与市场上获得的产品溢价相匹配。

3. 税收负担

税收费用是企业总费用的重要组成部分。在遵守相关法律、法规及制度的前提下，通过运用多种多样化的税务筹划，企业可以尝试减少税收费用。评价企业税收负担有两个度量指标，一是税收费用占销售收入的比率；二是税收费用占利润总额的比率。

(四) 投资管理评估——分析总资产周转率

总资产周转率是企业净资产收益率的第二个影响因素。企业把相当一部分资源投入在资产上，高效率地利用资产对企业整体的盈利能力至关重要。对本部分的分析可参考第十章总资产周转率的分析。

(五) 融资管理评估——检验财务杠杆的作用

财务杠杆又可称为融资杠杆、资本杠杆或者负债经营，强调其对负债的一种利用。只要债务的成本低于资产收益率，财务杠杆就可以提高净资产收益率，但同时也会增加企业的财务风险。可通过偿债能力的相关指标进行衡量。

三、对帕里普财务分析体系的评价

与其他分析体系相比，帕利普财务分析体系不仅继承了杜邦分析体系的优点，将企业的各种财务比率统一起来，评估企业的增长战略是否可持续，评价企业在经营管理、投资管理、融资战略和股利政策四个领域的管理效果；它还以创新的视角更全面、综合地展开分析。同时突出了可持续增长能力分析的重要地位，以"可持续增长率"作为核心指标，将众多财务指标有机地结合起来。尽管帕利普体系是在杜邦体系基础上所做的改进，但仍然存在一定的局限性，即现金流量信息不足。在信用经济环境下，衡量企业的经营业绩不能仅看会计利润指标的高低，还应关注现金流量信息，以便客观全面地了解企业利润中的"现金"成分，也能更加真实、准确地反映企业的资产质量和财务状况。

第四节　沃尔评分法

一、沃尔评分法的含义及原理

沃尔评分法又称综合评分法，该方法的创始人是美国的亚历山大·沃尔。它是对企业财务状况进行综合评分的方法。这种方法是选择七个财务比率，包括流动比率、产权比率、固定资产比率、存货周转率、应收账款周转率、固定资产周转率和股权资本周转率，并且分别给定了各自在总评分中的分数比重，通过与标准比率(以行业的平均数为基础确定)进行比较，得出一个关系比率，将此关系比率与各项财务比率的权重相乘求得总评分，从而对企业的信用水平及整个企业的财务状况进行评价。

二、沃尔评分法的步骤

采用沃尔评分法对企业财务状况进行综合分析，一般要遵循如下步骤：

(一) 选定评价财务状况的财务比率

不同的分析者选择的财务比率指标可能不相同，但在选择财务指标时应注意以下几点原则。

其一，财务比率要具有全面性。一般来说，反映企业的偿债能力、营运能力、盈利能力和发展能力等的指标都应包括在内，只有这样才能反映企业的综合财务状况。

其二，所选择的财务指标应具有代表性。所选择的财务比率数量不一定多，但应当具有代表性，即在每个方面的众多财务指标中要选择典型的、重要的比率。

其三，所选择的财务比率具有变化方向的一致性。当财务指标增大时，表示财务状况的改善；反之，表示财务状况的恶化。

(二) 确定各个财务指标的比重

确定各个财务指标的比重是沃尔评分法中的一个重要环节，它直接影响到对企业财务状况的评分多少。分配的标准是根据财务指标的重要性程度来确定。一般来说，越重要的财务指标分配的权重越高。对各项财务比率的重要性程度，不同的分析者会有不同的态度，但一般来说，应根据企业经营活动的性质、企业的生产经营规模、市场形象和分析者的分析目等因素来确定。

(三) 确定财务比率评分值的上下限

规定各项评分值的上限和下限，即最高评分值和最低评分值。这主要是为了避免个别财务比率的异常给总分造成不合理的影响。

(四) 确定财务比率的标准值

财务比率的标准值也是判断财务比率高低的比较标准。它是指各项财务比率在本企业现实条件下最理想的数值，即最优值。这个比较标准可以采用企业的历史水平、竞争企业的水平及同行业的平均水平。最常见的是参照同行业的平均水平，经过调整后确定。

(五) 计算关系比率

计算企业在一定时期各项财务比率的实际值，然后计算出各项财务比率实际值与标准值的比值，即关系比率。关系比率反映了企业某一时期财务比率的实际值偏离标准值的程度。

(六) 计算出各项财务比率的实际得分

各项财务比率的实际得分是关系比率和标准评分值的乘积，每项财务比率的得分都不得超过上限或下限，所以各项财务比率实际得分的合计数就是企业财务状况的综合得分。企业财务状况的综合得分反映了企业综合财务状况是否良好。如果企业的综合得分等于或接近 100 分，说明企业的财务状况是良好的，接近于行业的平均水平，即达到了预先确定的标准；如果企业的综合得分明显超过 100 分，说明企业的财务状况很理想，优于行业的平均水平；如果企业的综合得分远远低于 100 分，说明企业的财务状况较差，应当采取措施加以改善。

案例 13-2　采用沃尔评分法对 XYZ 公司 2023 年的财务状况进行综合评价，具体见表 13-2。

表 13-2　XZY 公司 2023 年财务比率综合评分表

财务比率	评分值	上/下限	标准值	实际值	关系比率	实际得分
	①	②	③	④	⑤=④/③	⑥=①×⑤
流动比率	10	20/5	2	2.46	1.23	12.3
速动比率	10	20/5	1.2	1.57	1.31	13.1
资产/负债	12	20/5	2.1	1.82	1.49	17.88
存货周转率	10	20/5	6.5	5.56	0.86	8.6
应收账款周转率	8	20/4	6	4.65	0.775	7.75
总资产周转率	10	20/5	1.5	0.915	0.61	6.1
资产净利率	15	30/7	15%	9.42%	0.628	9.42
股东权益报酬率	15	30/7	28%	20.3%	0.725	10.875
销售净利率	10	20/5	12%	10.3%	0.86	8.6
合计	100					94.625

表 13-2 所选择的财务比率包括偿债能力指标、营运能力指标和盈利能力指标三类财务比率。由于发展能力比率需要多个会计年度的数据才有效，因此在评价一年的财务状况时没有选用这一比率。根据表 13-2 的综合评分结果，XYZ 公司财务状况的综合得分为 94.625，比较接近 100 分，说明该公司的财务状况是良好的，与选定的标准基本一致。

沃尔评分法在实践中有着非常广泛的应用。以我国为例，20 世纪 90 年代以来，各部委颁布了一系列的综合评价体系。这些综合评价体系虽然财务比率不断创新，标准不断变化，结构不断调整，计分方法不断修改，考虑的因素也越来越周全，但始终没有脱离沃尔评分法的基本思想。

本章关键术语

财务综合分析、杜邦财务分析法、帕利普财务分析、沃尔评分法

思考练习题

案例讨论与分析：迪安诊断的财务综合能力分析

相关经典文献

综合篇

第十四章 战略视角下的财务报表综合分析

引例：零跑"联姻"Stellantis，大华清空股份

学 习 目 标

● **知识目标**

理解筹资战略的内涵；理解资源配置战略的内涵；理解盈利模式的内涵；理解战略视角下现金状态分类的内涵。

● **能力目标**

掌握资产结构与资本结构对应分析的思路与方法；掌握资产结构与利润结构对应分析的思路与方法；掌握利润与现金流量对应分析的思路与方法；掌握生命周期不同阶段下财务报表的特点以及财务分析人员应关注的重点。

● **育人目标**

理解资产结构、资本结构、利润结构以及现金流量的关系，具备系统性思维；从战略角度解读财务报表，形成价值创造型财务思维。

企业所选择的战略类型及实施状况，在极大程度上会决定企业生产经营过程中发生的各项业务活动情况，并最终影响到财务报表的不同方面。因此，作为财务分析人员，不能简单停留在具体项目分析上，不但要注意到财务报表内不同项目的联系，不同报表之间的联系，而且还要上升到基于战略视角来分析报表的层面。

知识点导图

第一节　资本结构分析

资本结构这一概念虽在企业财务管理、财务分析中广泛应用，但其内涵却有多个不同层次的理解。有将其理解为股权结构，其确定的公司控制权结构制约了公司治理模式，决定了公司的发展方向；也有将其理解为有代价的企业财务资源的来源结构，认为应包括企业所有者权益与贷款的结构和数量对比关系；有将其理解为企业各种长期资本来源的构成和比例关系；还有将其理解为企业负债总规模与所有者权益规模的对比关系，包括各类负债占总负债的构成比例和所有者权益中各类股东的持股构成比例、所有者权益中各项目的构成比例。由于企业筹资的规模和结构制约着企业的投资活动、经营活动和分配活动，因此本书认为应基于战略视角对资本进行分类，并分析企业的资本结构。

筹资战略的确立是指在追求实现企业财务目标的过程中，高层管理人员对资本来源、资本结构等方面做出决定以满足企业发展需要的过程。

一、战略视角下的资本分类

传统财务分析观念下，对资本分类主要是按两种标准进行。一种是按照资金提供者的不同，将资本分为负债和所有者权益；另一种是按企业占用资本的时间长短，将资本分为短期资本和长期资本。

在管理用财务报表的框架下，传统资产负债表变为管理用资产负债表，其右半部分分为净负债和股东权益。净负债由经营负债和金融负债组成。经营负债指销售商品或提供劳务所涉及的负债，金融负债指债务筹资活动所涉及的负债。

基于管理用资产负债表的这一思想，并结合其他学者的观点，本书在战略视角下将企业资本分为以下四类。

(一) 经营性负债资本

经营性负债资本是指企业在自身的经营活动中通过商业信用所获得的资本，也称商业信用资本，主要包括应付票据、应付账款和预收款项等。

经营性负债资本的形成，通常来自于企业一方面占用上游供应商的资金，另一方面占用下游经销商或者消费者的资金，因此具有综合资本成本低、综合偿还压力低于账面金额以及固化上下游关系等特点。

由此可见，经营性负债资本的规模，不仅在会计核算层面反映了企业与上下游企业或者用户进行结算时利用商业信用所产生的债务情况，更重要的是反映了企业利用自身的行业竞争地位和优势所采用的一种有效融资手段，即企业利用相对同类企业更强的议价能力，最大限度地利用与上下游的关系，以占用上下游企业大量资金用于满足自身资金需求。这一资本的形成，是企业在战略视角下对占用资本主观上所做的一种选择与安排，而绝非是被动的、自然形成的。

（二）金融性负债资本

金融性负债资本是指企业从金融机构或者资本市场通过债务融资而形成的资本，它既可以通过向银行等金融机构举债获得，也可以在资本市场上通过发行债券、融资租赁等方式获得，主要包括短期借款、交易性金融负债、应付利息、一年内到期的非流动负债、长期借款、应付债券以及长期应付款等。

无论是直接通过资本市场发生的应付债券等，还是通过金融中介机构发生的短期借款、长期借款等，其资本成本通常低于权益的资本成本，但偿还本息的压力较大，弹性较小。因此传统的财务分析观念认为金融性负债资本占企业资本比重较高的企业，财务风险较高，需要关注金融负债的规模、偿还期限和结构。

实务中，企业偏好金融性负债资本的一个重要原因是债权人不像股东，不拥有对企业的经营管理权。因此，引入金融性负债资本，既可以相对快速地解决企业发展和扩张过程中的资金问题，又可以保证企业的控制权不会被稀释，这种资本尤其受到家族企业的偏好。优序融资理论也对这一现象进行解释：为了实现现有股东利益的最大化，在企业具有较强盈利能力而又不能进一步引入经营性负债资本时，企业往往会主动选择向银行借款或者发行债券等方式进行举债融资。

此外，相当多的企业集团会采用资金集权管理模式，该模式的表现之一是由母公司统一借款或发行债券，然后再通过各种渠道将筹得的资金"输送"给下面的子公司。这种做法会降低集团的整体融资成本，提高集团的整体融资效率。

（三）股东投入资本

在第五章中我们学习了如何对反映股东入资的项目进行分析，包括股本和资本公积，但更重要的是基于战略视角来分析企业的股权结构、股东情况。

1．股权结构、入资规模与企业战略

企业的股权结构，可以指所有者权益的结构中普通股与优先股的构成比例；也可以指普通股份的构成中，控制性股东、重大影响性股东和非重大影响性股东的构成状况。在本章分析时，我们更多关注的是后者。

按照企业股东对企业的影响程度，可分为控制性股东、重大影响性股东和非重大影响性股东三类。其中，控制性股东有权决定一个企业的财务和经营政策；重大影响性股东对企业的财务和经营政策有参与决策的权利，但并无决定权；非重大影响性股东对企业的财务和经营政策几乎没有影响。因此，前两类股东决定了企业未来的发展方向。

在企业设立阶段时的股权结构设计及入资情况反映了企业的初始战略意图。随着企业经营环境、竞争地位、融资环境以及宏观政策等因素的变化，企业战略会相应地动态调整，股权结构也可能发生变化。增加股东投入资本的其中一种方式是按照现有股东的投票权比例或股权结构进行新股发行，此时新股发行的成功与否取决于现有股东对企业前景的预期。但无论如何，股权结构、控制性股东和重大影响性股东的具体情况均会直接影响企业控制权的表现形式，而企业的控制权又主导或决定着企业的战略选择。另一方面，股东入资所

形成的资本规模与企业的融资能力密切相关，也会制约着企业的战略与实施。

2. 股权结构、公司治理与企业战略

公司治理是一个非常重要的管理学概念，学者们对此有不同的界定。我们可以作以下理解：狭义的公司治理是指所有者对经营者的一种监督与制衡机制，其主要特点是通过股东大会、董事会、监事会及管理层所构成的公司治理结构的内部治理；广义的公司治理则是通过一套包括正式或非正式的内部或外部的制度或机制来协调公司与所有利益相关者之间的利益关系。即公司治理的根本目的是在满足各利益相关者的权益要求的基础上实现公司持续、健康的发展。

股东根据出资比例形成了公司的股权结构，股东根据持股比例享有剩余收益权。以股权结构为基础，股东行使投票权，产生了公司董事会。董事会是公司监督与控制体系的顶点，是公司战略目标的决定机构，并决定着公司核心管理团队的人选，核心管理团队负责实施董事会层面做出的公司决策。

企业的股权结构，很大程度上决定企业的主要资本来源，这又会影响公司董事会的治理效率，影响股东大会(或股东会)、董事会与企业经理层之间的关系，影响甚至决定企业战略的选择与实施情况。而企业的总体战略、财务战略反过来又可能会影响企业的股权结构。

(四) 内部留存资本

内部留存资本是指企业实现的净利润中，股东没有分配而留存在企业的权益部分，即企业自身累积的利润，在资产负债表上主要表现为盈余公积和未分配利润。企业留存资本可以视为原股东在企业经营期间对企业所追加的投资，其规模大小，既取决于企业的盈利能力，也取决于企业的股利(或利润)分配政策。留存资本一方面是企业最稳定的内部融资来源，既不会令企业增大偿还压力，也不会使股东的控制权受到影响，在动用这部分资本时不需要听取任何企业外部组织或个人的意见；另一方面，也要避免认为它不存在资本成本的误区，这在经济增加值概念的应用上得到体现。

企业留存资本对于企业的战略含义在于，在一定的盈利规模下，企业可以通过制定不同的股利分配政策来改变企业的资本结构，并对企业的战略特别是财务战略形成支撑。在企业负债率高、投资支出压力较大、现金流相对紧张时，企业可以通过选择股票股利或者股票股利与现金股利相结合的分配方式，尽力降低现金股利的规模，使股东权益在进行利润分配后仍然维持较高规模，从而对降低现金流出量、提高举债能力起到一定的战略支撑作用；反之，在企业负债率较低或资产负债率虽高但金融性负债资本规模较低、现金流量充裕、投资现金支出压力不大时，企业可以选择激进的股利分配政策，提高现金股利的分配规模。

上述基于战略视角的资本分类，侧重的是整体性的分类框架，忽略了与企业战略分析关联度较低的项目，如负债中的应付职工薪酬、应交税费等。

二、企业的筹资战略类型

处于不同发展阶段、不同竞争地位的企业，出于不同考虑，会采取不同的筹资战略，即选择不同类型的资本作为支撑其未来发展的重要动力。按照企业经营性负债资本、金融

性负债资本、股东投入资本以及内部留存资本等四类资本在负债和股东权益总规模中的比重，可将企业划分为不同的筹资战略类型：以经营性负债资本为主的经营负债驱动型、以金融性负债资本为主的金融负债驱动型、以股东投入资本为主的股东入资驱动型、以内部留存资本为主的留存收益驱动型以及多类资本并驾齐驱的并重驱动型。不同的筹资战略包含了不同类型的企业资本结构决策、筹资来源决策和股利分配决策等，会为企业带来不同的财务效应。

(一) 以经营性负债资本为主的经营负债驱动型企业

以经营性负债资本为主的经营负债驱动型企业，其表现是应付账款及应付票据、预收款项等经营性负债在负债中的占比较高。该类企业往往是行业内的龙头企业，对上下游企业均具有相当的议价能力，因此可利用自身独有的竞争优势，最大限度地占用上下游企业的资金，以支撑企业自身的经营与扩张。

经营负债驱动型企业战略的财务效应是：第一，企业经营与扩张所需资金大量来自上下游企业，没有资金成本或资金成本，从而可最大限度地降低企业的资本成本。第二，经营性负债资本中的应付账款完全是利用企业自身的商业信用形成，预收款项的负债规模包含了毛利因素，存在一定的"泡沫"成分，最终实际流出企业的经济利益并未如账面数值一样高，因此利用这些经营性负债所取得的资金会在一定程度上降低企业的偿债压力。第三，无论是应付账款及应付票据，还是预收款项，都在一定程度上固化了企业与上下游企业的业务与财务联系，使其成为整体上的经济联盟体，有利于企业的后续发展与竞争。

除了上述主动的战略诉求外，当企业经营出现严重困难时，难以偿付经营负债，在资产负债表上也会表现为经营性负债占比较高的情况。

(二) 以金融性负债资本为主的金融负债驱动型企业

以金融性负债资本为主的金融负债驱动型企业，其表现是长期借款、短期借款等金融负债在负债中的占比较高。该类企业常见于政策扶持的行业以及大型央企，如电力、能源、交通、房地产等行业，可获得大量的政策性贷款；该类企业也可能是行业内的龙头企业，或被金融机构看好，因此能够从金融机构处获得贷款或在资本市场上成功发行债券。也可能是这类企业正处于快速扩张阶段，股东入资和经营性负债难以满足其巨额的资金需求，同时考虑到金融负债可以保证原有控股股东的控制权。

金融负债驱动型企业战略的财务效应是：第一，向银行等金融机构举债或者通过资本市场进行债务融资，虽然可以有效满足企业发展过程中的资金需求，但会提高企业的偿付压力和财务风险。第二，由于金融负债的资本成本属于固定成本，会产生财务杠杆效应。当息税前收益下降时，每股收益的下降幅度会大于息税前收益的下降幅度，表现为财务杠杆风险；相反，当息税前收益增加时，每股收益的增加幅度同样会大于息税前收益的增加幅度，表现为财务杠杆收益。第三，为降低融资环境动态不确定性的影响，企业易出现过度融资问题。

(三) 以股东投入资本为主的股东入资驱动型企业

以股东投入资本为主的股东入资驱动型企业，其表现是：资产负债表上股东权益中的"实收资本(或股本)"和"资本公积"项目的规模占企业负债与股东权益之和的比重较大。该类企业往往处于企业发展的初级阶段，企业的经营活动可能尚无产生利润及净现金流入的能力,同时因信誉不足也难以获得金融负债,此时只能依靠股东投入资本来满足企业的资金需求。大量的创新创业企业和互联网企业,在初创期都是靠获得风险投资得以存活,即所谓的"烧钱"模式。但在企业发展一段时期以后,伴随着自身盈利能力的提高以及信誉的提升,经营性负债资本、金融性负债资本、内部留存资本占企业资金来源的比重应会上升,换言之,企业对股东投入资本的依赖程度需要有所下降。如果企业经营一段时期后,筹资战略仍然表现为股东入资驱动型,则可能意味着企业的经营活动不能获得理想利润,举债能力较低,或者企业在债务融资方面没有作为。

股东入资驱动型企业战略的财务效应是:第一,由于股东投入资本不会产生刚性的资本成本,因此会极大地缓解企业的经营成本压力(主要是资本成本),这一点对于初创期企业持续经营下去具有非常重要的意义。第二,在非现金入资的情况下,股东入资资产估价的公允性会影响企业未来的资产报酬率和权益报酬率,也可能在一定程度上改变股东间的利益关系。第三,股东入资所带来的资源优势和投资偏好,会显著影响企业的经营战略以及企业未来的发展方向。

(四) 以内部留存资本为主的留存收益驱动型企业

以内部留存资本为主的留存收益驱动型企业,其表现是:盈余公积和未分配利润的规模之和在企业负债与股东权益之和中的占比较高,至少其盈余公积和未分配利润之和要大于实收资本与资本公积之和。该类企业通常在行业中处于优势地位,盈利能力较强,在长期发展过程中累积了相当规模的留存收益。内部留存资本本质上也属于股东对企业的投入,因此留存收益驱动型企业的筹资战略内涵与股东入资驱动型企业的筹资战略内涵是一致的。

留存收益驱动型企业战略的财务效应是:第一,内部留存资本成为企业资本的主要来源,可大大降低企业融资的外部依赖性,显著降低企业的财务风险和经营压力。第二,这类企业通常盈利能力很强,在行业中具有较明显的竞争优势,在资本市场上也易受追捧。如果长期坚持这种筹资战略,不积极增加金融负债的比重,同时对内、对外的投资活动规模没有明显增长,可能意味着企业的经营战略、财务战略过于保守,没有利用自身优势积极筹措资金以寻求更大、更快的发展,这样有可能成为被恶意收购的对象。

(五) 并重驱动型企业

在很多情况下,企业会灵活、均衡地运用上述各类资本为自身发展提供充足的资本动力。实践中大多数优质企业均属于此类。在不同的宏观环境下,在不同的行业中,在企业发展的不同阶段,不同类型资本的贡献度都会有明显的差异,因此,均衡利用各类资本的并重驱动型企业的发展战略内涵也会有所不同。

三、资本结构及筹资战略的影响因素

在分析企业选择资本结构及筹资战略的合理性时,需要考虑下列因素。

(一) 内部因素

1. 企业规模

规模较大的企业往往在诸多的资本类型中拥有更多的选择。规模大的企业,很多时候对于上下游企业有较强的议价能力，更容易取得经营性负债资本，更容易获得金融性负债资本。相反，规模小的企业，经营性负债资本、金融性负债资本的取得都相对更为困难，而内部留存资本也可能受到企业经营活动规模的限制。

2．企业所处行业

劳动密集型行业的企业，往往流动资产比重较大，同时行业内竞争程度较为激烈，可能需要保持较低比重的金融性负债资本；资本密集型行业的企业，意味着行业进入门槛较高，如果企业的规模较大，短期内易形成垄断经营，同时长期资产的比重较大，因此可一定程度地提高金融性负债资本的比重。对于投资风险较大的行业，由于竞争压力较大，金融性负债资本不宜过多；破产风险或破产损失较小的企业，可引入较多的金融性负债资本。

3．投资项目的性质和生产技术配备能力

如果投资项目建设周期短，投产后经营状况良好，资金周转速度较快，每期能够产生客观、稳定的现金流入，企业可采取与投资项目规模相适应的筹资规模，金融性负债资本的比重可适当提高，因为一方面企业偿还本息的能力较强，另一方面可较好地享受财务杠杆利益。相反，如果投资项目建设周期长，投产后产能的利用情况具有相当不确定性，资金周转速度缓慢，此时就不易提高金融性负债资本的比重，以免出现经营风险、财务风险双高的局面。

4．销售的稳定性和未来增长情况

如果企业市场占有率稳定，对于上下游企业拥有较高的议价能力，每个会计期间获利较多且现金流量良好，可考虑引入较多的经营性负债资本。即使企业目前的销售局面尚未打开，但未来销售增长看好，且增长速度较快，此时为了和上下游企业更快地形成利益共同体，也应增加经营性负债资本的比重。

5．筹资政策和偏好

如果现有股东想集中控制权，不愿稀释股权，则应更多考虑金融性负债资本，制定较为保守的股利分配政策，从而增加内部留存资本的比重。如果高层管理者的风格较为激进，其企业偿债能力较强，可考虑增加金融性负债资本的比重。

(二) 外部因素

1．社会经济环境

在社会经济处于发展或繁荣阶段，或政府鼓励投资时期，企业可充分利用宏观政策，相对增加金融性负债，以增强企业发展动力，在取得预期经济效益的同时负担还本付息等筹资风险。相反，在经济萎缩或衰退时期，则应减少金融性负债资本，采取较为稳健或紧缩的筹资战略，以减少由于投资环境不利对企业投资效益的影响，即在经营风险较高的时候，降低财务风险。

2．债权人的态度

企业的债权人，对于经营性负债资本而言，指的是上下游企业；对于金融性负债资本而言，指的是金融机构或债权投资者。如果企业的经营活动情况良好，资金周转正常，盈利能力与偿债能力良好，没有不良的信用历史，企业的债权人都会对企业有较高的信任程度与信心，这直接影响企业的筹资规模与资本结构。

其他如所得税税率的高低、证券市场的发展状况等因素，均会对企业资本结构及筹资战略的选择发生重要影响，不再一一展开叙述。

四、资本结构及筹资战略的评价

考虑到上述因素对于企业选择资本结构及筹资战略的影响，我们可以从以下方面去评价企业的资本结构及筹资战略。

小课堂 14-1　资本结构及筹资战略的评价

(一) 资本成本与投资效益是否匹配

资本成本的概念包括两个方面：一方面，资本成本与企业的筹资活动有关，是公司筹集和使用资金的成本；另一方面，资本成本与公司的投资活动有关，是企业投资所要求的必要报酬率。这两个方面，既有联系，又有区别。但不管是资本成本概念的哪个方面，在从成本效益的角度来评价企业的资本结构及筹资战略时，首先要关注资本成本与投资效益是否匹配。只有当体现企业投资效益的资产报酬率大于企业的综合(或加权)资本成本时，企业才能在向资金提供者支付报酬以后获得适当的净利润。合理的资本结构及筹资战略，表现之一应为企业在筹资后能够获得增量利润，即在企业具体的资本结构下所发生的综合资本成本不能超过企业利用这些资本所带来的投资效益。

(二) 资本结构面对企业未来资金需求的财务弹性是否适当

企业可通过提高金融性负债资本的比重，获得明显的财务杠杆效应和抵税效应，从而有助于提高企业价值。但也会增加企业的财务风险，表现为：一是不能正常偿还到期债务的本金和利息；二是在企业发生亏损时，可能会由于所有者权益的比重相对较小而侵害债权人的利益。因此，当企业未来发展面临资金需求时，如果企业金融性负债资本的比重过高，继续增加金融负债的难度会大大增加，只能通过其他类型的资本来满足自身的资金需求，这样就相应降低了企业的财务弹性。合理的资本结构及筹资战略，表现之一应为企业的财务杠杆、财务风险水平留有一定的财务弹性，能够适应企业未来的资金需求。

(三) 资本的期限结构与资产结构是否协调

这一点会在本章的第五节进行深入讲述。

(四) 资本结构与控制权结构之间的相互影响是否合理

企业的资本结构是自身选择的筹资战略的结果。因此，一方面资本结构会受到企业控制权结构的影响。一般情况下，企业满足自身对巨额资金的需求，通常有两种方式：增加金融性负债或由投资者追加投资。这两种方式对企业财务风险和控制权的影响差异很大：前者不改变企业原有的股权结构，但会显著增加企业的财务风险，如果企业过度举债，可能会因财务风险超过承受极限而面临无法正常经营甚至破产清算的风险；后者虽不会增加企业财务风险，但易影响企业原有股东的控制权，如果企业过度权益筹资，甚至可能出现企业控制权旁落的情形。

另一方面，资本结构会决定投资者对企业的控制程度和干预方式。投资者对企业控制权的实施有多种方式，不同的筹资方式会影响控制权的选择。就股东的控制方式和干预方式而言，它会因股权结构不同而不同。如果股权比较集中，投资者拥有大额股份，他就会进入董事会，通过"用手投票"来控制和干预企业经营；如果股权比较分散，单个股东的股权比例很小，投资者大多通过在资本市场上"用脚投票"来间接实施对企业经营者行为和重大决策的控制及干预。

（五）资本结构对公司治理结构的影响是否合理

经营性负债资本所对应的客户和供应商、金融性负债资本所对应的债权人、股东投入资本所对应的投资者，企业的各类利益相关者通过契约形式对企业投入资源，将其所各自拥有的资源在企业内部整合，目的是直接或间接地提高各自资源的价值。因此这种合作成立的基础，一是有效配置资源使企业创造的价值最大化，至少从长远而言能够补偿合作各方资源供给的成本，满足合作各方对财富的预期；二是合作所创造的价值在各方之间的分配可以合理约束各方，令各方满意，避免出现合作各方为了自己的利益而牺牲其他合作方或合作本身的利益的情况。

各利益相关者为了从企业获得更多的财富，必然会在界定产权的过程中朝着有利于自己的方向努力，这一过程伴随着资源提供者向企业供给资源的增加或减少，伴随着资源提供者对企业控制权的此消彼长。利益相关者可能会为了自己单方面的利益增长，而损害其他利益相关者的利益，并最终影响到企业。因此利益相关者之间的和谐性与公平性决定了企业的长期可持续发展。

因此，资本结构从某种程度上揭示了企业各利益相关者之间是否实现了利益的公平与和谐，是否有助于企业各利益相关者之间的产权与控制权博弈朝均衡的方向发展，反过来又是否能有助于企业资本结构的不断优化，从而有助于实现企业可持续发展。

不和谐的公司治理在实践中经常会引发以下问题：主要股东变动频繁、股东间冲突不断、股东与管理层矛盾重重、公司董事会内部不和谐(尤其是独立董事频繁变更)、董事会议案遭股东大会否决、大股东利用关联交易占用或转移公司资金和利润等。

案例 14-1　贝因美的控股
股东股份质押

第二节　资产结构分析

资产结构是指各类资产之间的比例关系。它既可以是按照流动性确定的流动资产与非流动资产之间的比例关系，可以是按持有目的确定的经营性资产和投资性资产之间的比例关系，还可以是按企业从事的不同业务版块或行业领域确定的各类资产之间的比例关系。

一、经营性流动资产的结构分析

经营性流动资产是指企业在自身经营活动中所动用的各项流动资产，本书认为经营性流动资产主要包括货币资金、商业债权、存货、部分预付款项等。关于经营性流动资产的结构，可以从以下几个方面进行分析。

（一）经营性流动资产自身结构是否合理

不同的经营性流动资产项目对企业债务的保障程度不同，为企业盈利所做的贡献也差异较大，因此企业对不同资产项目的持有目的、预期效用也各不相同。在评价经营性流动资产自身结构是否合理时，可结合企业所处行业的特点以及自身所处的发展阶段。一般来说，需保持货币资金的适度规模，降低包括其他应收款在内的不良资金占用，同时将应收账款、应收票据以及存货规模控制在与自身营销模式和生产经营规模相吻合的范围内，以最大限度降低经营成本与风险。

(二) 经营性流动资产整体周转状况是否吻合行业特征

不同行业的经营活动差异很大。而经营性流动资产中的商业债权和存货的比重与变化情况就与行业特征直接相关。

1. 商业债权的周转状况

如果企业所处行业对外销售普遍采用商业票据结算的情况，应使用应收票据周转率来反映企业商业债权整体的周转回收状况。如果企业的对外销售主要采用应收票据和应收账款，则应计算商业债权(应收票据和应收账款之和)周转率来反映企业商业债权整体的周转回收状况，因为应收票据和应收账款共同推动了企业的赊销活动。如果企业的对外销售中现销比重较高，则需考虑直接使用销售收入对计算商业债权周转状况的扭曲作用。如果企业也通过预收款项方式进行对外销售，在计算商业债权周转状况时，应在销售收入中扣除对应预收款项部分的金额。关于该指标的具体运用及注意事项等内容，可参看本书能力篇。

2. 商业债权与存货的整体周转状况

一个企业的商业债权周转率与存货周转率之间往往此消彼长，财务分析人员可采用营业周期指标以较好地将商业债权与存货两大项目联系在一起，反映两者整体的周转状况。营业周期可以近似地看作商业债权周转天数与存货周转天数之和，也就是从购入存货到售出存货并收现所需的时间，因此能够在一定程度上抵消企业的信用政策对个别资产项目造成的影响。当然，该指标也可能掩盖不同经营性流动资产项目周转率对于特定企业的不同意义，所以还要结合企业所处行业的技术特性、产品的价格弹性和需求弹性以及竞争对手情况等因素来综合分析。

(三) 与上下游企业的关系管理状况

企业对上游企业采用不同的采购结算方式，如赊购、预付款或者商业汇票结算方式，对企业现金流出造成的压力差异很大。同样，企业对下游企业也会采用不同的销售结算方式，如赊销、预收款或者商业汇票结算方式，对企业现金回款的保障程度不同，对应流动资产的变现情况也显著不同。这就体现了企业对上下游关系的管理状况。如果企业的管理水平较高，能较好地协调销售与采购的结算方式，尽可能做到加速收款、推迟付款，便可在一定程度上缓解结算过程中现金供给与现金需求间的矛盾，降低偿债压力，在保证企业资金顺畅周转的同时提高短期偿债能力，并不断优化经营性流动资产的整体质量。能否实现这一理想状态，很大程度上取决于企业在行业中所处的地位。

二、流动资产与非流动资产的结构分析

流动资产与非流动资产(固定资产)的结构比例也被称为固流结构。企业通常有以下几种固流结构策略可供选择。

(一) 适中型固流结构

流动资产的短缺成本是指随流动资产占比降低而增加的成本。其可能表现为因现金短

缺，需出售有价证券并承担交易成本；出售有价证券所获价款不足以解决问题，需紧急借款并承担高额利息；无法借到足够款项而面临违约成本，或需紧急抛售存货并承担低价出售损失；同时存货短缺会打乱原有生产进程或停工减料，需调整生产并承担生产准备成本，或需紧急订货并承担较高的交易成本。

流动资产的持有成本是指随流动资产占比提高而增加的成本，主要表现为与流动资产相关的机会成本，即失去的等风险投资的期望收益。因为被流动资产占用的资金，本可用于其他投资机会并获取收益。一般来说，流动资产的流动性越强，收益率就越低，通常不会高于短期借款的利息。

流动资产的短缺成本随流动资产规模增加而减少，持有成本随流动资产规模增加而增加。适中型固流结构通常要求流动资产的短缺成本和持有成本大体相等，此时企业资产的盈利水平一般，风险程度一般。

(二) 保守型固流结构

保守型固流结构通常表现为企业持有较多的现金和有价证券，充足的存货，提供给客户宽松的付款条件并保持较高的应收账款水平。该类型固流结构将较多的资金投资于流动资产，提高了企业资产流动性，其短缺成本较少，中断经营的风险较小，但会承担较高的流动资产持有成本，降低企业的盈利水平。

(三) 激进型固流结构

激进型固流结构通常表现为企业持有尽可能低的现金和小额的有价证券，少量存货，采用严格的销售信用政策或者禁止赊销。该类型固流结构将较少的资金投资于流动资产，节约流动资产的持有成本，因为固定资产占用量增加而相应提高了企业的盈利水平，但企业资产的流动性较低，企业会承担较大的风险，可能发生较高的短缺成本。

在企业经营规模一定的条件下，如果固定资产存量过大，可能导致固定资产部分闲置或生产能力利用不足，正常的生产经营能力不能充分发挥。如果流动资产的存量过大，又可能造成流动资产闲置，影响企业资产的盈利状况。相反，流动资产存量过少，固然可节约投资成本，缩短流动资产周转天数，但也可能引发经营中断，增加短缺成本。

三、企业的资源配置战略类型

经营性资产与投资性资产在对企业利润的贡献方式与实现路径上都有很大差异，传统的财务分析观念很多时候会过多地强调经营性资产对于企业的意义，忽略或轻视投资性资产的价值，实质上二者并无绝对意义上的优劣之分。

企业受其筹资战略、所处环境、自身的资源与能力等诸多方面因素的影响，会选择不同的资产配置战略，即通过持有不同类型的资产以不同的方式、路径实现利润。按照企业经营性资产与投资性资产各自在资产总规模中的比重大小，可将企业资产配置战略分为三种类型：以经营性资产为主的经营主导型，以投资性资产为主的投资主导型，经营性资产与投资性资产占比均衡的经营与投资并重型。

(一) 以经营性资产为主的经营主导型企业

经营主导型企业的表现是资产结构中以经营性资产为主，其资源配置战略表现为：以特定的商业模式、行业选择以及产品或劳务的生产与销售为主营业务，采取某种竞争战略，如成本领先战略、差异化战略和集中战略等，以固定资产、存货的内在联系及其与上下游企业的关系管理为核心，为企业的利益相关者持续创造价值。该类企业的核心竞争力表现为通过经营性资产开展经营活动，创造与经营活动有关的效益，并产生相应现金流入。

（二）以投资性资产为主的投资主导型企业

投资主导型企业的表现是资产结构中以投资性资产为主，但需注意的是投资性资产除了那些较为明显的金融资产外，还可能包含在其他应收款、预付款项等项目里。实践中，该类企业通常是规模较大的企业集团，其资源配置战略表现为：选择多元化或一体化等类型的总体战略，母公司可能不直接从事经营活动，不同的子公司可能采用不同类型的竞争战略和职能战略，特别是选择不同类型筹资战略，如上文所述，子公司通过吸纳少数股东入资，自身利用金融性负债资本、经营性负债资本，以实现子公司在母公司对其投资不变情况下的快速扩张。

该类企业的核心竞争力表现为通过投资性资产控制子公司，以对子公司的经营资产管理为核心，子公司创造与经营活动有关的效益，并产生相应现金流入。投资主导型企业可在较短时间内通过直接投资或者并购实现做大做强的目标，快速扩张，或者在整体上保持财务与经营的竞争力和竞争地位。

（三）经营性资产与投资性资产占比均衡的经营与投资并重型企业

该类企业资产结构中经营性资产与投资性资产的占比相差不多，其资源配置战略表现为：保持自身的经营性资产，实现较强的规模效应，占据一定的市场竞争地位；同时，通过对外控制性投资可以实现投资产业与产品方向的多元化或投资地域的多样化。该类企业的核心竞争力表现为企业通过保持完备的生产经营和研发系统，最大限度地降低核心资产的经营风险，维持固有的核心竞争力；又通过对外控制型投资的扩张来实现跨越式发展，提升企业竞争力或降低企业风险。

四、资产结构及资源配置战略的评价

我们可以从以下方面去评价企业的资产结构及资源配置战略。

（一）不同类型的资产项目间是否发挥协同效应

任何资产项目，不能光看其自身物理质量、盈利状况，还需观察它是否能与其他资产有机整合而发挥协同效应，为最终实现利润做出贡献。优秀的企业管理者应不断优化资产结构，提升资产组合的协同效应，最大限度降低不良资产占用，尽力消除应收账款呆滞、存货积压、固定资产闲置、对外投资失控等现象。

小课堂 14-2　资产结构及资源配置战略的评价

（二）资产结构的整体流动性与盈利性是否平衡

资产的流动性高低与资产的风险大小和收益高低具有密切联系。流动性高的资产，通常其风险相对小，但收益也相对较少且易波动；反之，流动性低的资产，其风险相对较大，但收益相对较高且易稳定。当然也可能存在不一致，一般地，流动性强的资产所占比例越大，企业资产的整体流动性越强，偿债能力也越强，财务风险越小。但这并非意味着企业流动性较强的资产占总资产的比例越大越好，因为这也会提高流动资产的持有成本，降低企业的盈利水平。

此外，资产结构也会影响成本结构，从而决定企业的经营风险，这是因为企业的各项成本可以大致分为固定成本和变动成本两类。固定资产折旧和无形资产摊销等固定成本在每个会计期间的发生金额基本不具有弹性，不会随产销量及销售收入的变动而变动。这会导致经营杠杆效应，即息税前收益的波动幅度大于销售收入的波动幅度。如果企业的长期资产所占比例过大，就会给企业带来大规模的固定成本，这意味着企业的退出门槛很高，运营效率较低，经营风险较大。

企业应该在可能的情况下增强企业资产整体的流动性，从而尽可能减少生产经营面临的各种风险。同时，企业管理者所追求的应该是资产结构的整体流动性与盈利性的动态平衡，服务于企业整体的发展目标。

此外，制造业(尤其是重资产行业)和金融业企业、互联网企业的资产结构、经营模式截然不同，使得资产结构的整体流动性体现出明显的行业特征，因此，分析企业资产结构的整体流动性时，必须结合企业所处的特定行业的特点。

(三) 资产结构与企业战略是否相符

何为企业战略，学者与实务界的观点一直在发展变化，但基本形成共识的是，企业战略应该包括公司为达到奋斗目标而寻求的各种途径。对于上市公司而言，在自身年报的"经营情况讨论与分析"部分，通常都会表述自身的战略承诺。而企业战略的实现必然依赖于自身资产的有机整合和配置，表现为资产项目之间的不同组合形式。企业需要明确自身的资产配置战略，或者说选择合适的资产结构类型，以贯彻总体战略或业务单位战略，保持核心竞争力。

作为财务分析人员，需要分析企业的经营性流动资产的结构、流动资产与非流动资产的结构、经营性资产与投资性资产的结构(资源配置战略)的具体实施情况与企业的战略承诺是否相符，具体可以从两个层面来分析：其一，资产结构是否与全体股东的战略相吻合，即在财务上要求企业最大限度降低不良资产占用，提高资产周转率和盈利能力。其二，资产结构是否与控股股东的战略相吻合。由于控股股东的利益诉求未必与全体股东相符，此时控股股东有可能损害上市公司的利益而谋求自身的利益，表现为控股股东以上市公司为融资平台谋求另外的发展或者占用上市公司资金造成上市公司的不良资产。

第三节 利润结构分析

我国目前采用的是多步式利润表，可以提供企业各环节的利润情况，包括营业利润、利润总额、净利润、综合收益和每股收益。但这些不同口径的利润数据并不能准确反映来自于企业不同活动的利润情况，因此，本节主要从利润的来源与可持续性的角度进行利润结构分析。

一、战略视角下的利润分类

前已述及，企业受其筹资战略、所处环境、自身的资源与能力等诸多方面因素的影响，会选择不同的资源配置战略。因此，

小课堂 14-3 战略视角下的利润分类

我们可以从利润来源的角度，明确与经营活动有关的利润、与(对外)投资活动有关的利润这两大利润类型。

(一) 与经营活动有关的利润

虽然利润表上提供了营业利润的数据，但由于现行会计准则下营业利润的范围过广，包括了投资收益等项目，所以营业利润并不能准确反映与企业经营活动有关的利润。因此我们需要从经营活动出发，明确与经营活动有关的利润应该包括的内容：狭义层面指企业直接利用经营性资产从事经营活动创造的利润，表现为营业收入扣减掉与经营活动有关的成本、费用，如营业成本、税金及附加、期间费用；广义层面还包括企业持有和转移经营性资产发生资产价值增值，表现为与经营性资产有关的减值损失和公允价值变动损益。

(二) 与投资活动有关的利润

此处的投资活动，主要指取得或处置金融资产以及长期股权投资等各项对外投资活动。现行会计准则下的投资收益同样不能准确反映与企业投资活动有关的利润，因此我们需要从投资活动出发，明确与投资活动有关的利润应该包括的内容：其一，企业直接通过对外投资活动创造的利润，表现为投资收益。其二，企业持有和转移投资性资产发生资产价值增值，表现为与投资性资产有关的减值损失和公允价值变动损益，一部分投资性资产的处置收益也包含在投资收益中。

二、企业的盈利模式

根据企业最终利润的构成主体，可以将企业的盈利模式分为以下几种类型。

案例 14-2 震裕科技的
收入及利润增长

(一) 以与经营活动有关的利润为主的经营贡献型模式

该种盈利模式下，企业活动以自身的生产经营活动为主，主要消耗的是经营性资产，最终的利润总额中与经营活动有关的利润应占较高比重，相应的经营活动产生的现金支付能力应该较强。

(二) 以与投资活动有关的利润为主的投资贡献型模式

该种盈利模式下，企业活动以对外投资活动为主，主要消耗的是投资性资产，最终的利润总额中与投资活动有关的利润应占较高比重，相应的对外投资活动产生的现金支付能力应该较强。

(三) 资产重组型模式

该种盈利模式下，企业活动在短期内表现为对原有的经营性资产或投资性资产进行重组，这通常是由于企业原有的经营活动和投资活动产生的利润无法满足股东及其他利益相关者的利益诉求。理想情况下，资产重组是企业的控股股东借助自身拥有的资源，通过资产置换或改善资产结构，转变资源配置战略，从而实现优化企业的经营性资产、投资性资产的目的，重组成功后企业资产的盈利能力得到提升，盈利模式会回归到经营贡献型或投资贡献型上。在我国实践中，部分上市公司的控股股东借助资产重组作为炒作题材，借机抬升股价，或企业的资产并未实质优化，此时企业利润情况即使短期内有一定改善，但也无法长期持续。

(四) 盈余操纵型模式

该种盈利模式下，企业原有的经营活动和投资活动产生的利润无法满足股东及其他利益相关者的利益诉求，企业的控股股东也无可供利用的资产重组资源，此时控股股东可能通过一定的财务手法进行报表调节，操纵企业的利润，从而达到提升企业盈利能力的效果。但很明显，这种改善实质是会计调节，企业真实的盈利能力并未改善，往往也无法带来真实的现金流入，因此无法长期持续，甚至有可能会造成后续盈利能力的恶化。例如，根据现行会计准则，企业在制订一个正式的重组计划后，就应承担一项相应的义务，这一义务包括厂房设备处置成本、安置职工及遣散职工的各项费用等。但重组负债的计提规模需要管理层的主观判断，由于企业重组涉及的费用很多，这就为管理层高估重组费用从而高估负债提供了可能。一些企业有意多计重组负债，如果这些高估的重组准备实际不需支付，便可在以后年度转回，或用于冲减以后的经营费用，为重组以后的会计年度制造盈利留下空间。

三、企业的非经常性损益项目分析

企业不同环节、不同活动所产生的各类利润，其可持续性并不相同。因此，我们需要从利润的可持续性角度进行分析。

我国证券监督管理委员会在其《公开发行证券的公司信息披露解释性公告第 1 号——非经常性损益》中，将非经常性损益界定为与公司正常经营业务无直接关系，以及虽与正常经营业务相关，但由于其性质特殊和偶发性，影响报表使用人对公司经营业绩和盈利能力做出正常判断的各项交易和事项产生的损益。我国现行会计准则对于哪些项目应该属于非经常性损益项目，并未明确说明，只能依据会计准则进行实质性判断。在判断某项损益是否为非经常性损益时，除了考虑该项损益与生产经营活动的联系外，更重要的是考虑该项损益的性质、金额或发生频率的高低。

(一) 经营活动可能涉及的非经常性损益项目

企业在经营活动中可能涉及的非经常性损益项目，有显失公允的关联购销交易产生的损益、经营性资产的处置或置换损益、债务重组损失、有关资产的盘盈或盘亏，以及与日常活动无关的政府补助、税收优惠等。这些项目通常被包含在利润表中"营业外收入(或支出)"项目里。但是不能将营业外收入(支出)就简单地等同于非经常性损益。举例来说，营业外收入中包含的税收优惠及税收返还、财政补助等其他各种补贴收入，如符合相关规定，且未来能获得的期限较长，则应将这些收益作为企业经常性损益的组成内容。财务分析人员需要结合营业外收入(或支出)项目的附注说明来加以判断哪些组成内容属于非经常性损益。另外，资产减值损失是企业在持续经营过程中经常发生的事项，因此不应将资产减值损失视为非经常性损益。但实践中，我国部分上市公司在扭亏为盈或保证盈利状况的关键时期，会出现资产减值损失成为利润总额主要构成项目的情况。

(二) 投资活动可能涉及的非经常性损益项目

企业的对外投资活动通常包括股权投资和债权投资两种基本类型，对应的投资收益能否作为企业的经常性损益，应根据其具体来源进行分析。

1. 来自企业基于战略发展的各种长期投资

很多时候企业基于战略考虑会进行各种长期投资，其主要目的并不在于短期内转让以获取价差收益。因此，对于这些对外的长期股权、债权投资在持有期间所获取的正常投资收益，应视为经常性损益。但是，长期投资的处置收益由于其在后续会计期间重复发生的概率较小，由此产生的损益应视为非经常性损益。

2. 来自企业的各种短期投资

企业进行短期投资的目的，一般在于获取短期内的差价收益。由于在经营活动中现金流入和流出之间存在时间差，可能导致部分资金闲置，因此，若企业利用暂时闲置的资金(而非借入的资金)直接进行(而非委托其他单位进行)短期投资，则可以将此类投资产生的收益作为企业的经常性损益。在实务中，公允价值变动收益项目通常不列入非经常性损益，但由于它属于未实现损益，如果在企业利润构成中占比过大，要额外关注其对企业利润持续性所造成的影响。

3. 来自企业的拆出资金或委托发放贷款

如果企业发生向其他企业拆出资金或委托金融机构发放贷款，也应视为企业的投资活动。如果此类活动产生的收益高于或低于银行同期贷款利率，则应将实际收益与按照银行同期贷款利率计算结果之间的差额作为非经常性损益。

(三) 筹资活动可能涉及的非经常性损益项目

筹资活动可能涉及的非经常性损益项目主要有三类：企业进行工程项目建设获得的财政贴息收益计入当期损益的部分，企业向关联企业及其他企业拆入资金时实际支付的资金占用费与按照同期银行贷款利率计算结果之间的差额，以及因汇率变动而形成的汇兑差额。这些项目大多会反映在财务费用中，但外部财务分析人员能否获取相关信息，取决于上市公司对财务费用附注披露的详略程度。

(四) 其他应作为非经常性损益的项目

其他应作为非经常性损益的项目主要有捐赠支出、债务重组损失、罚款收入或支出、非常损失等(不含前面提及的项目)，基本上都列示于营业外收入或支出项目中。此外，由于公司会计政策在制定以后一般应保持相对稳定，因此会计政策变更不应是经常发生的事项，"由于变更会计政策对以前年度进行追溯调整而引起的以前年度损益的变化"这一项目也应作为当年的非经常性损益处理。财务分析人员可以在股东权益变动表中找到这方面的信息。

利润的波动性是指企业利润无法相对保持稳定而出现业绩变化的区间范围，可以通过企业各期利润的相对变化幅度来加以衡量。一般来说，如果企业的利润构成中存在某些无法持续发生的"非经常性损益"项目，就会在一定程度上影响企业利润的波动性。非经常性损益项目在利润总额中占比越高、地位越重要，企业利润的波动性就越强，可持续性也越差。当然，还需分析企业所面临的内外部环境、自身竞争优势以及战略调整等因素对利润波动性可能带来的影响。

第四节　现金流量结构分析

一种常见观点是只需注重对经营活动现金流量的分析，但实质上企业的经营活动现金流量、投资活动现金流量、筹资活动现金流量是一个整体，应把它们置于企业战略发展的框架下进行分析。因此，本节主要是从企业价值创造以及现金是否能满足企业需求的角度，进行现金流量结构分析。

一、影响企业价值创造的主要因素

假设企业也是一项资产，可以产生未来现金流量，因此，企业价值也可用永续固定增长率模型估计，具体公式如下：

$$市场增加值 = \frac{（投资资本回报率 - 资本成本）\times 投资成本}{资本成本 - 增长率}$$

影响企业市场增加值的因素有以下三个。

其一，投资资本回报率。该指标由投资活动和经营活动决定，反映企业的盈利能力，提高该指标有助于增加企业市场增加值。

其二，资本成本。由股东和债权人的期望及资本结构决定，反映投资者和债权人的期望报酬率，提高该指标会减少企业市场增加值。

其三，增长率。由外部环境和企业的竞争能力决定。提高该指标对企业市场增加值的作用方向取决于投资资本回报率是高于还是低于资本成本。如果投资资本回报率高于资本成本，提高增长率会增加企业市场增加值；相反，如果投资资本回报率低于资本成本，提高增长率会减少企业市场增加值。

二、战略视角下的现金状态分类

(一) 现金短缺

现金短缺是指在当期的经营效率和财务政策下产生的现金不足以支持销售增长。具体又可分为两种情况：其一，创造价值的现金短缺。此时，企业一般处于初创阶段或成长阶段，一方面经营活动能产生现金流入，增加企业价值；另一方面，经营活动的现金流入不充足，不足以满足经营活动、投资活动的资金需求。其二，减损价值的现金短缺。此时，企业一般处于成熟阶段或衰退阶段，经营活动产生的现金流入较少，甚至有可能趋近于无，不能带来企业价值的增加，更不足以满足经营活动、投资活动的资金需求。

(二) 现金剩余

现金剩余是指在当期的经营效率和财务政策下产生的现金超过了支持销售增长的需要，剩余的现金需投资于可以创造价值的项目(包括扩大现有业务的规模或开发新的项目)，或者以现金股利形式分配给股东。具体又可分为两种情况。其一，创造价值的现金剩余。此时，企业一般健康发展，能获得持续增长的现金净流量，其内外部环境会发生一系列变化，新技术不断成熟，新产品逐渐被市场接受，获利水平持续增长，为企业带来预期的现金流入，具体表现为经营活动现金净流入还是投资活动现金净流入，则取决于企业在资源配置战略上采取的是经营主导型还是投资主导型。其二，减损价值的现金短缺。此时，企业一般处于成熟阶段，经营活动或投资活动虽能产生一定的现金流入维持自身发展，但是业务的增长反而会减少企业价值，这是企业处于衰退阶段的前兆。

三、现金流量结构的评价

(一) 创造价值的现金短缺状态下

在这种状态下，企业的销售增长率高于可持续增长率，因此在经营主导型资源配置战略下企业自身开展的经营活动增长越快，或者在投资主导型资源配置战略下通过子公司开展经营活动的增长越快，现金短缺情况就越严重。财务分析人员应判断这种业务活动的高速增长是暂时性的还是长期性的。

小课堂 14-4　现金流量结构的评价

如果这种增长是暂时性的，意味着现金短缺情况也是暂时的。那么在经营活动现金净流量不够充足时，投资活动现金流量通常又表现为净流出，企业应通过借款或股东入资来筹集所需资金。财务分析人员应着重分析企业的筹资活动现金流入情况如何。相反，如果这种增长是长期的，意味着现金短缺情况也是长期的。那么财务分析人员一方面需分析企业是否能通过提高经营效率，增加经营活动现金流入或投资活动现金流入，减少经营活动现金流出或投资活动现金流出。这可能需要企业采取降低成本、提高价格、降低营运资本、剥离部分资产、改变供货渠道等措施，寻求突破性的改善。另一方面，财务分析人员需要分析企业的筹资活动现金流量，是否减少筹资活动现金流出，是否增加筹资活动现金流入。实践中，企业还可考虑兼并那些增长缓慢、现金充足的企业。

(二) 创造价值的现金剩余状态下

在这种状态下，企业的销售增长率低于可持续增长率。对于企业而言，此时最关键的是利用剩余现金实现迅速增长，使增长率接近可持续增长率。财务分析人员首先应关注投资活动现金流量。企业能否通过扩大对内投资规模和对外投资规模来实现业务增长。如果在扩大投资规模后企业仍有现金剩余，且无进一步投资的机会，财务分析人员应关注筹资活动现金流出，企业是否通过增加股利支付、回购股份等途径返还给股东，让投资者可以选择其他能创造价值的投资。

(三) 减损价值的现金剩余状态下

在这种状态下，企业的销售增长率低于可持续增长率。此时企业的最大问题是盈利能力差，而非增长率低。财务分析人员首先应分析企业盈利能力差的原因，寻找提高投资资本回报率的途径，包括提高税后经营利润率，提高经营资产周转率，降低应收账款和存货等资金占用。这些措施会影响经营活动现金流量。同时，财务分析人员应关注企业当前的资本结构，是否能降低平均资本成本。若企业无法提高投资资本回报率或降低资本成本，则应出售企业。

(四) 减损价值的现金短缺状态下

在这种状态下，企业的销售增长率高于可持续增长率。此时企业的股东财富和现金都在被不理想的战略模式吞噬，通常需转变战略。财务分析人员首先应关注经营活动现金流量，寻找价值减损和不能充分增长的内部原因；其次需关注投资活动现金流量，企业是否能通过资产的优化或置换，甚至改变资源配置战略，来彻底重组业务，但如果重组失败，投资者可能蒙受更大损失。如果这种情况是由整个行业或市场的衰退引起，投资者应考虑尽快出售企业以减少损失。

第五节　资产结构与资本结构的对应分析

对于那些主要包含诸如流动资产和固定资产等传统资产项目的资产结构来说，还应考虑资产结构与资本结构的对应情况，可以从以下方面具体关注。

小课堂 14-5　资产结构与资本结构的对应分析

一、企业资产报酬率是否能补偿企业资本成本

本质上，企业的资产报酬率反映的是企业占用资金或资源所实现的盈利情况；相应，企业的资本成本反映的是企业为筹集、使用这部分资金所付出的代价。只有当企业的资产报酬率高于资本成本时，企业才创造了价值；相反，如果资产报酬率低于资本成本，说明企业发生了价值毁损。

实践中，企业不同形式或项目的个别资产报酬率会有差异，通常长期资产的资产报酬率会高于流动资产的资产报酬率；不同筹资渠道、不同筹资方式的资金的个别资本成本也会有差异。有时候，某项资产的资产报酬率未必会高于对应形成该项资产的资金的个别资本成本。但从总体而言，企业的总体资产报酬率必须要高于企业加权资本成本，否则企业无法长期生存。

二、资产结构中基于流动性的构成比例是否与资本的期限结构相互匹配

从期限构成的角度来看，企业资本(资金来源)中的负债项目按照偿还期限长短分为流动负债与非流动负债两部分，所有者权益项目则属于企业获取的永久性资本。按照财务管理理论，企业所筹集资金的用途(形成的资产形态)决定所筹集资金的类型：企业增加永久性流动资产或增加长期资产，应当通过长期资金解决；企业由于季节性、临时性原因造成的流动资产中的波动部分，则应由短期资金解决。也可以从资本成本的角度来理解：长期负债的资金占用成本较高，因而应与收益率较高的长期资产项目相匹配；资本成本相对较低的短期资金来源，应支持收益率较低的流动资产。一般情况下，在企业资本的期限结构与资产结构相互协调时，才能保证企业有可能在允许的范围内将资本成本和财务风险降至合理水平，企业的经营和资金周转会比较顺畅。如果企业资本的期限结构不能与资产结构相互协调，在用长期资金来源支持短期波动性流动资产时，由于企业长期资金来源的资本成本相对较高，企业的效益将会下降；在用短期资金来源支持长期资产和永久性流动资产时，由于企业的长期资产和永久性流动资产的周转时间相对较长，企业有可能出现"短融长投"现象，承受较大的短期偿债压力。

但在某些情况下，企业也会出现"非主流"的资产结构与资本结构的对应关系。例如，在竞争优势极其明显的情况下，企业通过大量采用预收方式销售和赊购方式采购，大规模增加商业信用资本，这被业内称为类金融模式或者 OPM(Other People's Money)模式。此时流动资产的规模并不显著高于流动负债规模，但并不意味企业的短期偿债能力存在问题，而恰恰是企业在行业中具有极强的竞争优势和良好商业信誉的表现。但一旦企业的资金链出现问

题，就有可能发生连锁反应而使企业陷入支付危机。同时供应商与经销商的债权风险也较大。

第六节 资产结构与利润结构的对应分析

前已述及，企业会采取不同的资源配置战略，不同类型的资产形成利润的路径不同，产生不同形式的利润，最终导致企业的盈利模式不同。而企业的资产结构与利润结构两者之间的吻合情况可以体现出企业的战略实施效果。

小课堂 14-6 资产结构与
利润结构的对应分析

一、企业各类资产的盈利能力分析

在这部分分析中，通常采用母公司数据。从利润来源的角度，可以将利润分为与经营活动有关的利润、与(对外)投资活动有关的利润这两大类。为便于比较，如果"资产减值损失"和"公允价值变动收益"这两个项目的金额较小，我们直接将其忽视；如果这两个项目金额较大，那么就需考虑能否通过报表附注或其他渠道的信息，将其细分，与经营性资产有关的减值损失和公允价值变动损益计入与经营活动有关的利润，与投资性资产有关的减值损失和公允价值变动损益计入与投资活动有关的利润；若无法基于充分的信息进行细分，则将资产减值损失归入与经营活动有关的利润，将公允价值变动收益归入与投资活动有关的利润。

(一) 经营性资产的盈利能力分析

经营性资产是指企业在自身经营活动中所动用的各项资产，可以通过计算经营性资产报酬率来进行经营性资产的盈利能力分析与评价。

$$经营性资产报酬率 = \frac{与经营活动有关的利润}{经营性资产平均余额}$$

经营性资产报酬率反映的是企业经营性资产总体的盈利情况。在分析时，除了采用常规的纵向、横向比较外，还需注意不同经营性资产产生利润的方式可能存在较大差异，即经营性资产的结构性差异对企业利润贡献造成的不同影响。

(二) 投资性资产的盈利能力分析

投资性资产主要指未参与企业自身的经营活动而用于对外投资的资产，可以通过计算投资性资产报酬率来进行投资性资产的盈利能力分析与评价。

$$投资性资产报酬率 = \frac{与投资活动有关的利润}{投资性资产平均余额}$$

投资性资产报酬率反映的是企业投资性资产总体的盈利情况。在分析时，除了采用常规的纵向、横向比较外，还需注意不同形态的投资性资产产生的投资收益在确认和计量方法上存在较大差异，即关注不同投资性资产在利润确认方面存在的差异。

(三) 不同类型资产的盈利能力比较

传统的财务分析工作中，通常只将资产总额与利润总额(或者息税前利润总额)进行比较，计算总的资产报酬率。但由于一方面各类资产的盈利能力通常不同，另一方面企业会选择不同的资源配置战略，导致不同的资产结构及盈利模式，因此有必要分别比较经营性资产与投资性资产的盈利情况，以帮助财务分析人员明确企业资产中相对较强的盈利区域，利于管理者及时调整资源配置战略，也有利于投资者更清晰地判断企业未来的发展趋势。此外还可以对企业的资产管理、利润操纵等方面做出判断及评价。

1. 经营性资产的盈利能力与投资性资产的盈利能力大体相当

此时一般认为企业的自身经营活动与对外投资活动所具有的盈利能力相当，管理效率相当。如果企业希望进一步提高自身的盈利规模，通常只有两个选择：其一，在企业现有资产利用率、周转率还有提升空间的情况下，提高现有资产的利用率；其二，如果企业现有资产的利用率已达到较高水平，继续提升的难度较大，只有通过追加投资，扩大企业经营活动规模与对外投资活动规模。

2. 经营性资产的盈利能力强于投资性资产的盈利能力

此时一般认为企业经营性资产的盈利能力较强，可能意味着企业在经营性资产方面管理质量较高，产品在市场上有明显竞争优势；相反，对外投资的效益在下降。财务分析人员首先需考虑这是否意味着企业的资源配置战略与盈利模式不符；其次需要考虑对于投资性资产，是继续持有还是出售，或者如何加强对投资对象的管理，甚至有无必要改变企业的资源配置战略。

3. 投资性资产的盈利能力强于经营性资产的盈利能力

此时一般认为企业对外投资的效益高于自身经营活动的效益。同样地，财务分析人员首先需考虑这是否意味着企业的资源配置战略与盈利模式不符。其次，一方面经营性资产的盈利能力较弱，是否意味着企业在经营性资产方面存在不良占用、资产周转缓慢、产品在市场上没有竞争优势。在管理上，企业能否通过提高经营性资产的利用率、消除不良占用和提升产品在市场上的竞争力等措施改善现状。如果现有经营状况难以为继，企业还应考虑产品结构的战略调整。另一方面，投资性资产报酬率较高，固然可能说明企业的投资性资产盈利能力较强，但也有可能是企业在对外投资的收益确认方面存在一定的虚假和泡沫成分。

二、资产结构与利润结构对应性的进一步分析

(一) 资产类型的进一步细分

若不考虑不同的商业模式，行业间的盈利性差异以及企业处在不同的发展阶段而产生的盈利差异等各种因素，企业经营性资产的盈利能力与投资性资产的盈利能力大致相当，则说明企业资源配置战略的实施效果较好，盈利模式与资源配置战略的吻合性较高；若两者相差较大，在一些主客观因素无法给出合理解释的情况下，则一般认为企业资源配置战略的实施效果不够好，盈利模式与资源配置战略的吻合性相对较低。

我们还可以进一步把投资性资产分为控制性投资资产和其他投资资产，这样，资产就分为经营性资产、控制性投资资产和其他投资资产三类。其中，经营性资产和控制性投资是分析的重点。

经营性资产一般包括货币资金、商业债权、存货、固定资产和无形资产等项目，产生

与经营活动有关的利润，对应经营活动产生的现金净流量。控制性投资资产的判断需要通过比较母公司报表数据与合并报表数据，主要体现为母公司长期股权投资与合并报表长期股权投资之差，母公司其他应收款与合并报表其他应收款之差，母公司预付款项与合并报表预付款项之差。当上述项目的母公司数大于合并报表数，即两者之差为正时，差额对应为母公司对子公司的控制性投资规模。这部分控制性投资资产实际上就是子公司的经营性资产，盈利首先表现为子公司的经营活动产生的利润，合并后计入合并利润表的经营活动产生的利润；对应的是子公司的经营活动现金净流量，合并后计入合并现金流量表的经营活动现金净流量。若子公司分红，则表现为母公司的投资收益，对应的是取得投资收益收到的现金。其他投资性资产主要包括母公司报表里的部分金融资产以及合并报表中的长期股权投资。这部分资产产生的利润表现为权益法确认的投资收益、债权投资收益、投资处置收益等，也可以包括公允价值变动收益。对应的现金流量主要包含在"取得投资收益收到的现金"和"收回投资收到的现金"等项目中。

（二）不同资源配置战略的企业的盈利状况分析

如果企业的资源配置战略为经营主导型，即资产结构中以经营性资产为主，以特定的商业模式、行业选择以及产品或劳务的生产与销售为主营业务，以固定资产、存货的内在联系及其与上下游企业的关系管理为核心，为企业的利益相关者持续创造价值。对于该类企业，可以采取这样的分析思路：经营性资产——与经营活动有关的利润——经营活动产生的现金净流量。

如果企业的资源配置战略为投资主导型，特别是以控制性投资资产为资产主体，就不能采取上述分析思路。因为这类企业自身基本不开展经营活动，主要从事对外投资活动以及后续的投资管理工作，资产项目主要有货币资金、其他应收款以及长期股权投资，而固定资产等常规的经营性资产项目金额相对较少。在子公司不分红时，母公司的利润表中无法显示投资收益。企业利润表的营业收入规模可能很小，但期间费用照常发生，导致母公司利润表中的净利润规模很小，甚至为负。此时，财务分析人员需要采取另外的分析思路：母公司控制性投资资产——子公司的与经营活动有关的利润——子公司经营活动产生的现金净流量。其中，子公司的与经营活动有关的利润在合并报表中体现，为与经营活动有关的利润的合并报表数与母公司数之差。如果母、子公司之间所发生的内部关联交易较多，外部财务分析人员可能无法凭借该方法估计子公司的与经营活动有关的利润。我们还需注意到以控制性投资资产为资产主体的企业，母公司利润表中的净利润不取决于子公司的效益，而是取决于子公司的分红政策。

第七节　　利润与现金流量的对应分析

会计利润是基于权责发生制核算的企业经营成果。企业利润各项目均会引起资产负债表项目的相应变化。虽然收入和费用的确认时间与企业实际收付现金的时间并不一致。但一般来说，在企业回款和付款等各项经营活动相对正常的情况下，利润与现金流量之间会保持一个大体稳定的比例关系。最理想的状态是企业获取的利润最终能带来充足的可自由支配的现金。此外，在会计核算过程中，无论是收入还是成本费用的确认，都会受到会计政策的主观选择性影响，同时也不可避免地存在一定操纵空间。因此为了判断利润的真实性及质量，需要关注利润与现金流量的对应问题。

作为财务分析人员，可以重点关注以下三个主要利润项目获得现金流量的能力，及这些利润项目与相应的现金流量项目的对应情况。

小课堂 14-7 利润与现金流量的对应分析

一、"与经营活动有关的利润"与"经营活动现金流量"的对应情况

"与经营活动有关的利润"这一概念的狭义层面指企业直接利用经营性资产从事经营活动创造的利润，表现为营业收入扣减掉与经营活动有关的成本、费用，如营业成本、税金及附加、期间费用；广义层面还包括企业持有和转移经营性资产发生资产价值增值，表现为与经营性资产有关的减值损失和公允价值变动损益。由于企业持有和转移经营性资产发生的资产价值增值，很多时候都属于非经常性损益项目，因此本节我们主要关注狭义层面的与经营活动有关的利润。

"与经营活动有关的利润"是企业所实现的经营成果，通过与经营活动产生的现金净流量进行比较，可以反映这一项目产生现金净流量的能力。由于前者基于权责发生制，后者基于收付实现制，两者在计算口径上存在差异，因此，需要将前者按收付实现制调整，与经营活动产生的现金流量净额进行比较。

大致可按以下思路进行调整：将与经营活动有关的利润，加上与经营性资产有关的非付现成本(如固定资产折旧、无形资产摊销等)，加上财务费用，扣减所得税费用。如此调整的原因主要是：其一，经营活动现金流量净额并不扣除那些与经营性资产有关的非付现成本，但在计算与经营活动有关的利润时，扣除了这些项目；其二，经营活动现金流量净额在计算时，只扣除了经营活动现金流出，而企业支付的利息在现金流量表中是作为筹资活动产生的现金流出项目，因此调整时进行加回；其三，经营活动的现金流量净额在计算时扣除了企业实际缴纳的所得税，但在计算与经营活动有关的利润时，没有扣除所得税费用。通过这样的调整，使利润表数据与现金流量表中的相应数据在计算口径上大体一致，才可以进行基本的金额比较。

除非企业的战略、外部经营环境等方面发生了重大改变，调整后的与经营活动有关的利润应该与经营活动现金流量净额大体相当，说明企业的这部分利润与现金流量的对应情况较好。

但如果调整后的与经营活动有关的利润大大高于经营活动现金流量净额，则需要关注这种差异的原因。可能的原因主要有以下几种。

其一，企业收款不正常减少。可以通过比较前后会计期间的营业收入以及现金流量表中的销售回款情况，比较商业债权年末与年初的规模变化、商业负债年末与年初的规模变化，对企业的销售回款是否基本正常做出初步判断。

其二，企业付款不正常增加。如果企业商业信用下降、行业竞争加剧等，企业"购买商品、接受劳务支付的现金"等项目的金额可能减少，最终导致经营活动的现金流量净额下降。在实践中，有时企业出于对未来原材料价格或销售规模的某种预测，如制造企业在原材料成本相对较低的时期购入超过当期消耗量的原材料进行储备，但这种增加某种程度

上是对未来采购付款的"透支"，会造成企业未来现金流出量的减少。

其三，企业在经营活动的收款和付款方面主要与关联方发生业务往来。关联交易的一大特点就是"可操纵性"较强，既可能表现在利润的各个要素的确认上，也可能表现在各项经营活动的现金流量的流出规模与时间的控制上。

其四，企业存在不恰当的资金运作行为。如某些企业"支付的其他与经营活动有关的现金流量"规模非常大。

其五，企业报表编制有错误。如果排除了上述原因，还有一种可能是由于现金流量表编制出现错误，造成财务分析人员无法根据一般逻辑关系来进行分析。

案例 14-3　震裕科技的
净现比

二、"与投资活动有关的利润"与相关现金流量的对应情况

我们在分析"与投资活动有关的利润"与相关现金流量的对应情况时，主要关注投资性资产的持有收益和处置收益。

(一) 投资性资产的持有收益与相关现金流量的对应情况

由于投资企业对合营企业和联营企业的长期股权投资采用权益法，因此这种投资收益与相应现金流入的一致情况取决于被投资企业的分红政策。投资企业对其子公司的长期股权投资采用的是成本法，因此投资企业(即母公司)的这种投资收益的含金量基本上都是有保障的。其他投资性资产在持有期间所带来的投资收益，无论是股利还是利息，一般情况下都会带来相应的现金流入。

由于在被投资企业宣告发放股利和实际发放股利之间必然存在一段时间差，因此分析投资收益与现金流入的对应情况时，需要使用"投资收益的现金回款"这一指标与投资收益(排除了投资性资产的处置收益)进行比较。在企业主要以长期股权投资和长期债权投资为主且年内没有发生投资转让的情况下，投资收益的现金回款能以这样的公式计算：

投资收益的现金回款 = 现金流量表中"取得投资收益收到的现金" +

年末资产负债表中"应收股利"与"应收利息"之和 −

年初资产负债表中"应收股利"与"应收利息"之和

(二) 投资性资产的处置收益与相关现金流量的对应情况

在利润表上通常是将投资性资产的售价与账面价值之间的差额确认为投资性资产的处置收益。由于在现金流量表上，投资性资产的处置收益主要取决于各项投资性资产的售价高低，因此，不同投资性资产的处置收益与相关现金流量的对应情况往往差异较大，不确定性也很大。

三、营业外收入与相关现金流量的对应情况

实践中，我国上市公司的营业外收入主要由政府补贴收入、债务重组收益和非流动资产的处置收益等项目构成。其中，政府补贴的形式主要有财政拨款、财政贴息、税收返还和无偿划拨非货币性资产等，因此政府补贴收入是否有对应现金流入要视具体补贴形式而定；债务重组收益主要是企业债权人给予企业减免的部分借款本金或者利息，对企业而言实质是减少了现金流出，并不会带来实际的现金流入；非流动资产的处置收益和上文中投

资性资产的处置收益一样，主要取决于各项非流动资产的售价高低，因此这种处置收益所对应的现金流入也具有很大的不确定性，难以一概而论。

第八节　基于生命周期的财务分析

一个企业从创立到结束通常要经历初创阶段、成长阶段、成熟阶段和衰退阶段。在生命周期的不同阶段，企业的财务状况会表现出不同特征。

小课堂 14-8　基于生命周期的财务分析

一、初创阶段

在初创阶段，企业的规模可能非常小，但经营风险非常高。研制的产品能否成功，研制成功的产品能否被市场接受，被市场接受的产品能否达到经济生产规模，可以规模生产的产品能否取得相应的市场份额等，都存在很大不确定性。产品大都具有较高的独特性，企业往往会采用高价格的定价政策以获取单位产品的高毛利。为了进一步扩大用户群体，提高产品知名度，会发生较高的销售费用，又因销量小、产能过剩、生产成本高，导致最终净利润较低。同时，企业需要大量现金购建固定资产、铺垫流动资金。除股东投入资本外，大部分只能依靠金融性负债资本。对应到现金流量上，由于企业营业收入较少甚至没有，经营活动产生的现金净流量往往为负数，投资活动发生的现金流出量数额很大，要借助筹资活动产生的现金流入来维持公司正常运转。

财务分析人员的关注重点是筹资活动能否满足企业的资金需求以及经营活动开拓情况。

二、成长阶段

随着公司生产经营规模的不断扩大，产品迅速占领市场，企业步入成长阶段。虽因产品本身的不确定性降低，企业的经营风险有所下降，但仍维持在较高水平，原因是激烈竞争导致市场的不确定性增加。这些风险主要与产品的市场份额以及该份额能否持续到成熟阶段有关。由于经验曲线和规模经济，产品生产成本明显下降，营业收入迅速增加，利润大幅提高，但销售费用规模仍会比较高，销售费用率可能会有一定程度的降低。这一阶段的企业经营活动现金净流量一般为正数，但因企业的战略目标是提高市场占有率，面临的机会较多，经营活动现金流入往往用于扩大经营规模。投资活动的现金流出量逐渐减少。因此，企业对筹资活动现金流入的依赖程度下降，对股东的回报可能会增加。

财务分析人员的关注重点是企业经营活动的发展以及管理情况，能否提高经营效率。

三、成熟阶段

进入成熟阶段后，产品市场已比较稳定，企业市场份额、营收规模和盈利水平都比较稳定。经营风险的高低主要取决于稳定的销售额的持续时间长短以及总盈利水平的高低。企业经营战略的重点会转向在巩固市场份额的同时提高投资报酬率。为了生存，企业专注于成本最小化以实现低成本运营，并着力提高品牌忠诚度。产品逐步标准化，差异不明显，技术和质量改进缓慢。企业生产稳定，局部生产能力可能出现过剩。由于市场总体增长速度趋缓，行业竞争程度大大提高，产品价格开始下降，企业毛利率和净利润率均下降，利润空间适中。这一阶段的企业经营活动现金净流量宽裕，投资活动现金净流量通常为正，筹资活动现金流入量快速下降，由于现金流整体较为充足，企业往往会加快偿还债务，或提高派现比例。

财务分析人员关注的重点除了成本控制情况之外，还有企业的投资活动现金流出情况，是否有通过对内和对外投资来开拓新业务以及成功与否；企业有无通过增加股利支付、回购股份等途径以提高对股东的回报。

四、衰退阶段

由于技术替代、社会变革、人口因素或国际竞争等可能原因，产品市场萎缩，需求出现负增长。行业内各企业的产品差别很小，竞争加剧，价格差异也相应缩小，只有大批量生产并有自己销售渠道的企业才具有较高的竞争力。这一阶段，企业的经营风险和投资风险都很大。企业往往营业收入萎缩，产品销售进入临界点，产品面临被淘汰或被新产品替代，产品的价格、毛利都很低，可能经营亏损，经营活动产生的现金流入量快速下降甚至入不敷出。为满足用户的性价比要求，企业努力降低成本，产品质量可能出现问题。此时，企业因战略撤退，投资活动现金流出量不断下降，投资活动净现金流量可能出现正值；筹资活动现金流量由于企业经营规模缩减等原因可能衰竭。

财务分析人员应关注企业如何控制成本以获取最后的现金流，是否能通过资产的优化或置换，实现战略转型。

本章关键术语

经营性负债资本、金融性负债资本、股东投入资本、内部留存资本、筹资战略、经营负债驱动型、金融负债驱动型、股东入资驱动型、留存收益驱动型、并重驱动型、资源配置战略、经营主导型、投资主导型、经营与投资并重型、与经营活动有关的利润、与投资活动有关的利润、盈利模式、经营贡献型、投资贡献型、资产重组型、盈余操纵型、现金短缺、现金剩余、创造价值、减损价值、初创阶段、成长阶段、成熟阶段、衰退阶段

思考练习题

案例讨论与分析：贝因美的背水一战

相关经典文献

第十五章　合并报表分析

红色链接：习近平总书记在中央金融工作会议上发表重要讲话强调：必须坚持党中央对金融工作的集中统一领导，坚持以人民为中心的价值取向，坚持把金融服务实体经济作为根本宗旨，坚持把防控风险作为金融工作的永恒主题，坚持在市场化法治化轨道上推进金融创新发展，坚持深化金融供给侧结构性改革，坚持统筹金融开放和安全，坚持稳中求进工作总基调。

(资料来源：人民网)

引例：贝达药业的下一个突破口

学 习 目 标

● 知识目标

掌握合并范围的正确确定；理解合并报表的特征；掌握合并报表分析存在的问题；掌握合并报表分析的特有方法。

● 能力目标

能基于合并报表分析母公司的控制性投资的撬动效益；分析集团的资金管理模式、现金流转状况、投融资运作状况及资金周转效率；分析母、子公司间的业务关系，比较获利能力、费用发生效益。

● 育人目标

理解合并报表与母公司报表、子公司报表的关系，具备系统性思维；能理论联系实践，拥有分析我国企业合并报表的能力，具备价值创造性财务思维。

合并财务报表是指反映母公司及其全部子公司所形成的企业集团(下文简称集团)的整体财务状况、经营成果和现金流量的财务报表。其中，母公司是指有一个或一个以上子公司的企业(或主体)，子公司是指被母公司控制的企业。

知识点导图

对于母公司财务报表能否对合并财务报表起补充作用,股东、债权人等利益相关者应如何恰当地利用合并财务报表和母公司财务报表,各国会计理论界和实务界一直存在争议。因此,西方主要发达国家对母公司财务报表存在两种制度安排。一种是单一披露制,即母公司只对外提供合并财务报表,而不提供自身的财务报表,如美国、加拿大等;另一种是双重披露制,即母公司同时对外提供合并财务报表和母公司财务报表,如英国、法国、德国和日本等。我国目前实行的是双重披露制。不管各国准则制定机构和相关证券监管机构选择何种制度,合并财务报表都是母公司必须对外提供的,这是因为合并财务报表不仅提供了母公司直接或间接控制的经济资源以及整个集团的经营成果等方面的综合信息,还全面反映了母公司的股东在集团中所享有的权益。

第一节　合并报表的特征

一、合并范围的确定

合并范围是指在母公司编制合并报表中所涉及的公司范围,合并财务报表的合并范围应以控制为基础确定。换言之,合并范围决定了哪些企业的信息会在合并报表中体现。因此,对合并报表进行分析的起点是关注合并范围的正确与否。

只要是由母公司控制的子公司,不论子公司的规模大小、向母公司转移资金能力是否受到严格限制,也不论子公司的业务性质与母公司或集团内其他子公司是否有显著差别,都应纳入合并财务报表的合并范围。受所在国外汇管制及其他管制、资金调度受到限制的境外子公司,如果该被投资单位的财务和经营政策仍然由本公司决定,资金调度受到限制但并不妨碍本公司对其实施控制,应将其纳入合并财务报表的合并范围。而表 15-1 所示的被投资单位已不再是母公司的子公司,则不应将其纳入合并范围。

表 15-1　不纳入合并范围的被投资单位

不纳入合并范围的情形	说　明
已宣告被清理整顿的原子公司	日常管理已转交清算组,本公司不再实施控制
已宣告破产的原子公司	日常管理已转交人民法院指定的管理人,本公司不再实施控制
不能控制的其他被投资单位	除上述情形以外的其他被投资单位,如联营企业、合营企业等

二、合并报表的特征

当企业存在对外控制性投资资产时,投资方与被投资方就形成了母、子公司的关系,双方也因此组成了控股关系意义上的集团。

从合并报表的编制过程来看,合并报表至少具有如下特征。

(一) 合并报表主体仅是一个会计主体而非法律主体

合并报表是以组成集团的母公司和子公司的个别报表为基础,在抵销了集团各子公司之间的内部交易事项之后编制的、体现集团整体财务状况的报表。组成集团的母公司、子公司均是独立核算、各自具有独立的财务和经营体系,独立对其股东出具财务报告的经济实体(多数为法律主体)。集团内的母公司、子公司均有权支配各自报表中所列示的资源，并运用各自的资源来取得相应的经营成果。

整个集团内的母公司与子公司虽然以股权关系为纽带有机地联系在一起，但是实际上并不存在一个能够有权支配合并报表所列示的全部资源，并通过这种资源的有效运用或支配来谋求现实经济利益的法律主体。

(二) 合并报表的编制不具有可验证性

合并报表是母公司以合并范围内的母公司、子公司的报表为基础编制的。就个别报表而言，企业的报表与账簿、凭证以及实务等有"可验证性"的对应关系，报表的编制质量可以通过这种可验证性来检验。但是合并报表的编制过程中，集团内部交易需要相互抵销，因此合并报表与分散在集团各个企业的账簿、凭证以及实物不可能存在个别企业报表的那种可验证性关系，其编制只具有逻辑关系正确与否的意义。

(三) 合并报表信息的决策有用性有明显差异

合并报表信息可以综合反映通过产权纽带关系构成的集团某一期间的整体财务状况、经营成果和现金流转状况，揭示整个集团所控制的资产、承担的负债、实现的收入以及发生的费用等方面的信息。

但在合并报表的编制过程中，要将与内部交易相关的项目剔除，再在抵销基础上直接相加。然而被剔除的项目对个别报表的主体——母、子公司来说仍具有决策有用性，例如债务企业的债务仍然需偿还。这导致对个别报表有意义的信息在合并报表分析中有可能消失或者失去意义。尤其是当子公司与母公司的经营性质和业务特征截然不同时，合并报表信息的决策有用性更会受到不同程度的影响。对此会在下一节进行更深入地分析。

案例 15-1　零跑科技的
附属公司

第二节　合并报表分析的问题、意义与方法

合并报表所具有的上述特征决定了在合并报表分析中存在一些财务分析人员需要特别注意的问题。但这绝不意味着我们不需要关注合并报表，因为合并报表分析具有个别报表所不具备的有用性或意义。

一、合并报表分析存在的问题

一方面，针对集团内特定企业来说，合并报表不具有决策的依据性；另一方面，针对集团，在合并报表分析中，常规的比率分析方法也在很大程度上失去了意义，因此在分析集团的偿债能力、财务风险、营运能力以及盈利能力等方面时，不应简单套用个别报表的财务分析指标。

小课堂 15-1　合并报表
分析存在的问题

(一) 集团偿债能力分析中存在的问题

企业集团只是一个经济实体，成员有各自的利益趋向，而非一个独立的法律主体，因

此集团资金不能任意划拨。特别是在母公司与非全资子公司间以及各非全资子公司之间，虽然母公司控制着各子公司的财务决策权，但是它不可能不顾及子公司中少数股东的利益，而任意在集团内部无偿划拨资金。母公司对子公司的债务只是就其投入资本部分承担有限责任；子公司债权人的求偿权也仅限于对子公司的资产，而不能追溯至合并报表中列示的集团的全部资产；母公司债权人的求偿权也只能从母公司的资产中得到满足，不能直接向子公司追偿。

因此，分析集团的偿债能力时，如果只简单沿用流动比率、速动比率、资产负债率等指标，而不考虑合并报表的特殊性，就可能得出错误的结论。因为母、子公司的偿债能力是相对独立的，是基于各自的资产的。虽然集团内部可能相互提供一定的资金支持，但并不意味着可以基于集团的资产进行偿债能力的评估。

(二) 集团财务风险分析中存在的问题

在不同资金管理模式下，集团中的非全资子公司可通过不同方式融资。如果集团采取集权式管理模式，那么母公司从银行获得贷款后再转贷给子公司；如果集团采取分权式管理模式，那么子公司可以采用母公司提供担保的形式取得贷款。

母公司编制合并报表抵销分录后，虽然上述两种融资方式下集团的合并报表完全相同，但集团所承担的财务风险实际并不相同。在集权式资金管理模式下，子公司通过母公司间接向银行等金融机构融资，整个集团为此而承担的债务只包括其持股比例与贷款金额的乘积部分，不包括子公司的少数股权所应承担的部分。在分权式资金管理模式下，由于母公司为子公司提供担保，因此当子公司面临财务危机不能到期还本付息时，母公司必须履行其担保责任，以其资产为子公司偿还债务，实际上使得整个集团为子公司的少数股东承担了一部分债务以及由此带来的财务风险。因此，就这两种融资方式而言，第一种方式下集团所承担的财务风险小于第二种方式，但如果仅基于合并报表进行财务分析，则无法辨别这一区别。

同理，集团里母、子公司之间的相互融资也存在类似现象。

(三) 集团营运能力分析中存在的问题

为了分散经营风险，集团常采用多元化经营方式，其合并报表将不同地区、不同行业的企业个别报表加以合并。而不同地区、不同行业的企业，不仅在编制基础、编制方法、处理程序等诸多方面可能差异极大，且各行业的财务指标衡量标准也会不同。如果以合并报表数据为基础，计算分析存货周转率、应收账款周转率、流动资产周转率、总资产周转率等指标，会掩盖不同地区、不同行业的企业之间资产周转效率、经营风险水平的差异性。

以存货周转率为例，合并报表上的存货余额是集团各成员单位的存货数额之和扣除存货中包含的未实现利润所得的金额。一方面，母、子公司的存货性质不一定相同，流动性也不一样。例如，母公司的主业是对外贸易，子公司经营房地产，由合并报表计算出的存货周转率便难以准确反映整个集团的存货实际周转状况。另一方面，抵销集团内公司之间的未实现损益的金额不受少数股东权益的影响，而是完全抵销，这样会使集团的存货与销售成本同少数股东权益未完全配比。

因此，合并范围内的个别报表合并后，基于合并报表数据进行的集团营运能力分析，所得的比率会有一定程度失真，大大减弱财务分析、财务预测的意义。

当企业面对诸如分派股利、支付报酬、偿还债务、缴纳税金等一系列决策问题时，应基于母公司报表进行分析。合并报表揭示的信息在很多时候，尤其针对母、子公司自身而言，不能直接作为决策依据。一些用于决策的财务指标，如毛利率、存货周转率、资产周转率等，更会由于子公司与母公司的经营性质和业务特征有差异，在合并报表分析中不同程度地失去意义。因此，为了降低合并报表信息的聚合程度，提高合并报表的决策有用性，分析人员必须进一步结合集团母、子公司的个别报表展开分析，以提高集团会计信息的相关性。

二、合并报表分析的意义及方法

既然合并报表存在这些局限性，在财务分析中又存在上述问题，那是否意味着合并报表在财务分析中就没有意义呢？答案当然是否定的。尽管在多数情况下合并报表并不能直接作为决策依据，但对于财务分析人员，尤其是母公司的股东、管理层以及债权人来说，仍具有一定的决策意义。这是因为子公司的资产是由母公司控制的，子公司的负债也通常是由母公司担保的，母公司的收益是基于整个集团资产、负债、收入、支出的规模取得的。因此合并报表是母公司报表的扩展，可以向母公司的利益相关者提供一定的增量信息。

然而，合并报表的特征决定了在分析合并报表时，不能简单采用一般的分析方法和常用的财务指标，而应该采用合并报表所特有的差量分析法。差量分析法是指在合并报表分析中将合并报表与母公司报表逐项比较，在此基础上对集团的资源分布状况、母公司与子公司之间的关联关系及其特征、母公司与子公司的资产管理状况、相对盈利能力以及现金流转等方面做出判断，进而考察集团的战略及其实施效果，发现目前经营管理中存在的主要问题，为企业今后发展提供有用的决策信息支持。

小课堂 15-2 合并报表分析的意义及方法

下面是合并报表的主要意义以及一些常见的合并报表分析方法。

(一) 合并报表可以反映母公司控制性投资的撬动效益

企业资源配置战略主要有经营主导型、投资主导型、经营与投资并重型三大类。这三类企业的资产中均可能包括控制性投资，只不过控制性投资资产占总资产的比重有高低之分。虽然企业持有对外控制性投资资产的目的不同，但在以扩张为目的形成控制性投资的情况下，控制性投资的撬动效益是评价扩张质量的重要方面。我们可以从以下方面展开分析。

1. 母公司控制性投资的规模分析

从目前的集团管理实践以及企业编制报表的实际情况来看，母公司除了通过支付现金或发行股票等方式获得子公司的控制权外，也可直接通过其他应收款向子公司提供资金，还可能将支持子公司的资金"隐藏"于其他非流动资产项目之中。当然，作为外部财务分析人员而言，受减值准备、母子公司之间的债权债务往来等各种因素影响，这种分析方法并不能十分精确地计算出母公司对其子公司所投入资源的全部数额。但已可基本满足我们衡量企业控制性投资规模的要求。

除了母公司直接进行控制性投资以外，有的企业还通过其子公司进行控制性投资，即形成所谓的"孙公司"。在这种情况下，我们将其全部视同母公司所进行的控制性投资，统一衡量母公司控制性投资的撬动效益。

2. 母公司控制性投资的撬动效益分析

从合并资产负债表的编制原理来看，可通过合并资产负债表的资产总计与母公司资产负债表的资产总计之间的差额来反映母公司控制性投资撬动的子公司的资产规模。通常，母公司控制性投资规模与撬动的资产规模的比值越小，说明控制性投资的撬动效益越好；反之，则越差。

3. 影响母公司控制性投资的撬动效益的原因分析

资本结构实际上体现了企业发展的四大动力：经营负债驱动、金融负债驱动、股东入资驱动以及留存收益驱动。在企业进行对外控制性投资时，影响企业控制性投资的撬动效益的主要因素也可分为子公司的经营性负债规模、子公司的金融性负债规模、子公司吸纳少数股东入资状况以及子公司的留存收益状况等。

通过比较母公司报表与合并报表的相关项目，可以对子公司资产增长的四大动力进行分析。

(1) 子公司经营性负债。财务分析人员可比较经营性负债项目的合并报表数与母公司报表数。子公司的经营性负债规模主要是基于子公司经营业务的规模及其商业竞争力等因素共同形成的。如果合并报表数远大于母公司数，则说明子公司的经营性负债规模较大，业务规模较大，使整个集团的资产规模得到了迅猛提升。如果母公司其他应付款的规模显著大于合并报表中该项目的规模，可能是母公司对其控制的子公司进行了一定程度的资金集权式管理。

(2) 子公司金融性负债。财务分析人员可比较金融性负债项目的合并报表数与母公司报表数。如果合并报表数远大于母公司数，则说明子公司的融资规模较大，子公司融资活动的大规模开展才使整个集团的资产规模得到了迅猛提升。

(3) 子公司非控制性股东入资。由于从被合并报表不能看到子公司的其他股东对子公司的入资贡献，因此只能借助合并资产负债表中的"少数股东权益"来进行基本判断。少数股东权益既包括子公司的非控制性股东对子公司的入资贡献，也包括子公司资本公积、累计未分配利润与盈余公积等股东权益项目中子公司非控制性股东的权益部分。

(4) 子公司留存收益。合并报表并未反映子公司的留存收益对整个集团的资产增长的贡献，但可借助比较盈余公积、未分配利润等项目的合并报表数与母公司数的差异，来评价子公司的盈利能力，以及这种盈利能力所累积下来的资金对整个集团的资产贡献。

(二) 合并报表可以反映集团的资金管理模式

1. 企业资金管理模式的分析

在企业实施集团化经营的过程中，对资金可以采取集权与分权管理模式。这两种模式会在母公司报表和合并报表的相关项目上体现不同的特征。

资金的集权管理模式是指由母公司集中向外部融资，再向控股子公司提供资金的一种资金运作模式。该种模式下，母公司的财务报表上会出现财务费用高、短期借款或者长期借款高、其他应收款高的"三高"现象，但合并资产负债表中"其他应收款"的规模会远远低于母公司的"其他应收款"规模，预付款项也可能出现类似情况。资金的分权管理模式是指由母、子公司根据各自的资金需求分别融资的一种资金运作模式。该种模式下，母公司的财务报表上不会出现上述"三高"现象，但是合并报表上会表现出货币资金规模高、短期借款或者长期借款规模高和财务费用高的另一种"三高"现象，即短期借款或者长期借款的合并报表数显著大于母公司数，货币资金的合并报表数也显著大于母公司数。

2. 集权模式下母公司汇集的子公司资金规模分析

由于资金的集权管理模式可以大大降低整个集团的融资成本，提高整个集团的资金利用效率，有利于整个集团盈利水平的进一步提升，因此，实践中，大量母公司对集团内母、子公司的货币资金管理都采用了集权式管理模式。当母公司采用该模式时，子公司会将闲置资金"汇交"回母公司，引起母公司的货币资金等资产增加，如果汇交回母公司的资金被运用，转化为货币资金以外的其他资产，也可能引起母公司的其他资产增加，还会引起有关负债的增加。因此，财务分析人员可通过母公司对子公司负债的基本规模来大致判断集权式管理模式下母公司所汇集的子公司资金总规模。

如果预收款项、其他应付款、其他流动负债和其他非流动负债等项目的母公司数显著大于合并报表数，则两者的差额基本可以确定为子公司向母公司"汇交"资金的基本规模。当然，所汇集的资金不一定全部"藏身"于上述项目中。

案例15-2 杭萧钢构的资金管理模式

(三) 合并报表可以反映集团的现金流转和投融资运作状况

合并现金流量表中的经营活动现金流量净额、对外投资现金流量、筹资活动中的子公司吸收少数股东资本、贷款带来的现金流量等信息，有助于财务分析人员分析整个集团的经营活动、投资活动、资本运作活动以及税务环境。通过比较母公司现金流量表和合并现金流量表的相关项目，可比较母、子公司的经营活动现金流量的获取能力差异、投资活动现金流量的发生情况与扩张规模，分析母公司和子公司的战略差异、筹资活动现金流量表现出的融资能力差异等。

(四) 合并报表可以反映母、子公司之间的业务关系

母、子公司之间的业务关系在实践中有不同的类型，财务分析人员可以通过母公司利润表和合并利润表解读母、子公司之间的业务关系。

1. 母、子公司"一致对外"销售

如果营业收入、营业成本、销售费用等利润表主要项目在合并报表中的数值要显著大于母公司报表中的数值，通常意味着母、子公司各自直接面向市场"一致对外"销售。这种业务关系一般是因为母、子公司之间或者子公司间的发展战略是不相关多元化，或者母、子公司之间的地域结构较为分散。

2. 母公司将主要产品销往子公司，子公司负责对外销售

如果合并利润表中的销售费用占营业收入的比重较为正常，但母公司利润表中基本没有或者仅有少量的销售费用，很多时候意味着母公司将其全部或者主要的产品销往子公司，子公司的设立就是为了将母公司的产品销往市场。

3. 母公司向相当一部分子公司采购配套零部件或者劳务，子公司向集团外销售少量商品或者劳务

如果营业收入项目的合并报表数与母公司数不一定有显著差异，但营业成本的合并报表数有可能小于母公司数，母公司的销售费用占合并销售费用的比重较大，很多时候意味着有些子公司的设立目的主要是向母公司提供配套的产品零部件或者劳务，子公司在满足母公司的需求后再向集团外部市场直接销售，子公司对外销售收入占子公司总销售收入的比重较低，甚至可能没有。

(五) 合并报表可以评价母、子公司的基本获利能力和费用发生的比较效率

在母、子公司采取"一致对外"的销售模式时，由于母、子公司均直接面对外部市场，因此通过比较母公司利润表和合并利润表的主要项目之间的差异，如营业收入、营业成本、毛利与毛利率、销售费用与销售费用率等，可由此判断母、子公司基本的获利能力，考察母、子公司基本盈利能力的差异及其变化趋势，一定程度上分析母、子公司费用发生的特点与相对效率。虽然在集团的行业跨度较大、业务种类繁多的情况下，简单的对比难以反映企业管理的实际水平，但是仍然可以在一定程度上反映企业整体的资源利用情况。

此外，在比较费用的发生效率时，还需注意费用的支出方与受益方是否一致。实践中，有可能出现母公司支出、子公司受益，母公司支出、母公司受益，子公司支出、母公司受益，子公司支出、子公司受益或者另一子公司受益的情况，这都可能扭曲母、子公司费用发生效率的比较结果。

特别是对于那些通过行业整合和购并实现快速增长的企业，可以通过比较主营业务利润的母公司数和合并报表数，判断公司购并是否带来销售收入增长，同时是否转化为净利润的同步增长。

案例 15-3　顾家家居的
投资效益

(六) 合并报表可以反映集团的整体资产周转效率

如果母公司采取母公司将主要产品销往子公司、子公司负责对外销售的模式，此时基于母公司报表数据计算出的资产周转效率方面的指标可能会被高估。而合并报表数据反映的是抵销后的周转额(销售收入、销售成本)，代表整个集团对外完成周转的存货或流动资产规模，能敏感而客观地反映出集团整体资产周转效率的实际情况。与集团内单一公司情况下完成的周转额并不相同，后者会随中间环节增多而增大，有可能虚假地反映出资金周转速度的加快。

智能财务专栏

圣奥科技借助"每刻报销+每刻档案+每刻云票数智化方案"，于 2021 年实现了会计电子档案及合并报表，实现了凭证电子化存储，消除了原人工打印、匹配和装订的环节；对接银行，实现了回单的自动化存储和关联，消灭了银行对账；并开放查询能力给各个财务及业务系统，支持一键查询银行回单。

圣奥科技的"每刻电子档案系统"于 2019 年 6 月成功上线，至 2020 年 8 月为公司带来的效益提升如表 15-2 所示。根据圣奥科技预测，"每刻报销+每刻档案"的报销无纸化解决方案，每年将为圣奥节省 86 万元。

表 15-2　圣奥科技"每刻电子档案系统"项目效益

指　　标	2019.6(使用每刻电子档案前)	2020.8(使用每刻电子档案后)
银行回单分类、打印工作量	240 天	0 天
银行回单与凭证匹配工作量	180 天	0 天
电子发票打印与凭证匹配工作量	160 天	0 天
纸张、打印费用	60,000 元	0 元
人员节省(打印、整理、核对等)	3 人	0 人

本章关键术语

合并范围、控制、合并报表、资金的集权管理模式、资金的分权管理模式

思考练习题

案例讨论与分析：顾家家居的合并报表

相关经典文献

第十六章　财务分析的外部应用

红色链接：习近平总书记在看望参加政协会议的民建工商联界委员时强调："高质量发展对民营经济发展提出了更高要求。民营企业要践行新发展理念，深刻把握民营经济发展存在的不足和面临的挑战，转变发展方式、调整产业结构、转换增长动力，坚守主业、做强实业，自觉走高质量发展路子。"

(资料来源：人民网)

引例：趣链科技以链创新

学 习 目 标

● 知识目标

掌握背景分析的内容与方法；掌握会计分析的步骤与方法；掌握财务分析的步骤；掌握前景分析的步骤与方法。

● 能力目标

能避免会计分析中的常见错误；能掌握同类企业的确认方法；能基于背景分析、会计分析及财务分析作出财务预测。

● 育人目标

了解中国产业发展概况，培养国际化视野；树立起对企业价值增值、国家经济建设的专业使命和责任担当意识。

　　尽管相对于内部分析人员而言，外部财务分析人员存在信息劣势，但他们通常可以更加客观地评价企业投资和经营决策的经济后果，并将其分析结论应用于企业价值评估、信用评估等方面。本章主要围绕外部财务分析框架展开，框架由四部分组成：背景分析、会计分析、财务分析和前景分析。

知识点导图

第一节 背景分析

背景分析是外部财务分析的起点。背景分析是对企业所处的经营环境及形成持续竞争优势的战略进行分析，其目的是识别企业主要的利润驱动因素和经营风险，从而定性地评价企业的盈利潜力。通过这种定性分析，外部财务分析人员才能更好地进行后续的会计分析和财务分析。例如在识别关键成功因素和主要经营风险后，才能评价主要的会计政策；对企业的总体、竞争战略进行评估，才能有助于评价企业目前的盈利能力及其他财务能力是否可持续。此外，背景分析有助于财务分析人员在预测企业的发展前景时做出合理的假设。

一、经营环境分析

企业的经营环境包括外部环境、内部环境两个方面。其中外部环境可以从宏观环境、产业环境和竞争环境几个层面展开；通过内部环境分析，可以明确企业所拥有的独特资源与能力所能支持的行为。本节主要学习宏观环境、产业环境中五种竞争力(五力模型)、内部环境中价值链理论的相关知识。

(一) 宏观环境分析

宏观环境因素通常可以概括为政治和法律环境、经济环境、社会和文化环境、技术环境四类。政治和法律环境是指那些制约和影响企业的政治要素和法律系统，以及其运行状态。经济环境是指构成企业生存和发展的社会经济状况及国家的经济政策。社会和文化环境是指企业所处的社会结构、社会风俗、宗教信仰、价值观念、行为规范、生活方式、文化传统、消费偏好、人口规模与地理分布等因素的形成和变动状况。技术环境是指企业所处的环境中的科技要素及与该要素直接相关的各种社会现象的集合。

(二) 产业环境分析

产业五力模型是一种分析产业环境的有效工具，本部分主要围绕产业五力模型展开。五力模型认为，在每一个产业中都存在五种基本竞争力量，即潜在进入者、替代品、买方、卖方和现有竞争者之间的抗衡。在一个产业中，上述五种竞争力共同决定产业内的竞争强度及产业利润率，最强的一种或几种力量占据着统治地位，并从战略形成角度来看起到关键作用。

潜在进入者将在两个方面减少现有厂商的利润：其一，进入者会瓜分原有的市场份额来获得一些业务；其二，进入者减少了市场集中程度，从而激发现有企业间的竞争。产品替代有两类：其一，直接产品替代，即某一种产品直接取代另一种产品；其二，间接产品替代，即由能起到相同作用的产品非直接地取代另外一些产品。直接替代品与间接替代品的界限不一定十分清晰，取决于对产业边界的界定。老产品会否被新产品替代，主要取决于两种产品的性能与价格比的比较。几种替代品长期共存的情况也很常见。每个企业作为产业价值链上的一个环节，都具有双重身份：对其上游，它是买方；对其下游，它是卖方。买方和卖方议价的主要内容围绕价值增值的两个方面：功能与成本。议价双方均力求在交易中自身能获得更多的价值增值。无论是买方，还是卖方，议价能力的大小取决于它们各自以下几个方面的实力：买方(或卖方)的集中程度或业务量的大小；产品差异化程度与资产专用化程度；纵向一体化程度；信息掌握的程度。产业内现有企业的竞争是指一个产业内的企业为市场占有率而进行的竞争，通常会以价格战、广告战、产品引进及增加对消费者的服务等方式表现出来。产业内现有企业的竞争程度取决于以下几个因素：行业增长率、行业集中度、差异化程度与转换成本、公司规模、过剩的生产能力与退出障碍等。

(三) 企业内部环境分析

通过内部环境分析，企业可以决定能做什么，即企业所拥有的独特资源与能力所能支持的行为。本部分主要围绕价值链分析展开。

企业所有的不同又相互关联的生产经营活动，构成了创造价值的一个动态过程，即价值链。价值链将企业的生产经营活动分为基本活动、支持活动两大类。基本活动是指生产经营的实质性活动，又称主体活动。这些活动与商品实体的加工流转直接相关，是企业的基本增值活动。一般可以分为内部后勤、生产经营、外部后勤、市场销售和服务五种活动。支持活动是指用以支持基本活动且内部之间又相互支持的活动，又称辅助活动。一般包括采购、技术开发、人力资源管理和企业基础设施。价值链中的每一个活动都能进一步分解为一些相互分离的活动。

企业资源能力的价值链分析需要明确以下几点：其一，确认那些支持企业竞争优势的关键性活动，这些活动实质上是企业的独特能力的一部分；其二，明确价值链内各种活动之间的联系，选择或构筑最佳的联系方式对于提高价值创造和战略能力十分重要；其三，明确价值系统内各项价值活动之间的联系，价值活动的联系可以存在于企业与企业的价值链之间，包括供应商、分销商和客户在内的各项价值活动之间的许多联系。

二、企业战略分析

一般将企业战略分为三个层次：总体战略、业务单位战略和职能战略。本部分主要围绕总体战略中的发展战略和业务单位战略展开。

小课堂 16-1　企业战略分析

(一) 总体战略

总体战略又称公司层战略。它需要根据企业的目标，选择企业可以竞争的经营领域，合理配置企业经营所必需的资源，使各项经营业务相互支持、相互协调。企业的总体战略可分为发展战略、稳定战略和收缩战略三大类，发展战略强调充分利用外部环境的机会，充分发掘企业内部的优势资源，以求得企业在现有的基础上向更高一级的方向发展。发展战略主要包括三种基本类型：一体化战略、密集型战略和多元化战略。

1. 一体化战略

一体化战略是指企业对具有优势和增长潜力的产品或业务，沿其经营链条的纵向或横向延展业务的深度和广度，扩大经营规模，实现企业成长。一体化战略按照业务拓展的方向可分为纵向一体化战略和横向一体化战略。

纵向一体化战略是指企业沿着产品或业务链向前或向后，延伸和扩展企业现有业务的战略，可分为前向一体化战略和后向一体化战略。前向一体化战略是指获得分销商或零售商的所有权或加强对它们的控制权的战略，有利于企业控制和掌握市场，增强对消费者需求变化的敏感性，提高产品的市场适应性和竞争力。后向一体化战略是指获得供应商的所有权或加强对其控制权，有利于企业有效控制关键原材料等投入的成本、质量及供应可靠性，确保生产经营活动的稳步进行。

横向一体化战略是指企业向产业价值链相同阶段方向扩张，获得竞争企业的所有权或加强对其控制，以促进企业实现更高程度的规模经济和迅速发展的战略。其本质是资本在同一产业和部门内的集中，目的是实现扩大规模、降低产品成本、巩固市场地位、提升竞争能力。

2. 密集型战略

密集型战略主要可以分为市场渗透、市场开发和产品开发三种类型。市场渗透战略强调发展单一产品，试图通过更强的营销手段来获得更高的市场占有率。市场开发战略是指将现有产品或服务打入新市场的战略。产品开发战略是在原有市场上，通过技术改进与开发研制新产品，来延长产品的生命周期，提高产品的差异化程度，从而改善企业的竞争地位。

3. 多元化战略

多元化战略是指企业进入与现有产品和市场不同的领域，可以分为相关多元化和非相关多元化。相关多元化是指企业以现有业务或市场为基础进入相关产业或市场的战略，相关性可以是产品、生产技术、管理技能、营销渠道、营销技能或用户等方面的类似性。非相关多元化是指企业进入与当前产业和市场均不相关的领域的战略，主要目标是从财务上考虑平衡现金流或者获取新的利润增长点，规避产业或市场的发展风险。

(二) 业务单位战略

业务单位战略又称竞争战略，主要可分为三种基本类型：成本领先战略、差异化战略和集中战略。

成本领先战略是指企业通过规模化生产，或利用专业化程度很高的生产设施，或依靠独特的生产工艺，在研究开发、生产、销售、服务和广告等领域把成本降到最低限度，成为产业中的成本领先者，进而获得价格上的竞争优势的战略。该战略并不仅仅意味着获得短期成本优势或者削减成本，而是一个"可持续成本领先"的概念，即企业通过其低成本地位来获得持久的竞争优势。实行成本领先战略的企业往往毛利率较低而资产周转率较高。在进行趋势分析时，财务分析人员需要关注费用比率和资产周转率的变动情况。

差异化战略是指企业向顾客提供的产品和服务在产业范围内独具特色，以差异化形成排他性和独占性，并能为产品带来额外的加价。该战略的核心是取得某种对顾客有价值的独特性，可以是在产品设计或品牌形象、技术、外观、顾客服务、经销网络等一个或多个方面。实现差异化战略的企业，财务分析人员应当关注在对差异化有重要影响的投资项目的支出情况。

集中化战略是指针对某一特定购买群体、产品细分市场或区域市场，采用成本领先或产品差异化来获取竞争优势的战略。该战略一般是中小企业采用的战略，可分为集中成本领先战略和集中差异化战略。

案例 16-1　顾家家居的控股股东变更

第二节　会 计 分 析

会计分析作为外部财务分析框架的第二部分，其目的是评价企业会计信息对基本经营现状的反映程度。财务分析人员通过识别会计灵活性的运用，评估企业会计政策和会计估计的恰当程度，进而评价其会计信息质量，并借助财务报告的其他信息来修正失真的会计数据。合理的会计分析会提高财务分析结论的可靠性和合理性。会计失真越严重，会计分析则越有价值。

一、会计分析的步骤

(一) 明确主要的会计政策

在会计分析中，财务分析人员要明确企业用于反映其业务架构的会计指标，哪些会计政策决定了如何落实这些会计指标以及明确所包含的重要估计。

小课堂 16-2　会计分析的步骤

(二) 评估会计政策

无论企业管理层如何衡量核心竞争力和风险，在会计政策选择方面必然会具有一定的灵活性，并基于这种会计灵活性来披露企业的经济状况或隐瞒企业的真实绩效，因此，财务分析人员需要关注以下方面，来评估企业的会计政策。

其一，企业的会计政策是否与行业标准一致。通常同一产业内的企业在业务上具有较大一致性，因此在会计政策上不应有太大差异。如果显著不同，是否因为企业采取了显著不同的战略？还是可能借此获得预期的财务业绩。

其二，管理层是否有利用会计政策选择来进行盈余管理的强烈动机。

其三，企业是否变更了某项会计政策或会计估计？如果改变了，是基于何种理由？会发生何种影响？

其四，企业的会计政策和会计估计在过去是否切合实际？

其五，为了实现某种特定的会计目标，企业是否调整了重要的业务交易？

(三) 评价信息披露的质量

财务分析人员可关注以下方面，来评价企业的信息披露策略。

其一，企业是否披露了用于衡量企业经营战略和经营绩效的充分信息？

其二，附注信息是否充分说明了主要的会计政策、会计假设及其逻辑？

其三，企业是否充分说明当前的业绩及其变化？企业年报中的"管理层讨论与分析"部分有助于外部财务分析人员了解企业财务状况变化的原因。

其四，若会计准则和惯例制约了企业恰当地计量并反映其核心竞争力，则企业是否披露了足够的附加信息？

其五，多元化经营企业的分部信息披露质量。产业竞争程度与管理层是否愿意与外界共享其分部的经营业绩，都会影响企业分部信息披露的质量。

其六，企业如何披露其坏消息？管理层处理坏消息的方式可以最清楚地反映企业信息披露的质量。信息披露是否足以解释企业经营业绩不佳的原因？企业是否清楚地表明了其战略应对？如果是，这些战略是否能解决企业的经营问题？

其七，企业与投资者的关系。企业是否向投资者提供了反映其经营和绩效情况的详细数据资料？

(四) 识别潜在的会计质量问题信号

会计质量分析的常用方法是寻找能揭示出会计质量问题的信号。该信号和我们在第六章中讲到的利润质量风险信号有相似之处。每个信号都可以有多种解释，有的解释基于合理的经营逻辑，有的解释则可能表明会计本身的问题。因此，必须强调的是财务分析人员需要把这些信号作为进一步探究的起点，而绝非终点。

(五) 消除会计失真

如果之前的会计分析步骤表明企业的财务报告数据具有误导性，财务分析人员应当尽量调整财务报告数据，尽可能地消除会计失真，但主要精力应放在有关企业核心竞争力与风险的项目上。

二、会计分析中的常见错误

财务分析人员需要在会计分析中避免一些常见的错误，如下所述。

(一) 稳健性会计未必更优

许多企业会基于谨慎原则，高估可能的损失，低估可能的收益，并尽可能多地描述或有项目。但作为财务分析人员，必须认识到稳健性会计未必是好会计，因为财务分析人员更希望的是企业的会计数据能如实反映企业的经营现状，因此稳健性会计和激进性会计一样具有误导性。此外，稳健性会计经常为管理层进行盈余管理、平滑利润提供机会，由此导致分析人员难以识别企业的真实业绩。

(二) 特殊的会计选择未必都有问题

特殊的会计选择可能会导致企业的经营业绩与其他企业难以比较，但是如果企业的经营活动较为特殊，则企业特殊的会计选择可能也是合理的。此时就需要结合背景分析的结论来评价企业的会计选择。财务分析人员不能把企业特殊的会计选择等同于有问题的会计选择。同样，不应把企业会计政策和应计项目的所有变更都机械地归因于盈余管理，会计政策的变更也可能反映经营环境的变化。

三、审计报告分析

审计报告是注册会计师根据独立审计准则的要求，在实施了必要的审计程序后出具的，对被审计单位年度财务报表发表审计意见的书面文件。由于审计报告是独立于企业的外部专业人士对企业的财务报表发表的意见，其说服力和可信度较高，因此，财务分析人员可以通过阅读企业外部的审计报告为会计分析服务。

在不同意见类型的审计报告中，最为正面的是无保留意见的审计报告，其次是保留意见的审计报告，最后是否定意见和拒绝表示意见的审计报告。财务分析主体可以根据审计报告的意见类型，判断财务报告的整体真实性和合规性，并决定财务分析对财务报告的依赖程度。

根据现行审计报告准则的要求，除无法表示意见的审计报告外，上市公司财务报表的审计报告增加了"关键审计事项"部分。关键审计事项分为两类。一类是导致注册会计师出具非无保留意见的事项和持续经营存在重大不确定性；第二类是在"关键审计事项部分"描述的关键审计事项。财务分析人员可借助审计报告中提及的关键审计事项，发现审计工作中的重点和难点。分析人员通过分析注册会计师提供的列为关键审计事项的原因、针对该事项所实施的审计工作等方面的信息，识别和确定财务分析中的重点关注领域。

第三节　财　务　分　析

在会计分析的基础上进行的财务分析(狭义)是外部财务分析框架的第三部分。财务分析人员除了解读主要报表项目，更重要的是在战略视角下对财务报表进行综合分析，分析企业的偿债能力、盈利能力、周转能力、发展能力，并解释影响企业各方面财务能力的各种因素，确定各因素的影响方向和程度。

一、财务分析的步骤

由于母公司报表附注中只涉及应收账款、其他应收款和长期股权投资等少数几个项目，因此在这种情况下，财务分析部分一般以合并报表附注为基础。

小课堂 16-3　财务分析的
步骤

(一) 资本结构分析

资产负债表综合反映企业的财务状况，在财务分析时，以资本结构分析作为起点。

1. 筹资战略分析

在战略视角下，基于企业四类资本中占比较大的部分，将企业归类，并进一步考察企业筹资战略的选择与实施情况，了解企业试图利用什么资本来实现自身的发展目标，了解不同类型的资本结构对企业战略的选择与实施会带来什么影响。

2. 资本结构评价

基于企业资本结构及筹资战略的影响因素，从资本成本与投资效益是否匹配、资本结构面对企业未来资金需求的财务弹性是否恰当、资本的期限结构与资产结构是否协调、资本结构与控制权结构之间的相互影响是否合理、资本结构对公司治理结构的影响是否合理这些方面，评价企业资本结构、筹资战略与企业当前以及未来发展的适应性。

(二) 资产结构分析

1. 资产总体状况的初步分析——资源配置战略的选择与实施情况

需要关注企业从事什么经营活动？其行业选择与定位如何？企业的资产结构能否体现其发展战略的要求？通过考察企业资产中经营性资产与投资性资产的结构关系，以及经营性资产的内部结构等方面，就可以透视企业的资产结构安排对企业战略的遵守与实施程度。比较企业的资产结构与公司对战略的表述，判断公司的战略实施与战略承诺之间的吻合性。

对于经营主导型企业，可以按照项目变化状况及本书前面讨论的分析方法考察主要的经营性资产项目，在此基础上进一步考察资产结构与企业经营战略、经营特点的吻合性，并对经营性资产的整体质量做出评价。对于投资主导型企业，母公司资产负债表的分析并不重要，其分析重点应该是合并资产负债表。

2. 针对重要项目和异动项目开展资产项目分析

在进行资产项目分析时，特别需要关注重要项目和异动项目。其中，异动项目是指金额发生重大变化的项目，还要分析其变动的幅度、变动原因以及此项变化对企业财务状况所造成的影响。

3. 资产结构评价

可以从不同类型的资产项目间是否发挥协同效应、资产结构的整体流动性与盈利性是否平衡、资产结构与企业战略是否相符等方面评价企业的资产结构。

(三) 利润结构分析

1. 利润表主要项目分析

可以从营业收入的品种构成、区域构成、客户构成等方面考察企业主要依赖什么样的资源和渠道实现营业收入；从主营业务收入与其他收入的结构、现销收入与赊销收入的结构、收入对政府扶持的依赖程度等方面进行收入结构分析。

营业成本会计核算方法的选择是否恰当、稳健？当期有无发生变更，其变更有无对营业成本产生较大影响？营业成本是否存在异常波动？导致其异常波动的因素可能有哪些？哪些是可控因素？哪些是不可控因素？哪些是暂时性因素？哪些可能是对企业长期发展造成影响的因素，影响程度如何？关联方交易和地方或部门行政手段对企业"低营业成本"所做出的贡献如何？其持续性如何？

对期间费用，可从规模控制的必要性、支出的有效性、长期效应等方面进行分析。若某些费用存在异常波动，则还需要结合行业竞争态势、竞争格局、企业战略以及相关会计政策等因素的变化，判断该项费用波动的合理性，关注是否有人为主观操纵的迹象。

在分析投资收益时，应从对利润与现金流量的对应关系和对利润持续性的影响两个方面去考察。前者着重分析权益法下投资收益收到的现金；在考察对利润持续性的影响时，关注所获投资收益在未来的波动性和不可预见性。

资产减值损失、公允价值变动收益以及营业外收支等项目的金额，如果相对较小，可以不予关注；但如果当期金额相对较大，或者存在异动情况，就必须结合报表附注分析其规模及变动的合理性以及对当期损益所造成的实质性影响。

2. 多角度的结构分析

第一，利润和现金流量的对应，即从当期来看，利润是否能带来相应的现金流量，并且具有较强的支付能力。

第二，利润的持续性，即从长期来看，企业实现的利润既要有一定的成长性，又要避免一定的波动性。

第三，利润结构与资产结构的对应关系，它在一定程度上体现了企业战略的实施效果。

(四) 现金流量结构分析

关注企业现金流量的各个组成项目：经营活动现金流量的充足性、合理性、稳定性，投资活动现金流量的战略性、盈利性，筹资活动现金流量的适应性、多样性、恰当性。再基于战略视角下的现金状态分类，评价企业的现金流量状态。

(五) 控制性投资与公司扩张战略分析

控制性投资在对外扩张或者实现集团目标方面具有重要的战略意义。

1. 公司控制性投资资产的识别及扩张效果分析

将母公司资产中的长期股权投资、其他应收款、预付款项等项目，与合并资产中的相应项目比较。合并报表项目与母公司相同项目数据之间的差额，可认为是母公司通过控制性投资向子公司直接和间接提供的资金规模。合并资产总额与母公司资产总额之间的差额越大，表明企业对外控制性投资的扩张效果越好。

2. 集团内母、子公司经济活动关联度分析

整个集团资金管理模式一般可以分为集权式管理型、分权式管理型和混合式管理型三种。在采用集权式管理模式时，母公司的货币资金、短期借款及各项其他具有贷款性质的负债项目和利润表财务费用项目的规模一般不比合并资产负债表的相应项目小很多；企业的其他应付款或其他流动负债等项目的母公司数据会大于合并报表的相应项目数据；企业其他应收款、其他流动资产、预付账款或其他非流动资产等项目的母公司数据会大于合并报表的相应项目数据。在采用分权式管理模式时，母公司的货币资金、短期借款及各项其他具有贷款性质的负债项目和利润表财务费用等项目的规模一般会比合并资产负债表的相应项目小，甚至小很多；企业的其他应付款或其他流动负债等项目的母公司数据会小于合并报表的相应项目数据；企业其他应收款、其他流动资产、预付款项或其他非流动资产等母公司数据也会小于合并报表的相应项目数据。

在实际工作中，企业集团的资金管理模式往往采用混合式。这样既可以发挥母公司融资平台的积极性，也可以在母公司融资不能支撑子公司全部资金需求的情况下由子公司自行融资。在采用混合式管理模式的情况下，其报表的相应项目会兼具上述两种情况的特征。

企业的母公司与其子公司之间的业务关系可以分为"一致对外"销售型、母公司主要向子公司销售型和子公司向母公司销售型等几种情形。"一致对外"销售型的企业一般采取多元化经营战略(或产品单一，但地域结构分散)，企业集团内的母公司及其各个子公司可能专注于自身的某一领域，彼此业务管理关联度低。此时，合并利润表的营业收入、营业成本、销售费用和管理费用等会表现出显著的越合并越大的特征。

在某些行业，集团采取的经营模式是：母公司仅仅从事生产，并将生产出来的产品以较低的毛利率出售给子公司。作为销售主体的子公司则组织针对集团外市场的销售活动。此时，母公司毛利率较低，销售费用非常低甚至为零。而合并利润表的营业收入、毛利率、销售费用与管理费用的规模将远远大于母公司。

在某些情况下，企业设立子公司的目的就是为其提供配套的零部件，以降低整个企业的营业成本，减少对其他企业的依赖度。此时，合并利润表的营业收入与母公司的营业收入相比往往不会显著增加，合并利润表的营业成本却可能比母公司的营业成本还要小。

实践中，母子公司之间的业务关系极其复杂，而且往往是各种业务交织在一起。需要注意的是，本部分的分析思路仅仅利用了资产负债表的相应项目信息，是比较粗的概括性分析，详细分析还需进一步借助年报中的"经营情况讨论与分析"部分以及报表附注等内容。

(六) 合并报表与母公司报表的比较分析

通过资产负债表的比较分析，可以考察上市公司以及整个集团的扩张方式、控制性投资的资产扩张效应、资金管理模式、母公司与子公司之间的业务关联程度，以及资源在整个集团的分布情况等。通过利润表的比较分析，可以发现收入实现、费用发生的主要区域，了解企业的盈利模式，比较母公司与子公司的相对盈利能力，这样更便于考察企业经营及扩张战略的实施效果，提供更为全面的管理和决策依据。通过现金流量表的比较分析，可以进一步揭示母公司与子公司之间的内部关联交易程度、产生现金流量的主要区域，以及企业发展的战略方向。

财务分析人员在考察资产结构、资本结构、利润结构和现金流量结构的基础上，关注重要项目和异动项目，结合一些重要的非财务信息，最终对公司的财务状况做出整体评价。

二、同类企业的确认

在进行财务分析时，通常使用的标准有：企业以前年度的数据、企业当年预算、行业标准、行业平均水平、同类企业的数据等。前四类数据都有明确定义，相对较为方便得到，但在实际分析中，同类企业的确认并没有一个公认的标准。

是否能把不同企业确认为同类企业，可以从以下几个方面来考虑：其一，最终产品是否相同；其二，内部生产结构是否相同，内部结构相同是指使用同样的原材料、生产技术和生产方式；其三，股份特性是否相同，股份特性相同是指同样的风险程度、市盈率和股利保障倍数；其四，规模是否相近，不仅要考虑企业本身的规模，还要考虑所比较的产品的生产或经营规模。

第四节　前 景 分 析

前景分析是财务分析人员借助于某些技术和知识，在背景分析、会计分析和财务分析的基础上，总结出对企业未来前景的看法。前景分析主要包括预测和估值，本节重点讨论的是预测。财务预测是企业经营决策的依据，能为财务计划提供信息，是企业融资计划的前提，也是企业进行价值评估的基础。

一、财务预测的基础

财务预测不是一个孤立地分析、测算和估计的过程，而是建立在背景分析、会计分析和财务分析的基础上，并结合企业未来的发展趋势进行综合分析的结果。

(一) 背景分析

企业的经济业务决定企业的财务状况和会计信息，而企业的经济业务又由企业所处的环境及企业采取的战略所决定。预测人员可以关注以下方面：企业所处产业的特点？产业的五种竞争力情况如何？产业的前景如何？会如何影响产业内的未来竞争？企业是否拥有清晰的战略以助其未来成功？此外，宏观经济因素也会影响企业的未来业绩，因此很多时候，为了预测顺利进行，预测人员会假设商业周期变动带来的影响在长期内保持平衡。

(二) 会计分析

企业过去的会计信息是财务分析人员对企业未来财务状况进行预测的依据，它的真实性会直接影响到预测结果的准确性与可靠性。预测人员主要关注以下方面：企业在会计核算中所确定的关键会计政策在未来是否有变化？如果可能变化，会对企业未来的资产、收益及现金流量有什么影响？企业是否充分披露了会计信息？信息披露程度对评估企业的经营业绩和财务状况有什么影响？会计的灵活性是否成为管理层掩盖真实情况、盈余管理的手段？这种手段对企业未来的经营成果和财务状况有什么影响？会计信息是否能充分解释企业经营状况？

(三) 财务分析

财务分析的目的是运用一定的财务比率和方法，评估企业既定目标和筹资战略、资源配置战略、盈利模式等的实施情况，影响着企业未来的财务状况。预测人员可以关注以下方面：企业的盈利能力如何？是否充分有效的使用了全部资产？影响资产盈利能力的因素有哪些？企业偿还短期债务和长期债务的能力如何？企业的财务状况和风险程度如何？企业的营运能力如何？企业资产的流动性如何？资产利用的潜力如何？企业的可持续增长率如何？股利政策起的作用如何？企业的业绩是否有规律可循？

二、财务预测的一般框架

预测人员在财务预测时，首先确定财务预测期间，将通用财务报表转换为预测用财务报表，其次明确关键财务假设，最后进行财务报表的预测。

小课堂 16-4　财务预测的
一般框架

(一) 财务预测的预测期间

预测的基期通常是财务预测工作的上一个会计年度。基期的各项数据称为基数，包括各项财务数据的金额及各自的增长率，还有各项财务比率。若分析人员认为上年财务数据具有可持续性，则以上年实际数据作为基数；若分析人员认为上年财务数据存在异动情况，则以修正后的上年数据作为基数。

预测期间可分为详细预测期和后续期。详细预测期的长度取决于企业增长的不稳定时期有多长，实务中通常为 1-5 年，极少超过 10 年。因为根据竞争均衡理论，拥有高于或低于正常增长率水平的企业，其销售收入增长率会在 3-10 年内趋于恢复到正常水平。详细预测期和后续期的划分不是事先确定的，而是在实际预测过程中，通过判断企业是否进入稳定状态而确定的。企业进入稳定状态的主要标志有：具有稳定的销售增长率，大约等于宏观经济的名义增长率；具有稳定的投资资本回报率，接近资本成本。

(二) 预测用财务报表

预测人员在进行财务预测时，不需要像通用财务报表那样详细的格式，只需要编制预测用财务报表即可。这是因为通用财务报表项目的预测较为繁琐，也未必都需要。同时，预测用财务报表对企业未来情况的假设相对较少，从而预测人员可以更好地考虑每一个假设。对于大多数预测用途，预测用财务报表就可以满足分析和决策的需求了。预测用财务报表的具体格式及编制详见附录二。

(三) 关键财务假设

财务假设是预测过程中对一些重要的财务参数的预测。首先要基于母公司进行企业的发展前景预测，再确定关键财务指标的预测值。

1. 企业发展前景

通过对经营性资产、与经营活动有关的利润、经营活动产生的现金净流量之间的比较，对企业经营活动的现状有一个基本的认识，对企业经营活动未来的发展趋势及所采取的措施进行预测和分析。

需要对前景进行预测的投资性资产主要是长期股权投资。企业的控制性投资活动所产生的效益，取决于被投资企业(即子公司)经营活动的盈利情况。

企业除了依靠自身的经营走持续发展之路外，还可以通过重组、并购等方式谋求迅速发展壮大。

2. 关键财务指标预测

随着行业和公司的逐渐成熟，一方面，营业收入增长率会因需求饱和及行业内部竞争而变低；另一方面，企业从较高增长率恢复到平均增长率的速度取决于企业所处行业的特点和企业在行业中的竞争地位。

通常情况下，前一年的利润是预测未来利润潜力的良好基础，此外，利润的长期趋势倾向于保持在平均水平。

很多时候，前期的权益净利率未必能作为未来权益净利率的预测基础。这是因为权益净利率较高的企业往往会比其他企业更快地扩张投资，导致权益净利率的分母变大，权益净利率下降。权益净利率各构成要素中，经营资产周转率通常比较稳定，净财务杠杆也趋于稳定，税后经营净利率是各构成要素中相对最易变动的要素。除非未来一段时间技术或财务政策有明显变化，否则经营资产周转率、净财务杠杆和净利息率的基期数值是预测的良好基础。

可以根据预测营业收入估计营业成本和期间费用，根据历史数据计算各项费用的销售百分比，即各项费用占营业收入的比重。

本章关键术语

背景分析、经营环境、宏观环境、产业环境、内部环境、价值链、总体战略、一体化战略、密集型战略、多元化战略、业务战略、成本领先战略、差异化战略、集中化战略、会计分析、会计灵活性、财务分析、同类企业、财务预测、预测用资产负债表、预测用利润表、预测用现金流量表

思考练习题　　　　案例讨论与分析：杭萧钢构负成本之重而前行　　　　相关经典文献

第十七章　财务分析的内部应用

引例：隐形冠军"兴欣新材"驶入快车道

学 习 目 标

● 知识目标

掌握经济增加值的含义与计算方法；掌握经济增加值的指标形式；掌握内部管理报告的特点；掌握内部管理报告的类型。

● 能力目标

能基于合适的经济增加值指标进行企业业绩的评价；能根据服务对象的需求，编制合理的内部管理报告。

● 育人目标

具有精益求精的专业素养及创新意识；能理解内部管理人员对于财务分析的需求，树立具有新发展理念的财务观。

　　财务分析的内部应用与外部应用相比，在思路和方法上存在许多一致或相似的地方，但也有自身的特殊之处。

知识点导图

第一节　基于经济增加值的业绩驱动因素分析

用于企业业绩评价的财务指标，常见的有净利润、每股收益、权益净利率等，本书也提出了与经营活动有关的利润、与投资活动有关的利润等概念。这些指标都属于会计利润指标，不可避免地包含有会计政策选择的成分。此外在扣减资本成本时，上述业绩指标只考虑了债务的资本成本，而未考虑股权资本成本，或者说隐含了把股权资本成本假定为零这一条件。这很明显与现实不符。因此，企业业绩评价指标还需考虑股权资本的机会成本。

一、经济增加值概述

经济增加值(Economic Value Added，EVA)等于企业税后净营业利润减去资本成本后的余额，其中资本成本等于投入资本与加权平均资本成本的乘积。

与用于企业业绩评价的会计指标相比，经济增加值具有以下特点。

其一，考虑了股权资本成本。股东除了向企业投入资本外，还存在其他投资机会，当风险相似的其他投资机会的预期回报率高于股东权益报酬率时，理性的投资者就会停止向企业追加投资，而会转向回报率更高的投资机会。因此，只有超过了全部资本必要回报的那一部分利润才是真正为股东创造的财富。

其二，着眼于企业的长远发展。许多支出在会计准则下需要费用化处理，属于利润扣减项目，而受益期间却很可能延续到现任管理者的任期结束后，这会低估经济意义上的资产和利润水平，并打压管理者在这些项目上投入的积极性。经济增加值能引导管理者为股东创造长期投资回报，有利于企业长期发展。

其三，如实反映企业的经营业绩。用于企业业绩评价的会计指标具有较高的会计灵活性，而基于经济增加值的业绩评价，调整了企业的非日常经营活动及会计政策选择的影响，更准确地反映企业的经营业绩。

经济增加值概念的一大特色就是对会计利润和投入资本进行会计调整，而出于不同的薪酬激励理念和业绩评价目标，在计算经济增加值时，可以做出不同的会计调整。由于篇幅所限，具体项目的计算详见附录三。

二、经济增加值的应用

作为管理者的经营业绩考核指标，经济增加值在实际应用中包括以下一些常见形式。

经济增加值总量即绝对量，该指标能反映管理者在特定会计期间是否以及在多大程度上为股东创造了财富。如经济增加值总量为正，表明管理者在某一期间内通过经营活动为股东创造了财富，使股东获得了高出其投入总资本要求的最低风险报酬的价值；如其为负，表明管理者在这一期间并没有真正为股东创造财富。由于该指标与资本投入规模有关，因此在比较不同企业或同一企业不同期间的指标值时，需注意资本投入规模的差异。

思腾思特认为经济增加值增量指本年度经济值超过上年度经济增加值的差额。我国《中央企业负责人经营业绩考核暂行办法》①将经济增加值的基准值界定为上年实际完成值和前三年实际完成值平均值中的较低者。我们可以通过构造本年度经济增加值与其基准值或目标值的差额来评价企业业绩，以体现动态业绩评价思想。

每股经济增加值等于经济增加值总量除以普通股总股本。当经济增加值总量为正时，每股经济增加值的绝对数越大，一定程度上表明管理者为股东创造财富的能力越强。反之，当经济增加值总量为负时，每股经济增加值的绝对数越大，一定程度上表明管理者毁损的股东财富越多。虽然每股经济增加值一定程度上消除了投入资本规模因素的干扰，但仍然没有完全消除规模效应，因为还是会受到普通股总股本大小的影响。分析人员进一步提出了基于经济增加值的投资报酬率指标，可以是经济增加值总量/投入总资本、每股经济增加值/每股投入总资本、每股经济增加值/每股净资产等。

三、经济增加值的驱动因素分析

对于财务分析人员而言，更重要的是发现经济增加值的主要影响因素，并加以改进，最终实现股东财富及企业价值的持续增长。

小课堂 17-1　经济增加值的
驱动因素分析

基于经济增加值的计算公式，经济增加值与税后净营业利润正相关，而与资本成本负相关，因此影响税后净营业利润和资本成本的因素也是影响经济增加值的因素。具体可分为外部经营环境的变化和企业内部经营管理的调整。从宏观经济层面看，影响因素有利率调整、资本市场情况、信贷政策、税收政策等；从业务层面看，影响因素有融资状况、固定资产投资、研发、生产、销售等；从财务报表层面看，影响因素有销售收入、生产成本、期间费用、在建工程、无息流动负债、股东权益等。

因此，为了提高企业的经济增加值，一方面需要结合企业的具体情况，另一方面通常可以从以下方面努力：适度控制企业的投资增长速度和资本规模，防止过度投资造成的非效率投资；加速资金周转，提高资产的利用效率和盈利能力，增加税后净营业利润；优化融资方案，降低资本成本。

第二节　　战略视角下的业绩驱动因素分析

传统的业绩驱动因素分析往往只限于财务指标，而会忽略反映企业发展及如何决策、行动等其他维度的指标，因此需要基于战略视角来构建业绩评价体系，进行行业业绩驱动因素分析。

一、基于战略的业绩评价指标体系构建

平衡计分卡是以信息为基础，系统考虑企业业绩驱动因素，以多维度平衡指标进行评价的一种业绩评价指标体系。具体而

小课堂 17-2　基于战略的
业绩评价指标体系构建

---

① 《中央企业负责人经营业绩考核暂行办法》于 2003 年 10 月 21 日由国务院国资委首次审议通过；2006 年 12 月 30 日首次修订；2009 年 12 月 28 日再次修订，在年度经营业绩考核指标中首次引入 EVA，且从 2010 年 1 月 1 日起在所有的中央企业实施；2016 年 12 月再次修订。

言，平衡计分卡从财务、客户、内部流程、学习与成长四个角度设计出相应的评价指标，系统、全面而又迅速地反映企业的整体运营状况。其指导思想基于以下逻辑：企业想要获得良好的财务绩效，就必须有良好的市场表现作为支持；企业要在市场上拥有满意的表现，就必须有持续的业务流程优化和改进能力，因为业务流程优化和改进能力决定了企业运作效率的高低；而业务流程优化和改进能力，主要取决于企业员工在学习和成长方面的水平。

(一) 财务角度

财务指标定位于战略的短期收益，反映即期满足股东、实现股东价值最大化的目标。代表性指标有利润、销售增长率、净资产收益率、权益报酬率、投资回报率以及现金流等。尽管偏重财务指标的传统业绩衡量系统存在诸多缺陷，但这并不意味着否定与废除财务指标。财务指标是企业股东、投资者最关注的反映公司绩效的重要参数，也是平衡计分卡指标体系中其他三个角度的出发点与归宿。

(二) 客户角度

客户角度反映客户对企业的满足程度。一般地，客户指标可分为潜在的领先指标和滞后指标两类。前者包括产品或服务的性能、价格、质量、提供的快捷程度、后续服务的便利程度等，它们是与客户满意度有关的驱动指标，指标的设定取决于企业的战略和对目标市场的价值定位。后者包括目标市场的销售额(或市场份额)以及客户保留率、客户获取率、客户满意度和盈利率。这些指标之间存在内在的因果关系，例如客户满意度决定客户获取率和客户保留率，客户获取率和客户保留率决定市场销售额，上述指标又决定了盈利率，客户满意度又源于产品或服务的性能、价格、质量、提供的快捷程度、后续服务的便利程度等。

高级管理层在制定平衡计分卡的客户指标时，要明确对客户提供的价值定位，要考虑三个关键问题：目标市场提供的价值定位是什么?哪些目标最清楚地反映了对客户的承诺?如果成功兑现了这些承诺，在客户获取率、客户保留率、客户满意度和盈利率这几个方面会取得什么样的绩效? 不同行业的不同企业应根据自身的情况确定客户指标。

(三) 内部流程角度

内部流程指标重视的是对客户满意度和实现财务目标影响最大的那些内部流程，这些流程解决的是"我们怎样组织生产以满足客户要求"的问题。具体指标包括生产率、生产周期、成本、合格率、新产品开发周期等，能够使企业更加专注于客户的满意度，并通过开发新产品和改善客户服务来提高生产力、效率、产品周期与创新。高级管理层在设计平衡计分卡的业务流程目标时，要考虑两个关键问题：要在哪些流程上表现优异才能成功实施企业战略? 要在哪些流程上表现优异才能实现关键的财务和客户目标? 至于重点要放在哪些方面或设定哪些目标，必须以企业战略和价值定位为依据。

(四) 创新与学习角度

创新与学习角度强调企业员工学习与成长的重要性，代表企业长期的竞争能力，对任何企业能否成功执行战略都起到了举足轻重的作用，因此有观点认为平衡计分卡最大的优点就是能够把创新与学习列为四个角度之一。其衡量指标包括新产品推出情况、员工满意度、合理化建议采用率等。高级管理层在设计平衡计分卡的创新与学习指标时要考虑三个问题：经理(和员工)要提高哪些关键能力才能改进核心流程，达到客户和财务目标，从而成功执行企业战略？如何通过改善业务流程，提高员工团队合作、解决问题的能力以及工作主动性，从而进一步提高员工的积极性和建立有效的组织文化，最终成功地执行企业战略？应如何通过实施平衡计分卡来创造和支持组织的学习文化，并加以持续运用？

二、基于战略的业绩驱动因素分析流程

基于战略的业绩驱动因素分析要求所确定的指标能与企业战略的实现紧密联系，并通过将指标层层向下分解，使各级员工对企业的战略和前景有明确认识，从而将战略目标落实到每个员工的具体行动中。具体可分为以下步骤。

步骤一，澄清企业的愿景与战略。把复杂而笼统的概念变为精确的目标，从而使企业高层管理者达成共识。步骤二，沟通。指标体系的设计要强调因果关系，注重动态的系统思维，以促使不同部门的所有成员都能了解清楚企业全貌，了解个人角色的交互影响乃至对全局的影响，进而促使个人目标与部门目标乃至企业目标相连接。步骤三，利用一套具备多维度平衡特点的成果指标体系来度量绩效驱动因素，评价企业预期绩效目标和企业目前实际绩效水平的差异，以找出绩效差距，并通过设计战略行动方案来缩小甚至消除这些差距。步骤四，在多维度的业绩评价指标体系下，企业从客户、内部流程、创新与学习角度来监督短期结果，评价、修正战略，随时反映学习所得。

通过以上步骤，企业将长期战略目标与短期行动联系起来，建立一个完整的基于战略的业绩评价指标体系，从而推动企业的新发展。在平衡计分卡的基础上，战略地图理论进一步增加了时间和行动方案两个维度，并将竞争优势分为四种，将内部资源分为流程和无形资产，强调关键环节的调整和提升，最后通过时间和行动方案两项因素扩展了战略实施的描述。

案例 17-1　贝因美的第二期
股票期权激励计划

第三节　内部管理报告与分析

除了满足对外报告需求，管理者还需考虑如何充分利用会计信息为企业内部的管理决策提供支持，内部管理报告就是一种有效的工具。

一、内部管理报告概述

内部管理报告是指企业为满足内部利益相关者决策与控制需要所编制的反映企业财务状况、经营成果和管理状况的一系列财务信息和非财务信息文件。

内部管理报告与对外财务报告，两者均以企业整体经营活动为基础，通过会计信息、财务信息及非财务信息为企业内外的利益相关者提供决策支持，但在报告基础、服务对象、报告内容、报告期间、计量选择、信息类型、规范要求等方面存在区别。两者间的主要区别见表 17-1。

表 17-1　内部管理报告与对外财务报告的区别

项目	内部管理报告	对外财务报告
服务对象	企业内部各级管理者、各级组织及员工	企业内外部信息使用者
报告内容	根据服务对象的决策需求而定	主要为财务报表及其附注
报告方式	即时披露，不局限于历史信息	定期披露，历史信息
报告范围	会计信息、财务信息、其他非财务信息	会计信息、财务信息
信息类型	根据服务对象的决策需求而定	主要是财务会计的数据信息，非数据信息是数据信息的补充
计量方式	不限于货币计量	货币计量
规范要求	能被服务对象理解即可	会计准则等相关制度

二、内部管理报告的类型

实践中，内部管理报告的种类繁多，根据其编制目的，可以大致归为计划性报告、控制性报告和信息性报告三类。

计划性报告是涉及未来经营或财务状况的预期计划，从时间上可分为短期性的计划报告和长期性的计划报告。短期计划性报告包括预测收益表、预测现金流量表、资本性支出预算表、预测财务状况表等。关于企业特定部门的特别短期计划通常针对出现问题或需要特别关注的部门，使这些部门达到适当的计划要求，包括仅与企业某些限定的职能部门或地理区域相关的特别研究等，如某地的产品部门、某项目的计算机应用、某国的工厂选址等。长期预测报告具有较强的综合性，包括企业整体或在特定领域内 5-10 年甚至更长期的活动计划，具体包括中长期的经营预测、年度经营计划、预算报告等。这类预测通常是公司的销售部门、经营研究部门、战略规划部门、财务部门共同工作的产物，财务部门只在经营或活动计划的基础上对未来的资本性投资、变现能力和营运结果等进行预测。

控制性报告的目的主要在于通过指出需要采取纠正措施的方面，对作业或企业的控制提供帮助，通常包括概要控制性报告和现行控制性报告。概要控制性报告主要概括了一段时期的工作，通常是一个月。它可以向更高层次的管理者通报工作完成情况的总体有效性，并为现行控制性报告提供检验依据。实践中，概要控制性报告包括实际和预算收益表、各产品的收益表、各区域实际和预算销售比较、各分支或部门的概要性成本报告、各责任中心的超支制造成本报告概要、存货月报、应收账款月报等。现行控制性报告是支出实际与计划或标准完成情况的差异的报告，可以按小时、日、周发布，目的是在更大损失产生前立即采取纠正措施。实践中，现行控制性报告包括各产品销售的日报或周报、关于废料或超支材料用量的日报或周报、实时存货报告、实际和标准工时相比较的小时报(或日报、周报)、实际和预算相比较的部门费用月报(或半月报)等。

信息性报告的目的在于为管理者提供和解释在计划和政策制定中会利用的数据，按编报目的和内容不同，可分为趋势性报告和分析性报告。趋势性报告将上个月或多年的某项活动的结果或某一状况进行比较，找出增长或结构上的变化。实践中，趋势性报告可涉及任何收益或成本项目。分析性报告不像趋势性报告那样特别与连续的时间阶段相关，而是与一个有限的时期相关，并涉及一个项目的组成或结构，如总利润或边际收益变化分析、各客户或各产品的销售分析、财务状况变动分析等。

智能财务专栏

杭州老板电器股份有限公司(下文简称"老板电器",股票代码002508)基于"每刻报销",实现报表多维分析,包括员工/部门报表、多维费用报表/自定义报表、流程效率报表(见图17-1)。上线以来,公司提升了 80%以上的费用管理效率,其中仅"私车公用"一项就降低60%以上的直接成本;出具商旅报告,例如 2022 年 1—6 月差旅分析报告(阿里)(见图 17-2)。

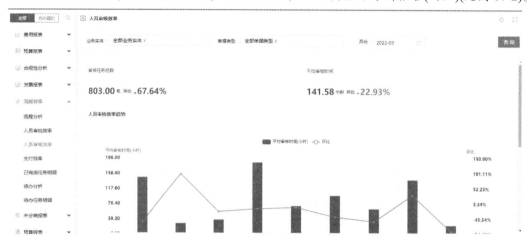

图 17-1 老板电器流程效率报表界面示意

图 17-2 老板电器 2022 年 1—6 月差旅分析报告(阿里)示意

本章关键术语

经济增加值、税后净营业利润、投入资本、加权平均资本成本率、经济增加值总量、经济增加值增量、每股经济增加值、经济增加值率、内部管理报告、计划性报告、控制性报告、信息性报告

思考练习题

案例讨论与分析:浙江美大的发展之路

相关经典文献

第十八章 综合案例分析

红色链接：中共中央总书记、国家主席、中央军委主席习近平近日就推进新型工业化作出重要指示指出，新时代新征程，以中国式现代化全面推进强国建设、民族复兴伟业，实现新型工业化是关键任务。要完整、准确、全面贯彻新发展理念，统筹发展和安全，深刻把握新时代新征程推进新型工业化的基本规律，积极主动适应和引领新一轮科技革命和产业变革，把高质量发展的要求贯穿新型工业化全过程，把建设制造强国同发展数字经济、产业信息化等有机结合，为中国式现代化构筑强大物质技术基础。

(资料来源：人民网)

引例：安旭生物的昨天、今天和明天

学 习 目 标

● 知识目标

掌握背景分析的具体应用；掌握会计分析的具体应用；掌握财务分析的具体应用；掌握前景分析的具体应用。

● 育人目标

实事求是，拥有将理论知识与财务实践相结合的能力；树立起对企业价值增值、国家经济建设的专业使命和责任担当意识。

本章将基于杭州安旭生物科技股份有限公司(简称"安旭生物"，股票代码：688075)披露的年度报告及其他相关资料，进行公司财务状况的综合分析。

知识点导图

第一节　背景分析及会计分析

由于正文篇幅所限，本部分对安旭生物所做的背景分析及会计分析详见附录四。

第二节　财务分析

一、资本项目及结构分析

(一) 负债项目及结构分析

1. 负债总体情况

安旭生物的负债总额 2020 年约 28,922 万元，2021 年约 67,395 万元，增长了 133.02%。其中，应付账款增加约 15,643 万元，其他应付款增加约 503 万元，应交税费增加约 4724 万元，非流动负债增加约 1083 万元，负债项目合计增加约 38,473 万元。

2. 流动负债项目及结构分析

截至 2021 年末，公司流动负债中应付账款约 32401 万元，占流动负债合计的 49.29%，占比最高；其次为应交税费，占 18.24%(见表 18-1)。

表 18-1　安旭生物流动负债结构(2020—2021 年)

项目名称	2020 年		2021 年		
	金额/元	占比/(%)	金额/元	占比/(%)	增速/(%)
应付票据	15,405,669.26	5.44	87,228,093.83	13.27	466.21
应付账款	167,579,383.92	59.12	324,011,968.51	49.29	93.35
合同负债	11,090,571.73	3.91	99,534,808.11	15.14	797.47
应交税费	72,635,010.36	25.63	119,875,948.82	18.24	65.04
其他应付款	1,383,090.38	0.49	6,413,653.99	0.98	363.72
流动负债合计	283,437,048.58	100.00	657,329,954.33	100.00	131.91

1) 短期借款项目分析

安旭生物在 2020 年末与 2019 年末，均不存在短期借款。正常逻辑下，企业的短期借款与货币资金之间呈现反向变动的数量关系。2021 年末公司的货币资金约 204,721 万元，其他流动资产(主要为理财产品)约 12,459 万元，流动资产合计约 297,941 万元。

2) 经营性负债项目分析

安旭生物的应付票据和应付账款总规模逐年增大。在赊购情况下，应付票据与应付账款构成了存货的资金来源。从报表数据可见，2020 年到 2021 年，安旭生物存货增长约 96.52%，与应付账款增长率接近。应付账款占比明显高于应收票据，2021 年相对规模较 2020 年有所减小，但差距仍较大。从节约成本和企业信用角度来说，应付账款是比应付票据更优先采用的负债形式。安旭生物的数据表明其对于上游供应商的话语权较为强势，且地位稳定。

安旭生物 2019—2021 年的存货周转次数一直高于应付账款周转次数，表明销货速度大于付款速度，相当于公司采取了 OPM 战略，将存货占用的资金及其资金成本转嫁给供应商。

由附注可知，安旭生物的合同负债全部为预收货款。2020—2021 年，合同负债的绝对规模和相对于收入占比均增长，说明公司对于下游客户的议价能力较强。

3．非流动负债项目及结构分析

2020 年与 2021 年，安旭生物的非流动负债占负债的比重分别为 2.00%、2.47%，占比非常小。其中，主要为递延所得税资产负债，2021 年占比为 85.02%，2020 年为 100%(见表 18-2)。

表 18-2　安旭生物非流动负债结构(2020—2021 年)

项 目 名 称	2020 年	2021 年
非流动负债/元	5,782,949.24	16,616,280.57
非流动负债占负债比重/(%)	2.00	2.47
递延所得税负债/元	5,782,949.24	14,126,398.22
递延所得税负债占非流动负债比重/(%)	100.00	85.02

安旭生物不存在长期借款、应付债券。结合企业财务状况与行业特性，可判断公司对以长期负债形式取得资金的需求很小。

当应税利润小于利润总额时，会产生递延所得税负债。结合新冠疫情这一背景，国家对于医药企业有一系列税收优惠政策，税务环境相对宽松，也说明公司的税务筹划能力加强。

(二) 所有者权益项目及结构分析

2021 年，安旭生物的所有者权益约 260,650 万元，与 2020 年的约 81,169 万元相比，增长了 2.21 倍。其中，2021 年未分配利润约 139,838 万元，增加约 73,086 万元，占所有者权益的比重高达 53.65%，居首位；资本公积约 111,608 万元，增加约 4051 万元，次之；股本与盈余公积占比较小，其他综合收益为负数。如表 18-3 所示。由附注可知，其他综合收益变动主要是因外币报表折算差异造成。

表 18-3　安旭生物所有者权益结构(2020—2021 年)

项目名称	2020 年		2021 年	
	金额/元	占比/(%)	金额/元	占比/(%)
股本	46,000,000.00	5.67	61,333,400.00	2.35
资本公积	75,570,233.07	9.31	1,116,083,129.27	42.82
盈余公积	23,749,781.32	2.93	31,416,481.32	1.21
未分配利润	667,519,531.08	82.24	1,398,379,101.17	53.65
其他综合收益	−1,148,573.68	−0.15	−714,635.56	−0.03
所有者权益	811,690,971.79	100.00	2,606,497,476.20	100.00

(三) 筹资战略分析

安旭生物的资金来源主要是以经营性负债和内部留存资本为主的并重型，即公司选择利用经营性债务资本和内部留存资本来实现自身的发展目标。其中，经营性债务资本主要由应付票据、应付账款和合同负债组成。

这是由于公司属于医药行业，在发展初期需要在研发活动上投入大量资金，因此一定程度上依赖于股东的资金支持；而当产品研发成功并获得市场认可后，公司自身会拥有较强的盈利能力以及对上下游企业的议价能力。

二、资产项目及结构分析

(一) 资产总体情况

安旭生物 2021 年资产总额约 328,044 万元。其中，流动资产约 297,941 万元，主要分布在货币资金、应收账款、存货等项目，分别占公司流动资产合计的 68.71%、17.26% 和 8.17%(见表 18-4)；非流动资产约 30,104 万元，主要分布在其他资产和固定资产项目，分别占公司非流动资产的 53.75% 和 46.25%。

2021 年的资产总额相比 2020 年的约 110,091 万元，增长了 1.98 倍。虽然 2021 年应收账款大幅增长，但其增长部分的账龄基本在一年以内。因此资金占用不合理的项目较少，总体资产结构合理。

(二) 经营性流动资产项目及结构分析

从资产构成来看，公司流动资产所占比例较高，流动资产的质量和周转效率对公司的经营状况拥有决定性的作用。公司流动资产结构见表 18-4。

表 18-4　安旭生物流动资产结构(2020—2021 年)

项目名称	2020 年		2021 年	
	金额/万元	占比/(%)	金额/万元	占比/(%)
货币资金	61,334.18	60.43	204,720.94	68.71
应收票据	0	0	0	0
应收账款	25,037.48	24.67	51,429.73	17.26
存货	12,631.70	12.45	24,334.62	8.17
其他应收款	1,042.79	1.03	2,525.37	0.85
其他流动资产	690.08	0.68	12458.96	4.18
流动资产合计	101,495.77	100.00	297,940.51	100.00

1. 货币资金项目分析

安旭生物拥有的货币资金数额较大，较上年增长了 233.78%，约占公司流动资产的 68.71%。根据年报上的解释，系本报告期收到的募集资金，这些筹集到的资金在使用前会引起企业货币资金规模的上升，但随后其规模会因资金使用而下降。因此，这种资金规模的变化通常不具有持续性。充足的货币资金，说明公司拥有较强的支付能力和应变能力，但过多的存量会增加企业资金的机会成本，降低整体的盈利能力，因此应当关注货币资金的去向。

2．应收账款及应收票据项目分析

报告期内，公司营业收入快速增长，应收账款亦相应提高。报告期末，公司应收账款账面余额约 51,430 万元，较上年增长了 105.41%，约占公司流动资产的 17.26%。截至报告期末，账龄在一年以内的应收账款占应收账款余额的比重为 99.81%。年报解释此增长系本报告期第四季度订单增加，信用期内应收账款增加。对比企业应收票据和应收账款的相对规模，应收票据账面余额为 0，而应收账款数额巨大，可能意味着债权企业与债务企业在结算方式上丧失谈判优势，也可能说明债权企业对债务企业的偿债能力有信心，对到期收回商业债权有信心。

3．其他应收款项目分析

其他应收款的合并报表数约为 2525 万元，母公司数约为 2741 万元。前者小于后者，其差额基本上代表了母公司向子公司提供的资金规模，即这部分其他应收款实质上属于投资性资产，其质量取决于各子公司的盈利能力和资产质量。

(三) 资源配置战略分析

从 2021 年母公司的资产结构看，安旭生物典型的投资性资产主要是长期股权投资，约 18,880 万元；此外，其他应收款中也包含了部分向子公司提供的资金。总体而言，整个集团各类具有战略意义的投资的整体规模较小。因此，安旭生物属于以经营型资产为主的经营主导型企业，以固定资产、存货的内在联系和上下游相关企业的关系管理为核心，为企业的利益相关者创造价值。

三、利润项目及结构分析

(一) 利润总体情况

安旭生物 2021 年实现利润约 7.39 亿元，较上年增长 13.87%；营业总收入约 15.89 亿元，较上年增长 32.42%(见表 18-5)；营业总成本约为 7.13 亿元，较上年增长 65.81%。

表 18-5　安旭生物盈利状况(2019—2021 年)

项目名称	2019 年	2020 年	2021 年
营业总收入/亿元	2.10	12.00	15.89
净利润/亿元	5.45	6.49	7.39
权益净利率/(%)	25.95	54.09	46.47

联系经营活动现金净流量，公司与经营活动有关的利润的现金回收情况较好。

(二) 与经营活动有关的收入分析

1．营业收入的品种构成分析

在各产品系列中，安旭生物对传染病检测系列产品的依赖程度较高(见表 18-6、表 18-7)。在后疫情时代，对公司传染病检测系列产品的市场需求会有下降，该系列产品对公司营收及利润的贡献也会受到一定程度的冲击。

表 18-6　安旭生物各产品系列对营业收入的贡献(2020—2021 年)

营收占比 /(%)	传染病检测 系列	毒品检测 系列	妊娠检测 系列	肿瘤检测 系列	心肌检测 系列	其他
2020 年	84.24	13.73	0.58	0.35	0.27	0.82
2021 年	75.79	20.60	1.07	0.58	0.37	1.59
变动	−8.45	6.87	0.49	0.23	0.10	0.77

表 18-7　安旭生物各产品系列对主营业务利润的贡献(2020—2021 年)

利润占比 /(%)	传染病检测 系列	毒品检测 系列	妊娠检测 系列	肿瘤检测 系列	心肌检测 系列	其他
2020 年	88.96	9.80	0.24	0.20	0.26	0.54
2021 年	89.49	9.67	0.13	0.20	0.21	0.30
变动	0.53	−0.13	0.11	—	0.05	−0.24

2．营业收入的区域结构分析

安旭生物的营业收入来源以国外市场为主,2021 年国外市场贡献的营业收入约为 15.53 亿元,占全部营业收入 97.74%,贡献利润约 10.16 亿元,占主营业务利润的比例为 97.73%。

3．主营业务收入与其他收入的结构分析

根据报告披露信息,安旭生物的 2021 年其他收益与营业外收入均远低于主营业务收入,且公司没有其他业务收入。

(三) 与经营活动有关的成本费用项目分析

1．营业成本分析

虽然安旭生物 2021 年营业收入与营业成本相较于 2020 年都呈现增长趋势,但是营业成本的增幅远大于营业收入(见表 18-8),这表明安旭生物主营业务的盈利能力有所下降。对此,公司解释称,主要系随着新冠检测试剂市场竞争加剧,公司新冠检测试剂毛利率下降,导致公司净利润增幅小于营业收入增幅。

2021 年公司期末存货较上年增加了 92.64%,与营业成本的增幅基本一致。

表 18-8　安旭生物营业收入及营业成本情况(2020—2021 年)

项目名称	2020 年	2021 年	增长率/(%)
营业收入/亿元	12.00	15.89	32.42
营业成本/亿元	2.89	5.49	89.97

2．期间费用分析

安旭生物的期间费用大体呈现增长状态(见表 18-9),这与其 2021 年生产经营规模扩大相一致。

表 18-9　安旭生物期间费用情况(2020—2021 年)

项目名称	2020 年	2021 年	增长率/(%)
销售费用/万元	2270.45	3084.67	35.86
管理费用/万元	1811.75	2721.02	50.19
研发费用/万元	5844.55	7037.98	20.42
财务费用/万元	3339.79	2308.50	−30.88

值得注意的是,安旭生物的研发费用占营收比率与同行业企业相比并不高(见表 18-10)。

表 18-10　安旭生物营业收入及研发费用情况(2019—2022 年)

项目名称	2019 年	2020 年	2021 年	2022 年
营业收入/亿元	2.10	12.00	15.89	61.66
研发费用/亿元	0.16	0.58	0.70	3.29
研发费用占比/(%)	7.61	4.83	4.41	5.34

财务费用 2021 年相比 2020 年减少了 30.88%。报表附注显示安旭生物 2021 年利息收入远高于 2020 年,最终导致财务费用减少,进一步分析发现这部分利息收入来自安旭生物的投资活动。

(四) 盈利模式分析

安旭生物属于经营贡献型盈利模式。公司主要消耗经营性资产,最终利润总额中与经营活动有关的利润占较高比重,对应的现金支付能力较强。公司的盈利模式与资源配置战略类型相吻合。

四、现金流量项目及结构分析

(一) 经营活动现金流量项目分析

1. 充足性

安旭生物 2021 年的经营活动现金流入总额约为 144,448 万元,与 2020 年的约 105,839 万元相比,增长了 36.48%。当期现金流入的最主要来源是通过销售商品、提供劳务收到的现金,金额约为 138,284 万元,约占公司当期经营活动现金流入总额的 96%。

安旭生物 2021 年经营活动现金流出总额约为 76,854 万元,与 2020 年的 45,619 万元相比,增长了 68.47%。当期现金流出最多的项目是购买商品和接受劳务所支付的现金,占当期经营活动现金流出总额的 67%。

2021 年安旭生物投资活动需要的现金流约为 29,793 万元,这意味着在满足经营活动的现金流出需求之外,公司销售商品、提供劳务所收到的现金也能够满足投资活动的现金流出需求,即经营活动产生现金流量的能力较强。

2. 合理性

联系营业收入、应收账款、应收票据及预收账款项目,安旭生物 2021 年的销售获现率为 87.01%，与 2020 年的 85.89% 相比增长了 1.12%，说明公司实际回款状况较好，销售收现能力较强，经营活动现金流入顺畅。

公司当期经营活动现金流入的最主要来源是通过销售商品、提供劳务收到的现金，现金流出最大的项目是购买商品和接受劳务所支付的现金，说明公司的现金流以与产品生产、销售相关的经营活动为主，且市场竞争力较强。

联系营业成本、应付账款、应付票据及预付账款项目，发现应付账款占营业成本的占比大于 50%，且远远大于应付票据，说明企业对供应商的议价能力较强，没有过度支付的情况。

3．稳定性

安旭生物的经营活动现金流量净额受新冠疫情影响较大。疫情前的 2018 年、2019 年相对稳定，2020 年与 2019 年相比呈现大幅增长，且在 2021 年继续维持这一数值量级，有小幅增长(见表 18-11)。

表 18-11　安旭生物现金流量情况(2018—2021 年)

项 目 名 称	2018 年	2019 年	2020 年	2021 年
经营活动产生的现金流量净额/万元	1218.65	1944.18	60,220.06	67,593.99
投资活动产生的现金流量净额/万元	−1985.87	−925.76	−3776.95	−29,793.15
筹资活动产生的现金流量净额/万元	−654.84	126.89	−611.22	105,651.55

(二) 投资活动现金流量项目分析

1．战略性

2020 年、2021 年安旭生物的"构建固定资产、无形资产和其他长期资产支付的现金"项目的数值均远大于"处置固定资产、无形资产和其他长期资产收到的现金"项目的数值，说明安旭生物通过持续对内扩张以实现进一步提升市场占有率、夯实主业竞争力的目的。

2021 年公司"投资支付的现金"项目的数值大于"收回投资所收到的现金"项目的数值，说明安旭生物对外投资同样呈现总体扩张的态势。

2．盈利性

对内：安旭生物的在建工程转化为固定资产以及形成固定资产后产生效益的时间长度较为合理，合并利润表中营业收入与经营活动的收益之间关联度较高。

对外：安旭生物 2021 年没有处置各类投资取得的投资收益，也没有成本法与权益法下的长期股权投资收益，投资收益与投资活动现金流入差距较大，现金获取能力较差。投资活动产生的现金流量净额变动原因是加大了固定资产投入以及银行存单、理财产品等投资活动。

(三) 筹资活动现金流量项目分析

2021 年安旭生物从企业外部筹集的资金净额约为 105,652 万元，吸收外部投资收到的现金占公司当期现金流入总额的 41.66%，较 2020 年有了极大增长，原因是 2021 年公司首次公开发行股票后收到募集资金，这是管理层以扩大经营为目标的主动筹资行为。

五、控制性投资及集团管理模式分析

安旭生物其他应收款的合并数小于母公司数，但差额不大。长期股权投资的合并数为0，母公司数约为 18,880 万元，说明上市公司的长期股权投资全部是控制性投资，且已纳入合并范围。资产总额的合并数大于母公司数，差额约为 97,906 万元，说明公司的扩张战略带来了不错的经营活动扩张效果。

货币资金的母公司数约为 115,625 万元，合并数约为 204,721 万元，报表附注显示集团存放在境外的款项主要为境外子公司存放在境内银行开设的离岸账户中的款项；但财务费用的母公司数与合并数相近，说明安旭生物的资金管理模式具有一定集权化的特点。

应收账款的母公司数约为 130,309 万元，合并数约为 51,430 万元，前者大于后者；营业成本的母公司数也大于合并数，约为 51,430 万元，且销售费用的母公司数大约占合并数的 70.53%。这可能说明安旭生物内部经营单元间存在采购与销售业务，合并报表编制抵消才导致了合并应收账款减少以及合并营业成本的减少。

在集团内，固定资产主要集中在母公司，但无形资产主要集中在子公司，且根据报表附注，增加金额主要为土地使用权，这应该是为未来发展储备资源。

第三节　前景分析

目前，安旭生物的生物原料平台形成了五大类产品，实现了近百种试剂产品所需抗原、抗体原料的自供给。从长期来看，公司应进一步夯实核心竞争力，优化产品品类结构，积极拓展新的市场。

一、产品结构优化

安旭生物及时抓住新冠疫情在全球持续蔓延的机遇，成功上市，重点推动了新冠抗原检测、新冠抗体检测等系列产品的市场化推广，传染病检测系列产品对公司营收及利润的贡献程度较高。后疫情时代，公司的产品经营重心需要合理调整，以降低对单一产品过度依赖的风险，否则可能导致公司在传染病检测系列产品收入下降的同时，其他产品收入规模亦可能增速进一步放缓甚至整体下滑，从而对公司业绩产生不利影响。

二、国内市场开拓

安旭生物超过 90%的收入来自国外市场，内销比例较低。随着国内体外诊断技术水平的更新迭代，市场主导方向已逐渐从生化诊断向免疫诊断和分子诊断领域转移，逐渐从"量"的增长转变为"质"的发展，检测系统化、自动化、快速化、信息化，开发高度集成、自动化的体外诊断仪器制造技术以及简单、精确又便于普及的快速诊断技术已成为主流课题。安旭生物需顺应这一趋势，实行以市场驱动为导向的产品差异化竞争战略以及以技术驱动为导向的技术创新竞争战略，在国内市场也打开局面。

根据公司的 2022 年年报乃至后续财务报告，你能在上述财务分析的基础上进行自己的扩展、提出自己的观点吗？

案例材料：安旭生物 2021 年年报   案例材料：安旭生物 2022 年年报

大数据篇

第十九章　大数据及商务智能基础

引例：会计改革与发展"十四五"规划纲要

学 习 目 标

● **知识目标**

掌握大数据的概念与基本特征，了解大数据的类型及大数据处理技术；掌握商务智能的概念，了解商务智能的发展及相关技术；理解大数据与商务智能的关系，以及它们对财务工作的影响；掌握数据可视化的概念、目的，了解数据可视化的方法。

● **能力目标**

掌握 Python 基本的数据采集及处理代码，能利用 Python 从不同源头采集数据并进行处理；掌握 Power BI 的基本应用步骤，并能进行可视化报表设计。

● **育人目标**

培育创新意识，具有大数据及商务智能应用的国际化视野；树立起对企业价值增值、国家经济建设的专业使命和责任担当意识。

大数据、人工智能、移动互联网、云计算、物联网技术及区块链正以前所未有的速度改变着整个社会的商业环境，也会对企业的财务活动及财务工作产生巨大影响，因此，了解大数据及商务智能的基本知识，对于财务分析人员具有极其重要的意义。

知识点导图

第一节　认识大数据

数据是对客观事物的逻辑归纳，是事实或观察的结果。随着科技的发展，数据的内涵越来越广泛，凡是可以电子化记录的都是数据。

一、大数据概述

(一) 大数据的概念

大数据(Big Data)，也称巨量数据、海量数据，它本身是一个比较抽象的概念，由计算领域发端，之后逐渐延伸到科学和商业领域。虽然关于大数据，目前存在多种不同的理解和定义，但通常认为，它是指所涉及的数据量规模巨大到无法通过人工或常规软件工具在一定时间范围内实现捕捉、管理、处理并整理成为人类所能解读的信息。

要系统地认知大数据，可以从理论、技术和实践三个层面来进行。理论层面主要研究大数据的定义、特征，探讨大数据对于社会发展的作用和影响，洞悉大数据的发展趋势，探索数据的采集、存储、利用与个人、组织隐私保护之间的平衡。技术层面主要探讨大数据的采集、存储、处理、展示中需要使用的关键技术，如数据智能采集、分布式数据库、云计算、可视化等。实践层面主要从大数据的利用角度研究大数据的具体使用场景，可以分为对个人大数据、企业大数据、政府大数据、互联网大数据的分析利用。

(二) 大数据的类型

根据不同标准，大数据可划分为不同类型。按照数据来源，大数据可分为交易大数据、社交/媒体大数据、科研大数据等；按照数据所有者，可分为社会大数据、政府大数据、企业大数据等；按照数据特点，可分为 GDP、股市指数、人口数量等数值型数据，还包括文本、声音、图像、视频等非数值型数据。

更常见的是按结构属性，将大数据分类为结构化数据、非结构化数据和半结构化数据。其中，结构化数据通常是指存储在传统的关系型数据库里，可以用二维表结构来表示的数据。从数据存储角度看，Excel 表格数据、SQL Server 数据库和 Oracle 数据库中的数据是结构数据；从应用角度看，企业 ERP 系统数据、企业信息系统数据、银行交易记录数据等也是结构化数据。企业内部各种管理系统生成的数据往往都是结构化数据，便于存储、查询和快速处理。半结构化数据是指数据的结构和内容混在一起存储的数据，如操作系统的日志、XML 描述文件、智能终端设备抓取的数据文件等。非结构化数据是指数据结构不规则或不完整，没有预定义的数据模型，不方便用二维表结构来表现和存储的数据。从互联网上抓取的网页信息、用户评论，Office 办公软件生成的 Word、PPT 文档和 Excel 电子表格，以及电子邮件、语音、图片、视频等，都是常见的非结构化数据。相对于结构化数据而言，非结构化数据没有统一的规则，因此用户往往要对这些数据做大量的处理，如给数据打标签，使用正则表达式或分词算法等将其转化成结构化数据，才可进行挖掘和分析。半结构化数据介于结构化数据与非结构化数据之间，也需要转化为结构化数据。

(三) 大数据的基本特征

目前，普遍认为大数据具有 5V 特征，即规模性(Volume)、多样性(Variety)、高速性(Velocity)、价值性(Value)、真实性(Veracity)。

1．规模性

大数据具有相当的规模，其数据量非常大。数据的数量级别可划分为 B、KB、MB、GB、TB、PB、EB、ZB 等，而数据的数量级别为 PB 以上的才能称为大数据。在移动互联网时代，视频、语音等非结构化数据快速增长，数据总量呈现指数级的爆炸式增长，人们对数据的存储、处理、运算等要求也相应越来越高。不过，在进行数据挖掘和分析时，不一定需要这么大的数据量，有时对 GB 量级的数据进行挖掘、分析，就可以发现这些数据内在的价值和规律。

2．多样性

大数据的数据类型及来源均呈现多样性。随着人工智能技术的不断发展，摄像头、温度传感器、速度传感器、压力传感器等智能终端设备从全球各个角落实时采集各种各样的数据，并利用无线通信技术上传到云端的大数据中心。这些数据都以结构化数据、半结构化或者非结构化数据形式存在，因此既要分析结构化数据，又要分析非结构化数据及半结构化数据才能满足人们对数据处理的要求。而传统的数据处理对象基本上都是结构化数据。

3．高速性

由于数据和信息的更新速度非常快，信息价值存在的时间非常短，因此必须要求在极短的时间内从海量规模的大数据中摒除无用的信息来搜集具有价值和能够利用的信息，即对大数据的处理要求具有高速性。传统的数据分析处理往往间隔很长时间，属于事后揭示，而管理人员需要实时的数据分析结果，以预测现在乃至未来可能发生的各种情况，从而采取应对措施。基于上述需求，数据处理技术要具备对数据流的高速处理能力，挖掘算法要能够支持对数据流的分析能力，技术平台要具备充足的并行处理能力。在这样的技术支撑下，大数据处理技术才能够有效支持管理人员对企业运营的实时监控，以及对企业未来发展趋势的预测。

4．价值性

大数据的价值，即通过分析大数据，得到大数据背后有价值的信息(如事物间错综复杂的联系)，理解数据背后所隐藏的价值和规律，进而有效地对事件或事物的走向或者趋势进行预测，为管理者做出决策提供支持。虽然当前可以获取的数据量非常大，但海量数据很多都是重复度极高或者与分析研究无关的，其价值密度比较低。因此，需要利用各种算法及技术，针对不同场景和不同需求进行深入挖掘，才能让大数据真正发挥作用。

5．真实性

企业的管理信息系统通过企业内部的业务协作、企业间的交易产生了大量数据。此外，每天大量网民也在通过移动设备利用搜索引擎、社交软件等随时随地产生海量数据。大数据的内容与真实世界息息相关，真实不一定代表准确，但一定不是虚假数据。

二、大数据对财务工作的影响

(一) 有助于提高会计信息质量

很多时候，公允价值通过未来现金流量折现法进行确定。但在实践中，对于未来现金流量的具体数值的预测以及折现率的确定，很大程度上取决于财务人员的主观判断，不确定性较大。而即使再微小的偏差，也会对公允价值的最终结果产生较大影响。

小课堂 19-1　大数据对
财务工作的影响

大数据、云会计为公允价值的确定提供了新的技术支持，让企业能够实时掌握市场情报，使得公允价值的确定更加准确。因为云会计平台的数据来源广泛，涵盖了税务、审计、工商、银行等多个与企业的经营活动密切相关的机构，企业利用移动互联网、物联网等技术，通过云会计平台进行整合，可以采集和预处理这些处于不同区域的分布式数据，为现金流量的预测、终值以及折现率的确定提供准确、可靠的信息支撑。

(二) 有助于提高财务决策质量

财务决策不仅要依靠财务信息，非财务信息也非常重要。不同于财务信息，非财务信息来源渠道广泛，形式多样，不仅包含结构化数据，还包含数据表单、传感数据、视频、音频、文本等多种非结构化数据，数据的处理难度相对较大。

而大数据具备海量数据处理能力，能够高速处理多样化的数据资产。它打破了业务及部门之间的界限，能够处理企业内外部的结构化以及非结构化数据。通过纳入非结构化数据，实现了财务信息与非财务信息的高度融合，避免了单独依靠财务信息进行决策的不可控风险。同时，通过对有效数据的挖掘，可以发现数据间的相关关系，或发觉潜在的风险特征，并根据风险线索进行预警，有助于提升财务风险识别能力，提高财务决策质量。

(三) 有助于实现精准成本核算

成本核算是对企业生产过程中发生的成本和费用所进行的会计核算，它是成本管理的基础环节，也是进行成本分析与控制的信息基础，对企业的经营决策具有重大影响。

相比于采用人工对大量数据进行筛选、处理的传统成本核算方法，通过运用大数据、云计算、移动互联网等技术，企业可从多种渠道便捷地获取所需的成本信息，充分挖掘潜在信息，大大提高了成本核算的效率以及质量，使得成本核算更为精准，同时运用大数据的数据挖掘技术对成本进行多方位的分析，例如分析企业产品成本的构成因素，区别不同产品对利润的贡献程度等，为企业改进生产工艺流程、优化生产用量标准等提供有效的决策支撑。

(四) 有助于实现预算动态管理

预算管理通常基于历史数据，结合企业、竞争者及行业这三个维度来预测企业的未来，以便进行合理的资源配置。但是由于市场环境多变，在传统模式下，根据大量静态的结构化数据以及管理者的主观判断进行预算编制往往不具有前瞻性，难以预测复杂多变的市场环境，预算常常不能依照计划得到有效执行。

大数据技术恰好能够弥补抽样调查的局限性，使样本数据范围扩大到非结构化数据，抽样结果更为准确、真实。借助大数据不仅能根据历史数据预测未来，而且可以通过构建预测模型，结合新闻热点、自媒体信息等进行预测，实时监控市场变化，有助于企业全面掌握用户信息，同时对产品情况进行及时反馈，最终使企业能够面对市场变化迅速做出调整，合理配置资源，实现预算的动态管理。

第二节　商务智能

一、商务智能概述

(一) 商务智能的概念

商务智能，也称商业智能(Business Intelligence，BI)，它是指用数据仓库技术、线上分析处理技术、数据挖掘和数据展现技术进行数据分析以实现商业价值。商务智能涉及计算机科学、管理学、决策科学等多学科知识，企业界与理论界对商务智能的阐释尚未达成一致，只是从理论与实践、方法与技术等不同角度给出对商务智能的不同理解。

商务智能最早是指一种用于生意处理上的信息系统。我国商务智能专家王茁认为，商务智能是企业利用现代信息技术收集、管理和分析结构化与非结构化的商务数据及信息，创造和累积商务知识及见解，改善商务决策水平，采取有效的商务行动，完善各种商务流程，提升各方面的商务绩效，增强综合竞争力的智慧和能力。还有学者提出商务智能是组织中的大规模决策支持系统的总称，能够帮助组织了解运作状况并进行分析、预测和计划。

总之，商务智能是一个包含构架、工具、数据库、分析工具、应用和方法的概括性术语。它不仅是一种软件工具，而且是能够应用于企业管理的一种手段，甚至可以称为一种管理思想，其能够帮助企业管理者全面、及时并准确地处理和分析历史、现有数据、情景和性能，并将这些数据转化为有用、有效的信息，帮助管理者从纷繁复杂的信息中进行辨别，支持决策者做出高效、正确的决策。

(二) 商务智能的发展

商务智能在国外出现较早，至20世纪70年代后期有了飞速发展。具体来说，商务智能的发展经历了事务处理系统(TPS)、管理信息系统(MIS)、主管信息系统(EIS)、决策支持系统(DSS)。到20世纪80年代中期，人们把决策支持系统与知识管理相结合，出现了基于知识的智能决策支持系统(IDS)。智能决策支持系统能够为企业提供各种决策需要的信息以及许多业务问题的解决方案，从而减轻了管理者进行低层次信息处理和分析的负担，使得他们能专注于需要智慧和经验的决策工作，这可以认为是商务智能系统的雏形。商务智能在支持决策中体现的价值，使其在21世纪初得到越来越多的企业重视。

商务智能技术在20世纪末期开始进入我国。在当时，我国多数企业因为缺乏数据系统的支持，仅仅依靠传统的Excel完成数据分析，能做的分析工作十分有限。2000年开始，我国商务智能市场开始进入快速发展时期。2005年至2010年，国内最先开始使用商务智能的是保险、银行、电信、电网、医疗等行业，它们最早上线了适应自己业务的应用系统，类似企业资源计划、客户关系管理、办公自动化、医院信息系统等。商务智能开始为国内的政府、金融机构以及大型企业提供日常分析报告，企业的数据资源整合能力得到了大幅提升。但由于传统商务智能产品存在成本高、实施周期长、使用难度较大等问题，用户的期望与传统商务智能的实际应用开始出现矛盾。2013 年，传统商务智能开始衰退，并且进入快速调整期。我国自主设计的新型自助式商务智能开始涌现，有帆软、观远数据、永洪等。

  商务智能作为企业信息化的高端产物，其发展既依赖业务信息系统的更新，也依赖日趋激烈的竞争环境下企业对商务智能的深入认识。进入大数据时代以来，商务智能可结合大数据技术进一步提升企业的商务智能能力，以创新商务模式、创造新的经济价值。

二、商务智能与大数据的关系

  大数据涉及多种前沿技术,其特色在于对海量数据进行分布式数据挖掘。商务智能是一套完整的解决方案，将企业拥有的数据进行数据统计、整合，快速准确地提供报表并提出决策依据，帮助企业做出明智的业务经营决策。因此，商务智能也是一种简化的大数据工具。商务智能与大数据技术的比较如表 19-1 所示。

小课堂 19-2 商务智能与大数据的关系

表 19-1 商务智能与大数据技术的比较

项目名称	商务智能	大 数 据 技 术
信息量	不太大，常为 TB 量级	大，常为 PB 量级
信息特征	结构化信息，可以是实时或非实时信息等	包含大量非结构化信息，大多是实时信息
信息来源	主要为企业交易数据	主要是社会日常运作和各种服务中实时产生的数据
涉及技术	数据仓库、数据挖掘技术等	大规模并行处理数据库、数据挖掘技术、分布式文件系统、分布式数据库、云计算平台、互联网和可扩展的存储系统等
精确性要求	高	不高
因果与关联	重因果关系	重相关性分析

第三节 Python 的基础应用

  因正文篇幅所限，Python 下载、安装及创建 Notebook 的具体步骤详见附录五。

一、Python 数据采集

(一) 源数据路径获取

  访问"新浪财经"网站，在左下侧"投资助手"导航栏中打开"股票基金"下的"板块行情"链接，进入"财经首页"界面，选择"仪器仪表"行(见图 19-1)。

新浪行业	概念	地域	行业	启明星行业			自动刷新	手动刷新	用户反馈
板块	公司家数	平均价格	涨跌额	涨跌幅	总成交量(手)	总成交额(万元)	领涨股	涨跌幅	当前价	涨跌额
综合行业	33	6.06	-0.11	-1.82%	7582998.51	419439.54	泰达股份 (sz000652)	3.83%	4.07	0.15
摩托车	6	8.40	-0.16	-1.85%	521414.82	36303.86	宗申动力 (sz001696)	-0.74%	6.66	-0.05
发电设备	65	9.33	-0.18	-1.88%	11437805.56	818310.05	雅博股份 (sz002323)	10.04%	2.63	0.24
石油行业	24	7.16	-0.14	-1.92%	5694314.09	357446.48	中国石油 (sh601857)	0.81%	7.49	0.06
生物制药	155	17.89	-0.36	-1.98%	19004930.11	2489719.35	启迪药业 (sz000590)	10.00%	10.23	0.93
玻璃行业	19	11.82	-0.24	-2.00%	2525639.15	294844.13	金刚光伏 (sz300093)	0.53%	26.79	0.14
仪器仪表	48	13.91	-0.29	-2.07%	6960712.96	824947.92	康斯特 (sz300445)	1.79%	17.05	0.30
电子器件	152	14.53	-0.31	-2.12%	34467338.56	3587768.09	鸿利智汇 (sz300219)	5.90%	8.61	0.48
医疗器械	31	17.58	-0.40	-2.22%	3325267.66	634576.35	九安医疗 (sz002432)	2.67%	43.43	1.13
机械行业	211	10.73	-0.24	-2.22%	33017640.97	2904999.66	宝塔实业 (sz000595)	4.07%	6.40	0.25
电器行业	58	11.69	-0.27	-2.29%	7599347.49	884561.16	大连电瓷 (sz002606)	-0.13%	8.02	-0.01
次新股	23	41.40	-0.98	-2.32%	6056929.45	886105.70	宏盛华源 (sh601096)	9.98%	6.17	0.56
纺织行业	42	6.26	-0.15	-2.40%	6505830.38	427739.58	旺能环境 (sz002034)	1.42%	15.76	0.22
飞机制造	14	17.60	-0.46	-2.54%	1513498.92	239349.71	航发控制 (sz000738)	-1.20%	19.00	-0.23
电子信息	247	12.46	-0.33	-2.55%	49613004.20	5350876.20	雷柏科技 (sz002577)	10.02%	18.67	1.70

图 19-1　“板块行情”界面示意

在打开的“仪器仪表”行业个股信息汇总界面中单击鼠标右键，从快捷菜单中选择“检查”命令，打开“DevTools”(开发者工具)窗口。单击窗口上方的“Network”(网络)按钮(见图 19-2)。

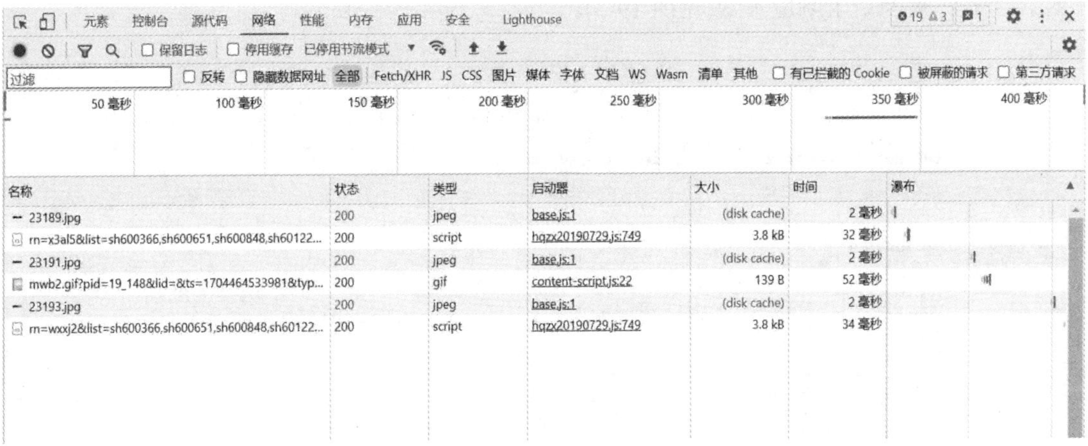

图 19-2　“DevTools”窗口界面示意 1

返回个股信息汇总界面，切换至第 2 页(见图 19-3)。

sz300416	苏试试验	16.61	-0.31	-1.832%	16.59	16.61	16.92	16.89	17.09	16.50	45,748	7,636.42	
sz300417	南华仪器	12.37	-0.26	-2.059%	12.35	12.37	12.63	12.69	12.85	12.28	21,780	2,732.24	
sz300430	诚益通	13.86	-0.28	-1.980%	13.86	13.87	14.14	14.18	14.28	13.71	25,106	3,505.67	
sz300445	康斯特	17.05	+0.30	+1.791%	17.04	17.05	16.75	16.83	17.68	16.70	94,365	16,234.50	

上一页 1 2 下一页

图 19-3　“个股信息汇总”界面示意

返回“DevTools”窗口，选中以“Market_Center”开头的网络请求(见图 19-4)。

图 19-4　"DevTools"窗口界面示意 2

找到网络请求路径"Request URL"(请求网址)，在该路径中，"？"前为请求响应路径，"？"后为请求响应参数(见图 19-5)。

图 19-5　网络请求路径"Request URL"示意

(二) 基础属性设置

在 Jupyter Notebook 中输入下列代码，将数据采集所需的基础属性参数设置好，便于采集时调用。

"导入扩展库"代码见图 19-6。"解析请求路径和参数"代码见图 19-7。

```
import requests
import json
```

图 19-6 "导入扩展库"代码示意

```
url='http://vip.stock.finance.sina.com.cn/quotes_service/api/json_v2.php/Market_Center.getHQNodeData'
page='1'# 页数
num='500'# 获取 500条数据(保证一次获取完)
sort='symbol'
asc='1'# 按升序排列
node='new_yqyb' # 仪器仪表

params={
  'page': page,
  'num':num,
  'sort': sort,
  'asc':asc,
  'node': node
}
response=requests.get(url=url, params=params) # 爬虫返回的内容
```

图 19-7 "解析请求路径和参数"代码示意

(三) 三大报表下载

在 Jupyter Notebook 中输入下列代码获取大华股份的利润表数据(见图 19-8)。

```
import pandas as pd
import requests
import re
url = "http://money.finance.sina.com.cn/corp/go.php/vFD_ProfitStatement/stockid/002236/" \
    "ctrl/2020/displaytype/4.phtml"
df = pd.read_html(url, attrs = {"id": "ProfitStatementNewTable0"}, header=[1], index_col=0)[0]
df.dropna(axis=1, how="all", inplace=True)

for i in range(1, 2):
    url = "http://money.finance.sina.com.cn/corp/go.php/vFD_ProfitStatement/stockid/002236/ctrl/"
    +str(2020-i)+"/displaytype/4.phtml"
    df_1 = pd.read_html(url, attrs = {"id": "ProfitStatementNewTable0"}, header=[1], index_col=0)[0]
    df_1.dropna(axis=1, how="all", inplace=True)
    df = pd.concat([df, df_1], axis=1)
df = df.dropna(how="all")
print(df)
df.to_csv('财务报表/'+'利润表'+'.csv') # 存储路径
```

图 19-8 "获取利润表"代码示意

同理，修改 url 值可以获得大华股份的资产负债表及现金流量表数据，修改部分代码如图 19-9 所示。

```
#资产负债表
url = "http://money.finance.sina.com.cn/corp/go.php/vFD_BalanceSheet/stockid/002236/" \
    "ctrl/2020/displaytype/4.phtml"
df = pd.read_html(url, attrs={"id": "BalanceSheetNewTable0"}, header=[1], index_col=0, encoding='GBK')[0]

#现金流量表
url = "http://money.finance.sina.com.cn/corp/go.php/vFD_CashFlow/stockid/002236/" \
    "ctrl/2020/displaytype/4.phtml"
df = pd.read_html(url, attrs={"id": "CashFlowNewTable0"}, header=[1], index_col=0, encoding='GBK')[0]
```

图 19-9 "获取资产负债表及现金流量表"代码示意

二、Python 数据处理

数据处理并非简单地整理和罗列数据，由于我们获取的原始数据通常会存在数据残缺、数据重复、数据无效等诸多问题，因此需要利用函数及 SQL 语言对这些数据加以处理，筛选出有价值的数据，才能获得更加精确的分析结果。

"导入扩展库及模块"代码见图 19-10。

```
import pandas as pd
import os
```

图 19-10　"导入扩展库及模块"代码示意

"Excel 数据清洗及保存"代码见图 19-11、图 19-12。

```
from datetime import datetime
df_profit_statement=[]    #利润表
df_balance_sheet=[]       #资产负债表
df_cash_flow=[]           #现金流量表
#获取数据文件
company_files=list(filter(lambda f_name: f_name.endswith('.csv'),os.listdir('财务报表')))
for cf in company_files:
    print('正在处理：'+cf)
    # 公司名称
    company_name=cf.split('-')[0]
    df = pd.read_csv('财务报表/'+cf, sep="\t", index_col=0, encoding="GBK", engine='python')
    #数据清洗
    df=df.drop(['19700101'],axis=1).dropna(axis=1, how='all').drop(df.columns[df.columns.str.
    contains('\.')], axis=1)
    # 转置
    df=df.T
    # 数据整理
    df['公司名称']=[company_name for _ in range(df.shape[0])]
    df['报表日期']=[datetime.strftime(datetime.strptime(i,'%Y%m%d'),'%Y-%m-%d') for i in df.index]
    #保存到本地
    df.to_Excel('财务报表/T_'+cf)
```

图 19-11　"Excel 数据清洗"代码示意

```
# 保存处理后的 DataFrame
if cf.endswith('利润表.xls'):
    # 利润表
    df_profit_statement.append(df)
if cf.endswith('资产负债表.xls'):
    #资产负债表
    df_balance_sheet.append(df)
if cf.endswith('现金流量表.xls'):
    # 现金流量表
    df_cash_flow.append(df)
```

图 19-12　"Excel 数据保存"代码示意

"连接 MySQL 数据库"代码见图 19-13。

```
from sqlalchemy import create_engine
# 下面代码中"root"为用户名，"mysql"为数据库密码
engine=create_engine("mysql+pymysql://root:mysql@localhost/report_data",encoding='utf8')
```

图 19-13　"连接 MySQL 数据库"代码示意

在 Navicat Premium 官方网站下载并安装 Navicat Premium 程序。进入 Navicat Premium 程序的初始界面，单击左上角的"连接"按钮，选择"MySQL"打开"MySQL-新建连接"窗口。输入连接名"localhost"，并输入用户名和密码，单击"确定"按钮(见图 19-14)。

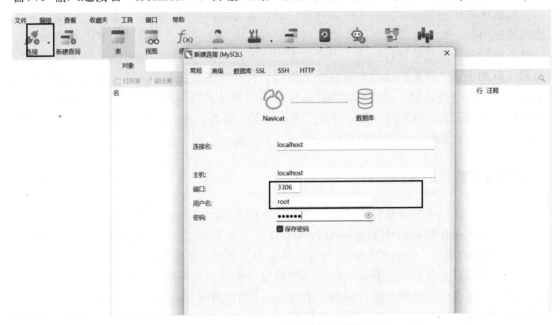

图 19-14 "MySQL-新建连接"操作示意

选中左侧的连接名"localhost"，单击鼠标右键，从快捷菜单中选择"新建数据库"选项。在弹出的"新建数据库"对话框中，输入数据库名"report_data"，字符集输入"utf8--UTF-8Unicode"，单击"确定"按钮。

"导入 MySQL 数据库"代码见图 19-15。

```
# 利润表导入数据库
df_profit_statement[0]
for df in df_profit_statement:
    df.to_sql('t_profit_statement',con=engine,if_exists='append',index=False)
#资产负债表导入数据库
df_balance_sheet[0]
for df in df_balance_sheet:
    df.to_sql('t_balance_sheet',con=engine,if_exists='append',index=False)
# 现金流量表导入数据库
df cash_flow[0]
for df in df_cash_flow:
df.to_sql('t_cash_flow',con=engine,if_exists='append',index=False)
```

图 19-15 "导入 MySQL 数据库"代码示意

第四节　　Power BI 的基础应用

一、数据可视化的概念及目的

可视化是一种映射，它能够把客观世界的信息映射为易于被人类感知的视觉模式。这里的视觉模式是指能够被感知的图形、符号、颜色、纹理等。数据可视化是指将集中的数据以图形、图像形式表示,即映射为视觉模式,并利用数据分析和开发工具发现其中未知信息的处理过程。

数据可视化的主要目的有:快速传递信息,多维展示数据;挖掘有效信息,更直观地表达数据内涵;处理海量数据,实现实时可交互。大数据时代,数据的容量不断增加,复杂性不断增强,通过数据可视化,不仅能实时展示汇总信息,还能通过交互技术层层钻取数据,有助于用户更加快捷地理解数据的深层含义,读懂数据间的关系,提升数据分析效率,改善数据分析效果。大数据可视化与传统的图形显示的不同之处在于:大数据可视化处理的数据数量大、维度高,需要对数据进行分类、聚类等分析,而且往往要求实时生成、交互式展示,这些都是传统的图形化方法难以实现的。

二、数据可视化的常用工具

目前用于满足各种可视化需求的工具大致有以下几类:

(1) Microsoft Power BI。Microsoft Power BI 是一套专业的商业分析工具,整合了 Power Query、Power Pivot、Power View 和 Power Map 等一系列工具,可以连接到数百个数据源,简化数据准备,并提供即时查询功能,用户可以根据自己的需求灵活设置查询条件,系统根据用户的选择生成相应的统计报表。使用 Excel 制作报表和 BI 分析的从业人员可以快速使用它,甚至可以直接使用以前创建的模型。

(2) Tableau。Tableau 是桌面系统中简单的商业智能软件,无须用户编写代码,控制台可自定义配置,不仅能够监测数据,还提供了完整的分析功能。该软件简单、易用、快速,专注于处理简单的结构化数据。

(3) Fine BI。Fine BI 支持丰富的数据源连接,能够可视化管理数据,用户可以方便地自主分析企业已有的信息化数据,帮助企业发现并解决存在的问题,协助企业及时调整策略做出更好的决策。

(4) Python 图形绘制与可视化。Python 提供了多样的绘图功能,可以通过其提供的工具 Matplotlib 绘制二维、三维图形;还提供 Seaborn 用于创建统计图形库。

考虑到财务分析的需求及数据特点,国内财务人员对 Excel 的广泛应用,Power BI 桌面版免费且简单易学等原因,本书将在下文以 Power BI 为例讲解财务分析中数据可视化的原理与应用。因正文篇幅所限,Power BI Desktop 下载及安装的具体步骤详见附录六。

三、Power BI Desktop 应用步骤

(一) 数据准备

Power BI Desktop 可连接到多种类型的数据源,点击"主页"→"获取数据"→"更多"按钮(见图 19-16),获取的数据格式包括本地数据库、工作表和云服务中的数据(见图19-17)。

图 19-16　获取数据　　　　　图 19-17　"可供获取的部分数据源"示意

(二) 数据处理

Power BI 的数据处理与 Excel BI 的 Power Query 相同。在进行数据处理时，点击"主页"→"转换数据"按钮，进入 Power Query 编辑器，在 Power BI 中的 Power Query 编辑器中导入数据(见图 19-18)。

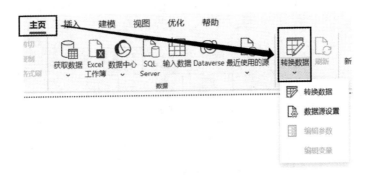

图 19-18　进入"Power Query 编辑器"示意

(三) 数据建模

1. 建立数据表关系

Power BI 中"建模"选项卡的功能区是建立数据表之间的关系。通过在"模型"视图中建模(见图 19-19)，系统创建 1 对 1 或 1 对多的数据表关系。

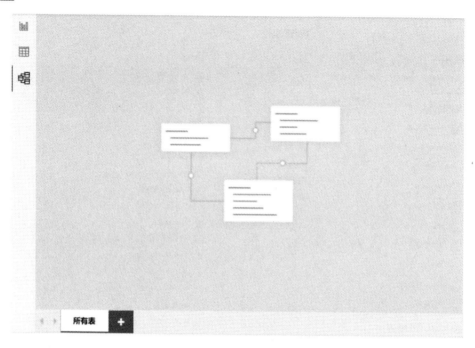

图 19-19　Power BI 的数据建模示意

2. 创建度量值

Power BI 要实现数据的图表可视化展示，需要建立用于呈现的指标，又称为度量值 (Measure)。除传统的简单汇总(如总和、平均值、最小值、最大值和计数)外，可以运用 DAX 函数创建复杂的指标。度量值的计算结果会伴随用户报表的交互而改变，以便实现快速和动态可视化分析。

点击"建模"-"新建度量值"按钮，在编辑栏就可以建立度量值(见图 19-20)。通过输入单引号"'"，可以智能选择数据模型中表的列或表中的度量值，输入"["可以选择度量值。

图 19-20　Power BI 的度量值创建

(四) 可视化报表设计

建立数据模型和度量值后，就可将相应的数据字段或度量值拖动到报表画布上以创建视觉对象。视觉对象是模型中数据的图形表示形式，不同视觉对象相互交互，共同构成了可视化报表，可视化报表设计界面如图 19-21 所示。

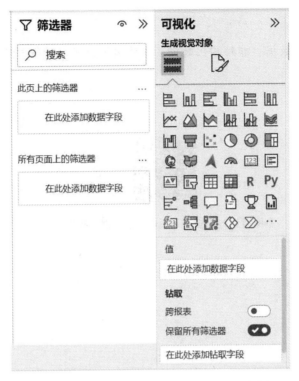

图 19-21 Power BI 的可视化报表设计界面示意

智能财务专栏

每刻科技借助大数据、财务云，实现数字财务，如图 19-22 所示。

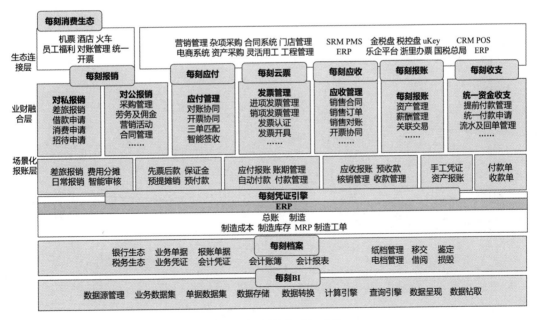

图 19-22 每刻数字财务示意

本章关键术语

大数据、结构化数据、非结构化数据、半结构化数据、商务智能、Python、数据可视化、Power BI

思考练习题

案例讨论与分析：老板电器之数据为我所用(上)

相关经典文献

第二十章　大数据及商务智能在财务分析中的应用

红色链接：习近平总书记在中共中央政治局第十一次集体学习时强调：科技创新能够催生新产业、新模式、新动能，是发展新质生产力的核心要素；加强科技创新特别是原创性、颠覆性科技创新，加快实现高水平科技自立自强；打好关键核心技术攻坚战，使原创性、颠覆性科技创新成果竞相涌现，培育发展新质生产力的新动能。

(资料来源：人民网)

引例：大数据分析与管理在财务中的运用

学 习 目 标

知识目标

掌握大数据财务分析的概念与特点；理解大数据对财务分析思维的影响；了解数据可视化在财务分析中的应用。

能力目标

能利用 Python 获取、处理行业财务数据，并进行同业比较；能利用 Power BI 处理企业财务报表，进行战略视角的分析及可视化展示；能利用 Python 进行会计分析及可视化展示；能利用 Power BI 进行财务分析及可视化展示。

育人目标

具备在大智移云环境下财务分析思维的创新意识；能理论联系实践，初步具备能将大数据、商务智能相关技术应用于财务分析实践的能力。

大数据时代的到来，为企业的经营管理带来了庞大的数据洪流，也提供了全新的思维方式和探知客观规律、改造自然和社会的新手段。它和商务智能都是财务分析工作发展、升级的重大机遇，推动着财务人员进行各项技能的转型与提升。

知识点导图

第一节 大数据财务分析概述

大数据及大数据技术在财务领域的应用，为财务分析工作提供了新的思路及技术支撑。借助商务智能，数据可视化能更及时、全面、快速、准确地呈现数据内在的价值，协助财务分析人员发现业务数据的规律和发展趋势，做出相关决策。

一、大数据财务分析的概念

大数据在财务领域的应用可从狭义和广义两个角度来理解。

从狭义上来讲，财务领域的大数据应用重点是分析与财务相关的数据，挖掘其中的价值，发现企业的财务风险，提升财务管理的效率。比较典型的应用场景是财务共享中心的大数据分析。由于财务共享中心汇聚了集团企业完整的财务数据及大量非结构化数据，如各类合同、各种发票等，因此通过采集这些非结构化数据，将其转化为结构化数据，并与财务数据进行对比、分析，可以发现企业的各种合同和费用报销中是否存在违反财务政策规定的情况，如发票是否作假、合同是否有过度承诺条款、住宿费用是否超标、部门预算是否超标、是否未经总经理审批直接提请支付大额款项等。

从广义上来讲，业财一体化已是财务工作的发展趋势，因此大数据财务分析更重要的是通过采集企业内部的经营数据以及外部的行业市场数据、同业竞争数据等，对企业经营管理过程进行分析，从财务视角发现企业在经营管理过程中是否存在问题，是否需优化，如何提升效率等。如财务部门通过分析营销数据，可以发现企业在产品研发、客户经营、市场开拓等方面的问题以及对企业财务状况的影响，帮助企业高层管理人员找到更有效的经营管理措施。

因此，大数据财务分析是指基于财务分析相关理论、方法，以现代化信息技术为手段，采集大量的财务及业务数据，整理、加工有用的信息，形成数据仓库，并运用大数据技术，对企业的内外部环境因素进行多维度财务分析，向财务分析人员提供及时、准确、客观的财务数据信息，为相关人员的正确决策提供信息支撑。

理论上，大数据财务分析在分析时不再只考虑财务数据，而是将样本数据从结构化数据扩大到非结构化数据；并通过运用大数据、云会计平台，实现分布式数据的采集与预处理，同时借助物联网、移动互联网等技术实现对财务及非财务信息的实时采集，但在目前应用中尚未达到全数据的程度，往往仅是在企业财务数据的基础上增加了与企业销售、产品以及外部环境相关的数据。

二、大数据财务分析的特点

大数据财务分析本质上仍是财务分析，其主要特征表现在数据化、场景化、互联网化和智能化。数据化为大数据财务分析提供了所需数据，体现了数据导向，是基础条件；场景化提供了特定情境，体现了问题导向，是实现路径；互联网化提供了跨界共享，体现了风险导向，是技术保障；智能化提供了技术支撑，体现了结果导向，是目标方向。

(一) 数据化

数据化是指围绕需要解决的问题，通过收集数据、整理数据、分析数据，最后以可视化的形式展现数据。大多数据呈现出碎片化的特征，这些碎片化的信息在传统情况下使用效率低下。但随着技术的发展，解读这些碎片化信息成为可能。与数字化强调将信息载体以二进制形式进行储存、传输、加工、处理和应用不同，数据化更强调对数据的收集、整理、分析与应用，以发现和分析数据中的潜在规律、识别异常点、提取有用信息，并从海量数据集中揭示隐藏的关系。

(二) 场景化

场景化就是根据特定的时间、特定的使用情景，为特定的人进行有针对性的个性化设计，通过用户的使用场景研究人与人、人与物之间的触点，去发现更多的机会点。业务场景的丰富程度决定大数据利用价值的深度、广度以及系统功能的强弱，而业务场景的丰富程度又取决于数据的积累程度。所以进行具体大数据财务分析时，需首先解决数据问题，解决完成这些场景需要的数据资源、数据渠道和获取的难易程度；再设计业务场景，思考并解决在目前技术条件下可以构造哪些业务场景的问题。

(三) 互联网化

互联网化是指企业利用互联网平台和技术从事的内外部商务活动，就是所有的商务虚拟对象与商务实体进行相互的联结，实现数据、实物的共享。随着云计算和互联网的发展，企业在业务的拓展和发展中，逐步将内部业务流程和外部商务活动与互联网结合起来，从而有效提升企业整体竞争力。

(四) 智能化

智能化是指运用现代通信与信息技术、大数据和人工智能等先进科学技术有针对性地发展某一特定方面或特定应用的过程与趋势，从数据采集开始，到数据整合、分析，再到形成合理的财务决策结束，贯穿了财务分析的全过程。

三、大数据对财务分析思维的影响

大数据改变的不只是财务分析的工具、技术，更重要的是改变了财务分析的思维。大数据对财务分析思维的改变，主要体现在以下三个方面。

小课堂 20-1　大数据对财务分析思维的影响

(一) 样本等于总体

在小数据时代，受限于数据采集和数据处理能力，往往采取随机采样的方法，让处理大量数据变得简单，同时也减少了精力和资金的投入，但是随机采样调查的结果存在容易出现偏差、不适合考察子类项目等缺陷。大数据强调更多的数据，不再是随机采样，而是总体数据。在技术条件允许的情况下，用总体数据去替代随机样本数据，基于总体数据分析的结果显然优于用样本推断的结果。

(二) 接受数据的混杂性

在小数据时代，往往更注重数据的精确性，因为在数据收集有限的情况下，微小的偏差都可能会对调查结果产生巨大影响。而在大数据时代，人们可以掌握的数据越来越多，类型也越来越多样化，人们不再一味追求数据的精确性，因为"精确性"是针对结构化数据而言的，而在所有的数据中精确的结构化数据所占的比例较小，大多数为非结构化数据。这意味着如果无法接纳混杂的非结构化数据，那么大数据的"更大"优势也就不复存在，数据的准确性难以保障。

(三) 更加关注相关关系

在传统观念下，人们总是倾向于探究数据间的因果关系，但在很多时候寻求数据间的相关性就已足够。这并非指因果关系对于数据的分析无用，只是它是一种特殊的相关关系，一般较难得到。虽然在小数据时代，相关关系就已开始应用，可由于计算机的运算能力有限，研究仅限于线性关系，而事实表明还存在更复杂的非线性关系。在大数据背景下，相关关系能得到更好的应用，它提供了新的研究视角，能够更清楚、快捷地分析事物间的关联。虽然相关关系仍无法取代因果关系的作用辅助决策，但是它也能指导因果关系起作用。

四、数据可视化在财务分析中的应用

(一) 财务分析可视化的优点

财务分析可视化主要是指利用商务智能技术实现企业财务分析的实时化和智能化，以更好地支持财务分析目标的实现。Power BI 等商务智能工具在多源数据的获取、处理、建模和可视化的过程中，自动化和智能化程度远高于传统 Excel 电子表格分析，不

小课堂 20-2 数据可视化在财务分析中的应用

仅能在短时间内实现高质量的可视化效果，还具有趋势分析、聚类分析、自然语言查询等能力。

与传统财务分析相比，财务分析可视化具有以下优点。

其一，提高财务信息传递效率。由于人脑对视觉信息的处理要比文字信息和数字信息更容易，使用图表来展示复杂数据，可确保信息能更快地被理解和处理。

其二，可使用交互方式展示信息。对于静态财务报表和文字报告，信息取舍往往难以抉择，详细则易混乱不堪，简略又会损失大量细节，且信息使用者无法即时获得报表和报告中更为详细的信息。而使用可视化工具，使用者可以通过交互元素，轻松获取不同层级、不同维度的数据，不再受信息无法即时获取的困扰。

其三，更好地理解运营过程和业务活动。数据可视化的一个重要优势，是能够使用户更有效地查看在业务和财务之间发生的连接，通过财务数据真正了解业务数据和业务过程。

(二) 财务分析可视化的步骤

基于商务智能数据流程，财务分析可视化的基本步骤可分为以下四步。

1．明确分析目标

在明确分析目标阶段，设计者要具备较强的数据洞察力，明确以下问题：需要哪些数据源？分析结果呈现给谁？数据是否能够满足需求目标？实际上，数据洞察力需要对数据内涵和数据形成过程有精准理解。它不仅包括对数据表之间的关系、数据格式的理解，也包括对数据所蕴含价值的理解。因此，有效的财务分析可视化，要求设计者必须具有扎实的财务知识，只有在理解财务数据表之间钩稽关系的基础上，才能设计出满足用户需求的可视化财务报表。

2．数据处理

数据处理是任何数据分析过程都不可或缺的步骤，往往会耗费整个数据分析工作80%左右的时间和精力。尽管商务智能产品提供了便捷易用的数据处理工具，但数据如何处理是由数据分析需求和应用的方法来决定的。

3．数据建模

商务智能的数据建模包括两层含义：一是数据表之间的关系建模；二是数据分析模型的构建。数据分析一般分为描述性、验证性、挖掘性和预测性数据分析。描述性数据分析是指对过去已经发生业务活动的数据进行高度凝练，是其他分析层次的基础，也是财务分析可视化的主要方法。

4．可视化设计

人类大脑处理繁杂信息的能力是有限的，简明扼要的图表设计可以帮助大脑将更多的精力集中在对决策有用的信息上。数据墨水比是指用来传达信息的核心内容占所有内容的比重。可视化设计的目标应该是在合理范围内最大化数据墨水比，突出传达"信息"部分，去除"噪声"。可视化的设计对数据墨水比的把握往往也需要根据不同的场景衡量取舍。

理想的数据可视化项目对设计者提出了较高要求，需要集数据洞察力、图表设计能力和技术工具应用能力于一身。数据洞察力是一份可视化报告的核心，如果缺少数据洞察力，就不能很好地满足用户提出的业务需求。可视化报告中用来引导用户深入理解数据的是呈现在报告中的图表，图表设计的优劣直接影响用户的理解速度。无论是数据洞察力还是图表设计能力都建立在可实现的基础上，如果缺少技术工具应用能力，数据洞察力和图表设计能力都只是空中楼阁。

第二节　行业财务数据处理及可视化展示

行业财务数据的获取，可以爬取新浪财经等财经网站中的相关数据或调取Tushare、Wind等相关数据接口。其中，使用Tushare数据接口来获取所需财务数据的方法详见附录七。

本节将使用浙江大华技术股份有限公司(简称"大华股份"，股票代码：002236)的财务数据进行行业财务数据处理，分析其在IT设备行业中的表现，并进行可视化展示。

一、行业财务数据获取及处理

进行同业比较的前提是获得同行业企业的所有财务数据。

(一) 明确行业下属公司

明确行业下属公司，是指解决哪些企业属于 IT 设备行业这一问题。Tushare 的 stock_basic 股票列表接口可以满足这个需求，其代码如图 20-1 所示。

```
import tushare as ts
pro=ts.pro_api('75fe6c69bb10c996a556a402dde9fdf6e691dfdd2c30ff028ebd5a37')

com_data=pro.stock_basic(exchange='', list_status='L', fields='ts_code, symbol, name, area, industry, list_date')
itsb_com=com_data[com_data['industry']=='IT设备']
itsb_list=itsb_com['ts_code'].tolist()
```

图 20-1 "获取原始数据"代码示意

其中，前两行代码是引入 Tushare 库，并设置 Token；第 4 行代码是通过选择输出参数获得现在挂牌的所有上市公司列表；第 5 行代码是通过筛选功能获取 IT 设备行业的公司列表；第 6 行代码是把公司代码列转换为列表待用。IT 设备行业共有 64 家上市公司，相关数据见图 20-2。

ts_code	symbol	name	area	industry	list_date
000066.SZ	000066	中国长城	深圳	IT设备	19970626
000977.SZ	000977	浪潮信息	山东	IT设备	20000608
000997.SZ	000997	新大陆	福建	IT设备	20000807
001229.SZ	001229	魅视科技	广东	IT设备	20220808
001339.SZ	001339	智微智能	深圳	IT设备	20220815
...	...	...	...	...	...
832876.BJ	832876	慧为智能	深圳	IT设备	20221109
836395.BJ	836395	朗鸿科技	浙江	IT设备	20220901
872190.BJ	872190	雷神科技	山东	IT设备	20221223
872374.BJ	872374	云里物里	深圳	IT设备	20221129
872808.BJ	872808	曙光数创	北京	IT设备	20221118

图 20-2 IT 设备行业上市公司的相关数据

图 20-2 中的第 1 列是 Tushare 专用代码格式，第 2 列是一般代码格式，第 3 列是股票名称，第 4 列是公司所在地域，第 5 列是公司所属行业，第 6 列是公司上市日期。

(二) 拼接数据

拼接数据需要批量输入代码，但是 Tushare 不支持传入列表，可以采用一个基于 for 循环的思路，引入 Pandas 等库的相关代码(见图 20-3)。

```
df_income=pd.DataFrame()
for com in itsb_list:
    table=pro.income(ts_code=com, period='20221231').iloc[-1]
    df_income=pd.concat([df_income, table], axis=1)
df_income=np.transpose(df_income)
```

图 20-3 "拼接数据"代码示意

其中，第 1 行代码是创建一个空表格；第 2 行代码是对列表中的每个代码元素进行循环；第 3 行代码是获取每个公司的利润表信息，其针对的是公司 2022 年的数据 (因为有可能存在多条修正记录，所以，用"-1"表示选择最后一条记录)；第 4 行代码是采用 concat 方法把得到的单家公司数据合并到总表中。如此循环，就得到了 64 行利润表数据(见图 20-4)。

同理，可以批量获取多个公司的资产负债表数据和现金流量表数据，代码如图 20-5 所示。

	ts_code	ann_date	f_ann_date	end_date	report_type	comp_type	end_type	basic_eps	diluted_eps	total_revenue
0	000066.SZ	20230429	20230429	20221231	1	1	4	0.038	0.038	14027336139.07
1	000977.SZ	20230412	20230412	20221231	1	1	4	1.3927	1.3894	69525458182.690002
0	000997.SZ	20230429	20230429	20221231	1	1	4	-0.3768	-0.3768	7369896945.28
0	001229.SZ	20230425	20230425	20221231	1	1	4	1.02	1.02	195803266.75
0	001339.SZ	20230428	20230428	20221231	1	1	4	0.58	0.58	3032687027.37
...	...	...	...	...	...	...	...	...	...	...
1	832876.BJ	20230428	20230428	20221231	1	1	4	0.4985	0.4985	418880052.59
1	836395.BJ	20230321	20230321	20221231	1	1	4	1.03	1.03	113117230.42
1	872190.BJ	20230401	20230401	20221231	1	1	4	1.3651	1.3651	2415378602.83
1	872374.BJ	20230428	20230428	20221231	1	1	4	0.37	0.37	155758520.68
0	872808.BJ	20230418	20230418	20221231	1	1	4	1.64	1.64	517601962.07

图 20-4　IT 设备行业上市公司利润表数据

```
#获取多个公司资产负债表
df_balancesheet=pd.DataFrame()
for com in itsb_list:
    table=pro.balancesheet(ts_code=com,period='20221231').iloc[-1]
    df_balancesheet=pd.concat([df_balancesheet,table],axis=1)
df_balancesheet=np.transpose(df_balancesheet)

#获取多个公司现金流量表
df_cashflow=pd.DataFrame()
for com in itsb_list:
    table=pro.cashflow(ts_code=com,period='20221231').iloc[-1]
    df_cashflow=pd.concat([df_cashflow,table],axis=1)
df_cashflow=np.transpose(df_cashflow)
```

图 20-5　"批量获取多家公司资产负债表及现金流量表数据"代码示意

最后，把三张报表合并为一张总表，代码如图 20-6 所示。

```
data=pd.merge(df_income,df_balancesheet,on='ts_code')
data=pd.merge(data,df_cashflow,on='ts_code')
data=pd.merge(data,itsb_com[['name','ts_code']],on='ts_code')
```

图 20-6　"合并总表"代码示意

其中，前两行代码是合并三张报表，最后一行代码是合并公司的名称和股票代码，此处合并 on 选用 'ts_code'，如此每一行可以代表一家公司的记录。

同理，可以通过类似的代码获取 2021 年的相关数据(把 period 参数改为 '20211231')，代码如图 20-7 所示。

```
df_income=pd.DataFrame()
for com in itsb_list:
    table=pro.income(ts_code=com,period='20211231').iloc[-1]
    df_income=pd.concat([df_income,table],axis=1)
df_income=np.transpose(df_income)

df_balancesheet=pd.DataFrame()
for com in itsb_list:
    table=pro.balancesheet(ts_code=com,period='20211231').iloc[-1]
    df_balancesheet=pd.concat([df_balancesheet,table],axis=1)
df_balancesheet=np.transpose(df_balancesheet)

df_cashflow=pd.DataFrame()
for com in itsb_list:
    table=pro.cashflow(ts_code=com,period='20211231').iloc[-1]
    df_cashflow=pd.concat([df_cashflow,table],axis=1)
df_cashflow=np.transpose(df_cashflow)

data_2021=pd.merge(df_income,df_balancesheet,on='ts_code')
data_2021=pd.merge(data_2021,df_cashflow,on='ts_code')
data_2021=pd.merge(data_2021,itsb_com[['name','ts_code']],on='ts_code')
```

图 20-7 "获取 2021 年数据"代码示意

最后，将获取的 data 和 data_2021 导出保存为 Excel 文件，代码如图 20-8 所示：

```
data.to_excel('同业比较原始数据（IT设备行业）-2022.xlsx',index=False)
data_2021.to_excel('同业比较原始数据（IT设备行业）-2021.xlsx',index=False)
```

图 20-8 "数据导出保存"代码示意

二、同业比较

本部分以净资产收益率为例，重点说明具体指标的操作代码和可视化展示。

(一) 操作代码

净资产收益率采用全面摊薄的计算口径，即报告期归母净利润/报告期期末归母净资产，具体代码如图 20-9 所示。

```
table=pd.DataFrame(index=range(1))
for com in range(data.shape[0]):
    table.loc[0,data.loc[com,'name']]=round(data.loc[com,'n_income_attr_p']/data.loc[com,'total_
                                      hldr_eqy_exc_min_int'],4)

table=table.T.sort_values(0,ascending=False).T #若对这行代码不太理解，可以把它逐个拆开打印查看
table.to_excel('净资产收益率.xlsx',index=False)
des_table=table.T.describe().T
des_table['大华股份']=table['大华股份']
plt.figure(figsize=(10,6)) #设置图形大小
plt.bar(des_table.columns[1:],des_table.loc[0][1:],label='净资产收益率（roe)')
plt.legend(loc='upper right') #设置图例位置为右上角
plt.show()
```

图 20-9 "净资产收益率计算"代码示意

其中，第 1 行代码是建立一个只有一行的 DataFrame，DataFrame 传入的 index 必须是一个列表，所以这里的 range(1)也可以写成[0]。

第 2 行代码是对数据源的行数进行遍历。

第 3 行代码表示等号左边是我们要写入的位置，即 table 表第 1 行(我们规定其仅有一行，而且必须规定，否则会报错)第 name 列，data.loc[com,'name']的含义是数据源中该行 name 列的取值，即该股票的名称；等号右边是计算公式，只是规定了表格的某一行，在最外层嵌套了一个取小数位数的函数。

第 4 行代码是先把表格转置，然后用 sort_values()函数排序，规定其为降序，最后把它转置回来。

第 5 行是将表格数据输出到 Excel 表格中，部分结果如图 20-10 所示。

浪潮信息	同为股份	纳思达	云里物里	鸿合科技	漫步者	慧为智能	魅视科技	协创数据	中科曙光	大华股份	安联锐视	创识科技	智莱科技
0.1205	0.1185	0.1174	0.1117	0.1114	0.1071	0.0955	0.0922	0.0918	0.0907	0.09	0.0882	0.0877	0.0855

图 20-10 "净资产收益率"数据输出结果示意

(二) 可视化展示

此处可视化方法主要选取同业直观比较和同业统计量分析两种思路。

1. 同业直观比较

图 20-9 中，第 6 行代码是绘图，需要合理设置图形大小，以免 x 轴的公司名称过于拥挤。

第 7 行代码要使用 Matplotlib 库，同业比较时一般会采用柱状图，对应 bar 方法。x 轴是 table 表的列名，即公司名称；y 轴是 table 表的第一行，即取值。

第 8 行代码是设置图例位置。

第 9 行代码是对坐标轴的一个规定，指定 x 轴取值显示倾斜 45 度角，这样可以提高输出图形的清晰程度，如图 20-11 所示。为了显示清晰，图 20-11 仅绘制了 IT 设备行业净资产收益率前 20 名的企业。

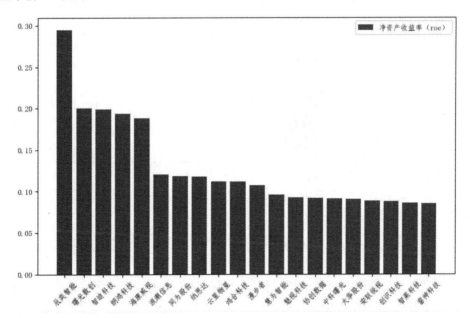

图 20-11 IT 设备行业净资产收益率前 20 名的企业

如此可以直观地看到大华股份在同行业企业中的表现了。

2．同业统计量分析

为了更专业地体现统计意义上公司有关财务比率的水平，可建立一张 des_table 表来存储结果，并可视化。代码如图 20-12 所示。

```
des_table=table.T.describe().T
des_table['大华股份']=table['大华股份']
plt.figure(figsize=(10,6))#设置图形大小
plt.bar(des_table.columns[1:],des_table.loc[0][1:],label='净资产收益率（roe）')
plt.legend(loc='upper right')#设置图例位置为右上角
plt.show()
```

图 20-12　"净资产收益率的同业统计量分析"代码示意

其中，第 1 行代码中有两个转置，这是因为 Python 中的 describe()函数默认是对列进行处理，所以需要先进行转换，再换回来。第 2 行代码是把大华股份的数值加入结果表中。输出结果如图 20-13 所示。

可以看到，大华股份虽然与同行业企业中的最大值有所差距，但也高于同行业中位数，接近上四分位数。

最后，需要强调的是对于同一个问题，基于 Python 可能有不同的解决方法，此处介绍的只是其中一种思路或者方法。

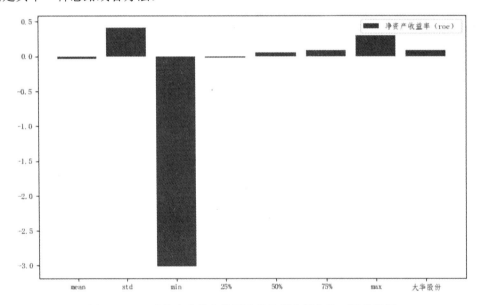

图 20-13　"净资产收益率的同业统计量分析"的可视化结果

第三节　战略视角分析及可视化展示

本节数据来源于新浪财经"大华股份"股票的财务报表数据，将下载的三大报表数据整理到"大华股份-财务报表.xlsx"文件中，既有 3 个事实表(资产负债表、利润表、现金流量表)，又补充了年度、资产负债表分类、现金流量表分类 3 个维度表，同时新建一个"度

量值"空表，用来存放管理所有的度量值。

一、表格说明

资产负债表只保留 2018—2022 年度报表数据，删除了其他年度、季度数据。整理后的资产负债表如图 20-14 所示。

	A	B	C	D	E	F
1	报表项目	2022	2021	2020	2019	2018
2	流动资产:					
3	货币资金	8029878650.77	7731002784.77	7471652634.66	3084428970.43	4160153847.06
4	交易性金融资产	1470000.00	2602173.53	2475680.45	0.00	0.00
5	应收票据	872302071.18	839861562.35	232857354.55	0.00	2385693417.06
6	应收账款	15411080561.50	14654490643.49	12857519110.16	13241196380.65	10191372777.38
7	预付款项	121691239.14	171034046.65	162250648.05	128182099.47	126891259.00
8	应收利息	0.00	0.00	0.00	0.00	0.00
9	应收股利	8519063.17	0.00	0.00	0.00	0.00
10	其他应收款	393330183.71	546477779.16	970427893.48	408776610.17	398170769.40
11	存货	7315372440.02	6810041288.82	4928019838.00	3839810704.33	3035579709.14

图 20-14　整理后的资产负债表

利润表只保留了 2018—2022 年度报表数据，删除了其他年度、季度数据，利润表的报表项目前添加了一个"索引"列，利润表数据展示时，报表项目按该索引顺序显示。整理后的利润表如图 20-15 所示。

	A	B	C	D	E	F	G
1	索引	报表项目	2022	2021	2020	2019	2018
2	1	一、营业总收入	30565370012.64	32835479336.85	26465968181.10	26149430652.42	23665688106.22
3	2	营业收入	30565370012.64	32835479336.85	26465968181.10	26149430652.42	23665688106.22
4	3	二、营业总成本	28808656031.31	29561717851.11	23700192030.78	22996746203.46	21581614670.44
5	4	营业成本	18989797670.92	20058513158.33	15164331155.66	15396193940.44	14871181066.69
6	5	研发费用	3883005582.82	3451978394.17	2997545666.82	2794219504.28	2283872502.53
7	6	营业税金及附加	187697592.05	182526020.35	161682305.76	182582118.36	192381330.58
8	7	销售费用	5115163159.61	4663973834.28	4291121362.75	3952947275.82	3365380947.78
9	8	管理费用	1143968823.89	955015503.39	785101729.55	740880944.67	632968594.64
10	9	财务费用	−510976797.98	249710940.58	300409810.24	−70077580.11	−123167962.74

图 20-15　整理后的利润表

现金流量表只保留了 2018—2022 年度报表数据，删除了其他年度、季度数据。整理后的现金流量表如图 20-16 所示。

	A	B	C	D	E	F
1	报表项目	2022	2021	2020	2019	2018
2	一、经营活动产生的现金流量					
3	销售商品、提供劳务收到的现金	33784604846.55	33384841745.99	28721463584.87	24987844514.59	21710486123.09
4	收到的税费返还	1494092979.78	1604253811.38	2145968090.43	1765101617.55	1613409298.19
5	收到其他与经营活动有关的现金	1251775941.07	1221646989.77	571499575.77	536826402.85	324234716.30
6	经营活动现金流入小计	36530473767.40	36210742547.14	31438931251.07	27289772534.99	23648130137.58
7	购买商品、接受劳务支付的现金	23777092221.87	23903491799.57	16795378933.09	16791787238.65	14872235902.05
8	支付给职工以及为职工支付的现金	7458518121.11	6398936181.16	5720313227.03	4669876392.04	4224457856.42
9	支付的各项税费	2068760288.72	2121025465.80	2091640964.97	1724636831.64	1631045797.74
10	支付其他与经营活动有关的现金	2172515486.24	2059728352.83	2430065057.59	2502867784.96	1965074603.20

图 20-16　整理后的现金流量表

年度表、资产负债表分类、现金流量表分类都属于维度表，可以在 Excel 表中添加，也可以在 Power BI 的转换数据中添加。添加的年度维度表如图 20-17 所示。

构建的资产负债表分类维度表如图 20-18 所示，构建的现金流量表分类维度表如图 20-19 所示。

	A
1	年度
2	2018
3	2019
4	2020
5	2021
6	2022

图 20-17　年度维度表

	A	B	C	D	E
1	BS类别1	BS类别2	报表项目	类别1索引	报表项目索引
2	资产	其他	流动资产:	1	1
3	资产	流动资产	货币资金	1	2
4	资产	流动资产	交易性金融资产	1	3
5	资产	流动资产	应收票据	1	4
6	资产	流动资产	应收账款	1	5
7	资产	流动资产	预付款项	1	6
8	资产	流动资产	应收利息	1	7
9	资产	流动资产	应收股利	1	8
10	资产	流动资产	其他应收款	1	9
11	资产	流动资产	存货	1	10
12	资产	流动资产	合同资产	1	11

图 20-18　资产负债表分类维度表

	A	B	C	D	E
1	CF类别1	CF类别2	报表项目	类别1索引	报表项目索引
2	经营活动	其他	一、经营活动产生的现金流量	1	1
3	经营活动	现金流入	销售商品、提供劳务收到的现金	1	2
4	经营活动	现金流入	收到的税费返还	1	3
5	经营活动	现金流入	收到其他与经营活动有关的现金	1	4
6	经营活动	现金流入小计	经营活动现金流入小计	1	5
7	经营活动	现金流出	购买商品、接受劳务支付的现金	1	6
8	经营活动	现金流出	支付给职工以及为职工支付的现金	1	7
9	经营活动	现金流出	支付的各项税费	1	8
10	经营活动	现金流出	支付其他与经营活动有关的现金	1	9
11	经营活动	现金流出小计	经营活动现金流出小计	1	10
12	经营活动	现金流量净额	经营活动产生的现金流量净额	1	11

图 20-19　现金流量表分类维度表

导入的资产负债表在转换数据中，选中“报表项目”列，对其他列选逆透视，结果如图 20-20 所示。利润表和现金流量表操作类似。

	报表项目	年度	金额
1	货币资金	2022	8029878651
2	货币资金	2021	7731002785
3	货币资金	2020	7471652635
4	货币资金	2019	3084428970
5	货币资金	2018	4160153847
6	交易性金融资产	2022	1470000
7	交易性金融资产	2021	2602173.53
8	交易性金融资产	2020	2475680.45
9	交易性金融资产	2019	0

图 20-20　资产负债表转换表

不同表格的关系如图 20-21 所示。

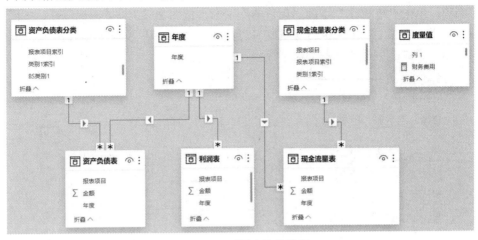

图 20-21　不同表格的关系

二、筹资战略、资源配置战略分析及可视化展示

筹资战略分析及 Power BI 可视化总览如图 20-22 所示。

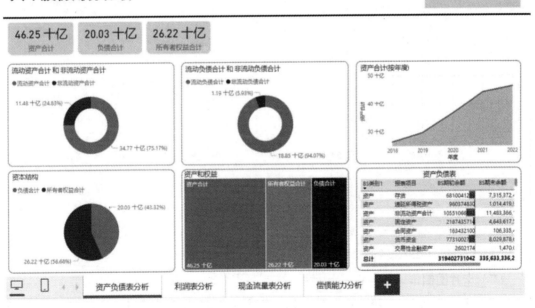

图 20-22　大华股份筹资战略分析及 Power BI 可视化总览

(一) 切片器设置

将维度表"年度"数据设置成切片器，通过不同年度的筛选，显示相应年度的相应数据。

步骤 1：打开"大华股份-财务报表-初始 pbix"文件，单击 Power BI 窗口左侧的报表

视图  图标,选择"资产负债表分析"报表页。

　　步骤 2:单击"可视化"下的"切片器"图标,按图 20-23 设置图标属性,按图 20-24 设置切片器显示方式,按图 20-25 设置切片器格式(背景颜色、文本大小等)。

　　步骤 3:生成的切片器如图 20-26 所示。

图 20-23　设置图标属性　　　　　　　　图 20-24　设置切片器显示方式

图 20-25　设置切片器格式　　　　　　图 20-26　生成的切片器

(二) 卡片图制作

　　步骤 1: 在"筹资战略分析"报表页,先就卡片图显示资产合计、负债合计、所有者权益合计 3 个关键数据,设置如下度量值:

　　资产合计 = CALCULATE(sum('资产负债表'[金额]),'资产负债表分类'[BS 类别 2]="资产总计")

　　负债合计 = CALCULATE(sum('资产负债表'[金额]),'资产负债表分类'[BS 类别 2]="负债合计")

所有者权益合计 = CALCULATE(sum('资产负债表'[金额]),'资产负债表分类' [BS 类别2]="所有者权益合计")

步骤 2：单击"可视化"下的"卡片图"图标，按图 20-27 设置卡片图属性，按图 20-28 设置卡片图格式(数据标签的文本大小、背景颜色、边框半径)。

图 20-27　设置卡片图属性　　　　　图 20-28　设置卡片图格式

步骤 3：生成的卡片图如图 20-29 所示。同理，可设置"负债合计""所有者权益合计"卡片图。

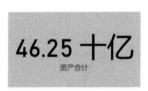

图 20-29　生成的卡片图

(三) 圆环图制作

步骤 1：在"筹资战略分析"报表页，就圆环图反映流动资产与非流动资产、流动负债与非流动负债的比例关系，设置如下度量值：

流动资产合计 = CALCULATE(sum('资产负债表'[金额]),'资产负债表分类'[BS 类别2]="流动资产总计")

非流动资产合计 = CALCULATE(sum('资产负债表'[金额]),'资产负债表分类'[BS 类别2]="非流动资产合计")

流动负债合计 = CALCULATE(sum('资产负债表'[金额]),'资产负债表分类'[BS 类别2]="流动负债总计")

非流动负债合计 = CALCULATE(sum('资产负债表'[金额]),'资产负债表分类'[BS 类别2]="非流动负债合计")

步骤 2：单击"可视化"下的"圆环图"图标，按图 20-30 设置圆环图属性，按图 20-31 设置圆环图格式(标题文本、文本大小、图例位置、边框半径等)。

图 20-30　设置圆环图属性　　　　　　图 20-31　设置圆环图格式

步骤 3：生成的圆环图如图 20-32 所示。同理，可设置"流动负债与非流动负债"的圆环图。

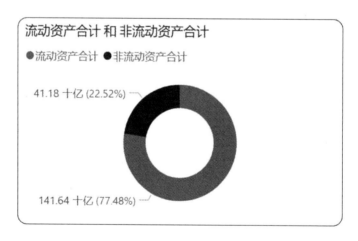

图 20-32　生成的"流动资产与非流动资产"圆环图

(四) 分区图制作

步骤 1：本表页中，通过分区图反映不同年度总资产的变化趋势。单击"可视化"下的"分区图"图标，按图 20-33 设置分区图属性，然后设置分区图格式(数据标签、边框半径等)。生成的分区图如图 20-34 所示。

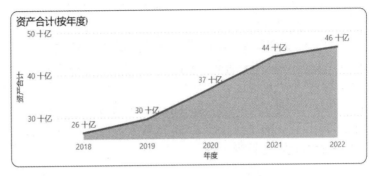

图 20-33　设置分区图属性　　　　　　　图 20-34　生成的分区图

步骤 2：选中"切片器"对象，执行"格式→编辑交互"命令，再单击"分区图"右上角的 ⊘ 图标，使其变为 ● ，则分区图不会随着切片器年度的变化而变化。

(五) 树状图制作

本表页中，通过树状图反映资本、负债与所有者权益的平衡关系。单击"可视化"下的"树状图"图标，按图 20-35 设置树状图属性，然后设置树状图格式(数据标签、边框半径等)。生成的树状图如图 20-36 所示。

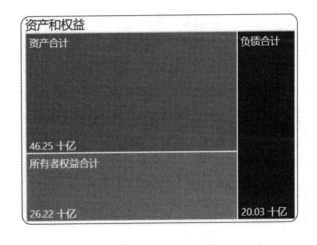

图 20-35　设置树状图属性　　　　　　　图 20-36　生成的树状图

(六) 表制作

本表页中，通过"表"这种最直接的可视化对象来展现资产负债表的期末余额、期初余额、期初及期末的变动率(即同比)等信息，可以发现资产、负债、所有者权益的变动情况，分析企业的筹资战略及资源配置战略。

步骤 1：在本表页中设置如下度量值。

BS 期末余额 ＝sum('资产负债表'[金额])

BS 期初余额=

        VAR reportyear=SELECTEDVALUE('年度'[年度])

        RETURN

        CALCULATE([BS 期末余额],FILTER(ALL('年度'),'年度'[年度]=reportyear-1))

BS 同比 = divide([BS 期末余额]-[BS 期初余额],[BS 期初余额])

步骤 2：单击"可视化"下的"表"图标，将"资产负债表分类"中的"BS 类别 1、报表名称"及"度量值"中的"BS 期末余额、BS 期初余额、BS 同比"拖曳到"值"处，并按图 20-37 设置表的属性，按图 20-38 设置表的一般格式(表格标题、列标题背景色、报表项目字段背景色、边框半径等)。

图 20-37　设置表的属性　　　图 20-38　设置表的一般格式

步骤 3：设置条件格式，将"期末余额、期初余额"的数据条打开，在"条件格式"下选择"同比"，单击"高级控件"选项，设置"同比"字段的条件格式，如图 20-39 所示。

图 20-39　设置条件格式

步骤4：生成的资产负债项目变动表如图20-40所示。

BS类别1 ▼	报表项目	BS期初余额	BS期末余额	BS同比
			资产负债表	
资产	存货	681004128	7,315,372,440.02	0.07 ↑
资产	递延所得税资产	960374830	1,014,419,944.15	0.06 ↑
资产	非流动资产合计	10551066693	11,483,366,170.61	0.09 ↑
资产	固定资产	2187435714	4,643,617,574.85	1.12 ↑
资产	合同资产	163432100	106,335,405.35	-0.35 ↓
资产	货币资金	7731002785	8,029,878,650.77	0.04 ↑
资产	交易性金融资产	2602174	1,470,000.00	-0.44 ↓
资产	可供出售金融资产	0	0.00	
资产	流动资产合计	33504805328	34,769,527,633.93	0.04 ↑
资产	其他非流动金融资产	945619966	931,043,130.33	-0.02 ↓
资产	其他非流动资产	97226862	141,231,903.57	0.45 ↑
总计		319402731042	335,633,336,286.90	0.05

图20-40　生成的资产负债项目变动表

三、盈利模式分析及可视化展示

盈利模式分析及利润表Power BI可视化总览如图20-41所示。

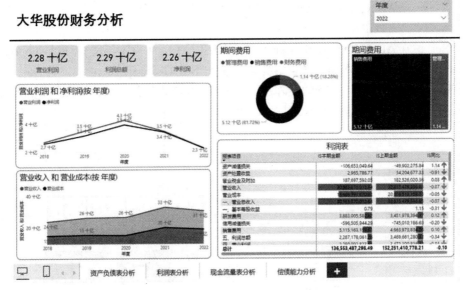

图20-41　利润表Power BI可视化总览

(一) 卡片图制作

本表页中，通过卡片图显示营业利润、利润总额和净利润3个关键数据。设置如下度量值。

营业利润 = CALCULATE(SUM('利润表'[金额]),'利润表'[报表项目]="四、营业利润")

利润总额 = CALCULATE(SUM('利润表'[金额]),'利润表'[报表项目]="五、利润总额")

净利润 = CALCULATE(SUM('利润表'[金额]),'利润表'[报表项目]="六、净利润")

(二) 圆环图与树状图制作

本表页中，通过圆环图和树状图反映销售费用、管理费用、财务费用三大期间费用的占比关系。设置如下度量值。

销售费用 = CALCULATE(SUM('利润表'[金额]),'利润表'[报表项目]="销售费用")
管理费用 = CALCULATE(SUM('利润表'[金额]),'利润表'[报表项目]="管理费用")
财务费用 = CALCULATE(SUM('利润表'[金额]),'利润表'[报表项目]="财务费用")

(三) 折线图和分区图制作

本表页中，通过折线图反映不同年度营业利润和净利润的变化趋势，通过分区图反映营业收入和营业成本的变化趋势。设置如下度量值。

营业收入 = CALCULATE(SUM('利润表'[金额]),'利润表'[报表项目]="营业收入")
营业成本 = CALCULATE(SUM('利润表'[金额]),'利润表'[报表项目]="营业成本")

(四) 矩阵制作

本表页中，通过矩阵反映利润表各报表项目的本期金额、上期金额及变动率(同比)。

步骤 1：选择"盈利模式分析"报表页，设置如下度量值。

IS 本期金额 = sum('利润表'[金额])

IS 上期金额 =

　　　　　VAR reportyear=SELECTEDVALUE('年度'[年度])
　　　　　RETURN
　　　　　CALCULATE([IS 本期金额],FILTER(ALL('年度'),'年度'[年度]=reportyear-1))

IS 同比 = divide([IS 本期金额]-[IS 上期金额],[IS 上期金额])

步骤 2：单击"可视化"下的矩阵图标，按图 20-42 设置矩阵属性，参照资产负债表设置利润表格式，生成的矩阵图表如图 20-43 所示。

利润表

报表项目	IS本期金额	IS上期金额	IS同比
资产减值损失	-106,653,049.64	-49,902,275.84	1.14 ↑
资产处置收益	2,965,788.77	34,204,677.33	-0.91 ↓
营业税金及附加	187,697,592.05	182,526,020.36	0.03 ↑
营业收入	30,565,370,012.64	32,835,479,336.85	-0.07 ↓
营业成本	18,989,797,670.92	20,058,513,158.33	-0.05 ↓
一、营业总收入	30,565,370,012.64	32,835,479,336.85	-0.07 ↓
一、基本每股收益	0.79	1.15	-0.31 ↓
研发费用	3,883,005,581.82	3,451,978,394.17	0.12 ↑
信用减值损失	-596,010,944.29	-745,010,186.63	-0.20 ↓
销售费用	5,115,163,159.61	4,663,973,834.68	0.10 ↑
五、利润总额	2,287,178,061.28	3,469,661,280.15	-0.34 ↓
六、营业利润	2,280,002,823.31	3,472,100,816.31	-0.34 ↓
总计	136,553,487,298.49	152,251,410,778.21	-0.10

图 20-42　设置矩阵属性　　　　　　　　　图 20-43　生成的矩阵图表

四、现金流量结构分析及可视化展示

现金流量结构分析及 Power BI 可视化总览如图 20-44 所示。

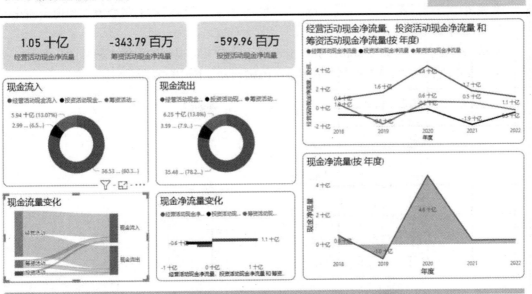

图 20-44 现金流量表可视化总览

(一) 卡片图制作

本表页中，通过卡片图显示经营活动现金净流量、投资活动现金净流量、筹资活动现金净流量 3 个关键数据。设置如下度量值。

经营活动现金净流量 = CALCULATE(sum('现金流量表'[金额]),'现金流量表' [报表项目]= "经营活动产生的现金流量净额")

投资活动现金净流量 = CALCULATE(sum('现金流量表'[金额]),'现金流量表' [报表项目]= "投资活动产生的现金流量净额")

筹资活动现金净流量 = CALCULATE(sum('现金流量表'[金额]),'现金流量表' [报表项目]= "筹资活动产生的现金流量净额")

(二) 圆环图制作

本表页中，通过圆环图显示不同活动的现金流入、现金流出状况。设置如下度量值。

现金流入 = CALCULATE(sum('现金流量表'[金额]),'现金流量表分类'[CF类别2]="现金流入")

现金流出 = CALCULATE(sum('现金流量表'[金额]),'现金流量表分类'[CF类别2]="现金流出")

(三) 分区图制作

本表页中，通过分区图反映不同年度现金净流量的变化趋势。设置如下度量值。

现金净流量 = CALCULATE(sum('现金流量表'[金额]),'现金流量表'[报表项目]="五、现金及现金等价物净增加额")

(四) 桑基图制作

本表页中，通过桑基图反映经营活动、投资活动、筹资活动的现金流入和现金流出对比变化情况。

步骤 1：选择"现金流量表分析"报表页，单击"可视化"下的"桑基图"图标，按图 20-45 设置图表属性，设置"CF 类别 2"的筛选器如图 20-46 所示。

图 20-45 设置图表属性   图 20-46 设置筛选器

步骤 2：生成的桑基图如图 20-47 所示。

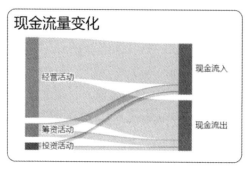

图 20-47 生成的桑基图

（五）簇状条形图制作

本表页中，通过簇状条形图反映经营活动、投资活动、筹资活动的现金净流量变化情况。

步骤：选择"现金流量表分析"报表页，单击"可视化"下的"簇状条形图"图标，按图 20-48 设置图表属性，生成的簇状条形图如图 20-49 所示。

图 20-48　设置图表属性

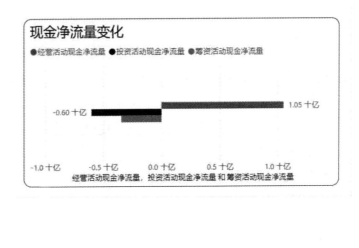

图 20-49　生成的簇状条形图

第四节　会计分析及可视化展示

一、存货变动趋势分析及可视化展示

导入模块，并连接 MySQL 数据库，具体代码如图 20-50 所示。

```python
#导入pymysql模块
import pymysql
import pandas as pd
from pandas import Series,DataFrame
import matplotlib.pyplot as plt
import numpy as np

#连接 MySQL 数据库，修改成自己的用户名和密码
conn=pymysql.connect(user='root',password='mysql',port=3306,host='localhost',db='report_data',charset='utf8')

#解决图中无法显示中文的问题
plt.rcParams['font.sans-serif']=['SimHei']
plt.rcParams['axes.unicode_minus']=False
```

图 20-50　"模块导入"代码示意

读取数据并将其导入 DataFrame 中，具体代码如图 20-51 所示。此处以应收账款为例，其他报表项目同理；数据期间以 2019 年第一季度季报至 2020 年年报为例。

```
sql_all='select 报表日期,sum(应收账款) as 应收账款 from t_balance_sheet where 报表日期>"2019-03-01"and
报表日期<"2021-01-01"and 公司名称 like"大华股份%" group by报表日期,公司名称 order by 报表日期 asc'
data=pd.read_sql(sql_all,conn)
```

图 20-51 "数据读取及导入"代码示意

绘制折线图的具体代码如图 20-52 所示。其他可视化展示形式的代码可参考本节前面的表述。

```
# 绘制折线图
data.plot(x='报表日期',kind='line',figsize=(16,4),title='存货变动趋势',marker='o')
#横、纵坐标描述
plt.xlabel('日期')
plt.ylabel('金额/元')
#网格线
plt.grid(True)
# 显示图表
plt.show()
```

图 20-52 "绘制折线图"代码示意

最终得到大华股份 2019 年第一季度—2020 年底的存货变动趋势，以折线图形式表现(见图 20-53)。

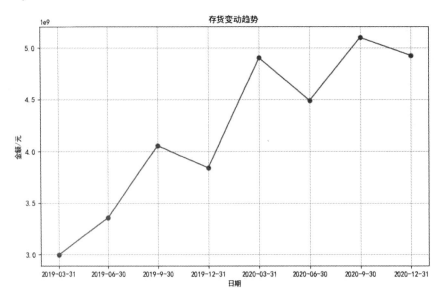

图 20-53 大华股份存货变动趋势(2019Q1-2020Q4)

绘制柱状图，新增颜色、宽度等属性，具体代码见图 20-54。

```
# 绘制柱形图
data.plot(x='报表日期',kind='bar',figsize=(16,4),title='统计存货情况',color='slateblue',width=1/4)

# 横、纵坐标描述
plt.xlabel('日期')
plt.ylabel('金额/元')

# X轴斜着展示
plt.xticks(rotation=-30)

#显示图表
plt.show()
```

图 20-54 "绘制柱状图"代码示意

最终得到大华股份 2019 年—2020 年的存货情况，以柱状图形式表示(见图 20-55)。

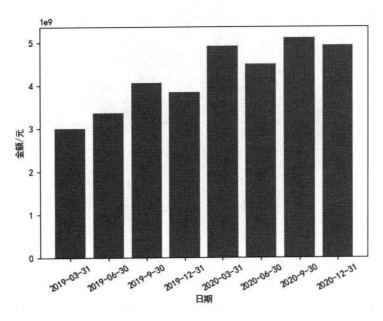

图 20-55　大华股份存货变动趋势(2019Q1-2020Q4)

二、存货占流动资产比例分析及可视化展示

读取数据，并将其导入 DataFrame 中，具体代码如图 20-56 所示。此处以存货占流动资产比例分析为例，其他报表项目同理；数据期间以 2020 年为例。

```
sql_all='select distinct 货币资金,交易性金融资产,应收票据,应收账款,其他应收款,
存货,其他流动资产 from t_balance_sheet where 报表日期="2020-12-31" and 公司名称 like"大华股份%"'
data=pd.read_sql(sql_all,conn).T
x=data.values[0:9,0].tolist()
labels=data._stat_axis.values.tolist()
```

图 20-56　"数据读取及导入"代码示意

绘制饼图的具体代码如图 20-57 所示。其他可视化展示形式的代码可参考本节前面的表述。

```
# 绘制饼图
x=data.iloc[0,:]
labels=[u'货币资金',u'交易性金融资产',u'应收票据',u'应收账款',u'其他应收款',u'存货',u'其他流动资产']
explode =[0,0,0,0,0,0.3,0] # 突出显示"存货"
plt.pie(x=x,labels=labels,explode=explode,autopct='%.2f%%',labeldistance=1,radius=2)
# autopct 参数的作用是指定饼图中数据标签的显示方式，'%.2f%%'表示数据标签的格式是保留两位小数的百分数
# labeldistance 参数指定每个扇形对应的标签到圆心的距离
plt.show()
```

图 20-57　"绘制饼图"代码示意

最终得到大华股份 2020 年存货占流动资产的比例，如图 20-58 所示。

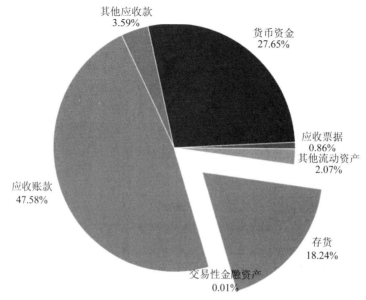

图 20-58　大华股份存货占流动资产的比例(2020 年)

第五节　　财务分析及可视化展示

本节以偿债能力相关比率为例进行财务分析及可视化展示的说明。偿债能力分析
Power BI 可视化总览如图 20-59 所示。

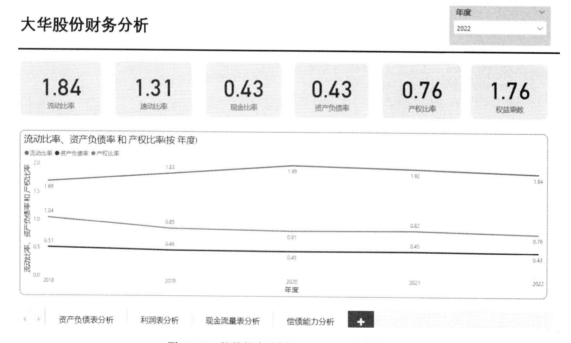

图 20-59　偿债能力分析 Power BI 可视化总览

一、短期偿债能力比率分析及可视化展示

本表页中，通过卡片图反映流动比率、速动资产、速动比率、货币资金、现金比率这些短期偿债能力指标，设置如下度量值。

流动比率= DIVIDE([流动资产合计],[流动负债合计])

速动资产= CALCULATE(sum('资产负债表'[金额]),'资产负债表'[报表项目]="货币资金"||'资产负债表'[报表项目]="应收票据"||'资产负债表'[报表项目]="应收账款"||'资产负债表'[报表项目]="预收账款"||'资产负债表'[报表项目]="其他应收款")

速动比率= DIVIDE([速动资产],[流动负债合计])

货币资金= CALCULATE(sum('资产负债表'[金额]),'资产负债表'[报表项目]= "货币资金")

现金比率= DIVIDE([货币资金],[流动负债合计])

二、长期偿债能力比率分析及可视化展示

本表页中，通过卡片图反映资产负债率、产权比率、权益乘数这些长期偿债能力指标，设置如下度量值。

资产负债率= DIVIDE([负债合计],[资产合计])

产权比率= DIVIDE([负债合计],[所有者权益合计])

权益乘数= DIVIDE([资产合计],[所有者权益合计])

智能财务专栏

每刻科技的多元化生态体系(见图 20-60)，提供数据采集、处理、分析、可视化一站式解决方案。公司拥有 20 多种报表模板，支持报销、应收、应付、税务、绩效分析等业务场景，满足场景化分析需求；配置 30 多种图表类型，支持自定义图表属性、自定义报表主题色和布局；图表在线联动，数据动态筛选，支持数据多重穿透钻取，关联报表联动分析；数据、报表权限精细化管理，满足集团管理需要，保障企业数据安全。

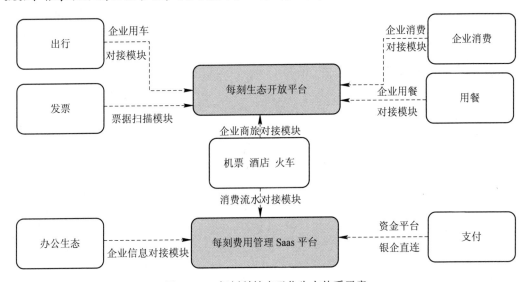

图 20-60　每刻科技多元化生态体系示意

本章关键术语

大数据财务分析、数据化、场景化、互联网化、智能化、财务分析可视化、数据建模

思考练习题

案例讨论与分析：老板电器之数据为我所用(下)

相关经典文献

附　录

附录一　　　　　　　　附录二

附录三　　　　　　　　附录四

附录五　　　　　　　　附录六

附录七

附录八　常用的政府机构及财经媒体网址

国家统计局(http://www.stats.gov.cn)

中华人民共和国财政部(http://www.mof.gov.cn)

国家金融监督管理总局(http://www.cbirc.gov.cn)

中国证券监督管理委员会(http://www.csrc.gov.cn/)

中国人民银行(http://www.pbc.gov.cn)

中国证券网(http://www.cs.com.cn)

上海证券交易所(http://www.sse.com.cn)

深圳证券交易所(http://www.szse.com.cn)

巨潮资讯(http://www.cninfo.com.cn)

金融界(http://www.jrj.com.cn)

新浪财经(http://finance.sina.com.cn)

东方财富网(http://www.eastmoney.com/)

巨灵财经(http://www.genius.com.cn)

附录九　常用的经济与金融研究数据库

万得资讯(Wind)

国泰安(CSMAR)

中国经济金融数据库(CCER)

锐思(RESSET)

参 考 文 献

[1] 查尔斯·吉布森. 财务报表分析：利用财务会计信息[M]. 马英麟，译. 6 版. 北京：中国财政经济出版社，1999.

[2] 克雷沙·帕利普. 经营透视：企业分析与评价[M]. 刘延钰，译. 大连：东北财经大学出版社，1998.

[3] 克雷沙·帕利普，保罗·希利. 经营分析与估值[M]. 刘媛媛，译. 5 版. 大连：东北财经大学出版社，2013.

[4] 阿斯沃斯·达摩达兰. 达摩达兰论估价：面向投资和公司理财的证券分析[M]. 罗菲，译. 2 版. 大连：东北财经大学出版社，2010.

[5] 马丁·弗里德森，费尔南多·阿尔瓦雷斯. 财务报表分析[M]. 刘婷，译. 4 版. 北京：中国人民大学出版社，2016.

[6] 本杰明·格雷厄姆，克宾塞·麦勒迪斯. 上市公司财务报表解读[M]. 王玉平，译. 北京：华夏出版社，2004.

[7] 埃里克·赫尔弗特. 财务分析技术：价值创造指南[M]. 刘霄仑，朱晓辉，译. 11 版. 北京：人民邮电出版社，2010.

[8] 霍华德·M 施利特，杰里米·佩勒，尤尼·恩格尔哈特. 财务诡计：如何识别财务报告中的会计诡计和舞弊[M]. 续芹，译. 4 版. 北京：机械工业出版社，2019.

[9] 鲍勃·沃斯. 公司财务分析[M]. 陈丰，吴应宁，译. 4 版. 北京：清华大学出版社，2010.

[10] 白羽. 财务报表编制详解与数据解读[M]. 上海：立信会计出版社，2019.

[11] 郭永清. 财务报表分析与股票估值[M]. 北京：机械工业出版社，2017.

[12] 黄世忠. 财务报表分析：理论、框架、方法与案例[M]. 北京：中国财政经济出版社，2007.

[13] 景小勇. 上市公司财务报表解读：从入门到精通[M]. 3 版. 北京：机械工业出版社，2017.

[14] 李秀玉，阮希阳，李国强. 上市公司财报分析实战[M]. 北京：清华大学出版社，2019.

[15] 李志坚. 财务分析：基础与提升：新环境下的新视角[M]. 北京：经济管理出版社，2020.

[16] 陆正飞. 财务报告与分析[M]. 2 版. 北京：北京大学出版社，2014.

[17] 聂瑞芳，胡玉姣. 财务大数据分析[M]. 北京：人民邮电出版社，2022.

[18] 牛艳芳，胡南薇. 智能财务分析可视化[M]. 北京：高等教育出版社，2021.

[19] 唐朝. 手把手教你读财报[M]. 北京：中国经济出版社，2015.

[20] 滕晓东，宋国荣. 智能财务决策[M]. 北京：高等教育出版社，2021.

[21] 汪刚，丁春华，刘畅，等. 企业经营与财务智能分析可视化[M]. 北京：清华大学出版社，2022.

[22] 王化成，支晓强，王建英. 财务报表分析[M]. 2 版. 北京：中国人民大学出版社，2018.

[23] 吴坚. 财务分析：挖掘数字背后的商业价值[M]. 北京：机械工业出版社，2019.

[24] 吴世农，吴育辉. CEO 财务分析与决策[M]. 2 版. 北京：北京大学出版社，2013.

[25] 袁国辉. 从财务分析到经营分析[M]. 北京：人民邮电出版社，2022.

[26] 袁天荣，杜海波，李君，等. 企业财务分析[M]. 4 版. 北京：机械工业出版社，2023.

[27] 张敏，王宇韬. 大数据财务分析：基于 Python[M]. 北京：中国人民大学出版社，2022.

[28] 张先治，王玉红. 财务分析：理论、方法与案例[M]. 北京：人民邮电出版社，2018.

[29] 张先治，陈友邦. 财务分析[M]. 9 版. 大连：东北财经大学出版社，2019.

[30] 张新民，钱爱民. 财务报表分析[M]. 5 版. 北京：中国人民大学出版社，2019.

[31] 中国注册会计师协会组织. 财务成本管理[M]. 北京：中国财政经济出版社，2023.